영어학습,
코칭이
답이다

영어학습, 코칭이 답이다

© 민철홍·김형엽, 2016

1판 1쇄 발행__2016년 02월 29일
1판 2쇄 발행__2018년 06월 30일

지은이__민철홍·김형엽
펴낸이__홍정표

펴낸곳__글로벌콘텐츠
　　　　등록__제 25100-2008-24호

공급처__(주)글로벌콘텐츠출판그룹
　　　　대표__홍정표　이사__양정섭　디자인__김미미　기획·마케팅__노경민 이종훈
　　　　주소__서울특별시 강동구 풍성로 87-6　전화__02-488-3280　팩스__02-488-3281
　　　　홈페이지__www.gcbook.co.kr

값 15,000원
ISBN 979-11-5852-086-1 93000

영어학습, 코칭이 답이다

민철홍·김형엽 공저

글로벌콘텐츠

영어를 잘 배우는 것도 중요하지만, 자신의 것으로 만들어가는 습득의 과정이 더욱 중요하다. 강사·교사·학부모는 영어학습자들이 자신에 맞는 학습유형을 파악하고, 학습전략을 세우고, 학습을 지속할 수 있도록 도와주어야 한다. 티칭만 잘하는 시대는 지났다. 코칭이 우선시되는 코칭의 시대이다. 영어학습 코칭에 관심을 갖고 진정성 있는 코칭을 하고 싶은 모든 분들이 이 책을 읽는 동안 영어의 학습과 코칭을 제대로 이해하는 소중한 시간이 되기를 바란다.

-서동희_(現)한국영어학습코칭연구소장

영어라는 말을 들으면 교육이라는 단어가 떠오를 것이다. 영어교육에서도 제대로 된 학습 코칭은 학생들의 꿈, 학습성향, 학습동기 등을 잘 이해하고 그에 어울리게 가르치는 것이 필요하다. 영어교육을 했으면 이에 따른 올바른 코칭이 필요하다. 영어, 학습, 코칭을 제대로 연결해서 정리한 책을 찾아보기란 매우 어렵다. 영어 코칭을 잘하고 싶은 분들은 이 책을 통해 영어학습 코칭에 대한 기본적인 철학을 잘 인식하고 현장에서 적극 활용하기를 바란다.

-김종욱_(사)대한디베이트지도사협회 감사

경영뿐만 아니라 영어학습에서도 속도보다 올바른 방향성이 중요하다. 우리는 학생들에게 가시적인 성과를 얻기 위해 속도만 앞세우다 보면, 근본적인 학습의 의미를 놓칠 때가 많다. 많은 영어강사·교사들이 영어를 지도할 때 놓치지 말아야 할 것이 바로 코칭이다. 좋은 코칭, 바른 코칭이 바른 학습의 방향을 만든다. 이 책을 통해 부분적으로 이해하고 있던 영어학습 코칭을 제대로 이해할 수 있는 소중한 계기가 되기를 진심으로 바란다.

-류재우_(주)청취닷컴 본부장

자기주도학습에 대한 책은 많지만 '영어자기주도학습법'에 대한 책들은 많지가 않은 것 같다. 특히 집에서 자녀들의 영어학습을 도와주는 부모님은 물론 현장에서 영어를 지도하는 강사·교사들 중에 영어학습코칭에 대해 이론과 현장경험을 모두 가지고 있는 분들은 많지 않다. 이 책은 부모에서 강사까지 아니 학생에 이르기까지 모든 이들이 읽어두고 영어 코칭에 대한 기초를 가져야 할 필독서라 생각한다. 영어를 잘 지도하고 학습하고 싶은 모든 이들에게 영어 코칭철학에 대한 소중한 경험의 시간이 될 것이다.

-이재연_국제문화대학원 상담사회교육전공교수

머리말

학부모는 "어떻게 하면 아이가 영어학습에 흥미를 가질 수 있을까요?"
라고 묻고, 학생들은 "어떻게 하면 영어성적을 올릴 수 있지요?"라고 묻
고, 강사들은 "어떻게 하면 영어를 잘 지도할 수 있나요?"라고 묻는다.
영어는 우리나라에서 언어로 받아들이기보다 학습의 대상인 과목으로
받아들여지고 있고, 또 그렇게 공부하고 있다. 영어를 가르치는 강사, 영
어학습을 도와주는 학부모, 영어학습을 하는 학생들 모두 각자의 역할
을 잘해야 학생들의 영어학습 목표를 성취할 수 있다. 영어성취도를 높
이려면 학생들을 직접 지도하는 강사·교사·학부모의 역할이 매우 중요
하다. 그들이 가져야 할 기본적인 역할이 바로 학습 코치의 역할이다.

첫째, 학습 코치란 누구일까?
학습 코치란 교육학, 심리학, 상담학을 이론적 바탕으로 자기주도적
학습에 대한 전문적인 교육을 받아 학습지도를 하는 사람을 말한다. 특
히 영어학습 코치는 학습자가 스스로 학습동기를 가지고, 영역별 학습
목표를 세울 수 있도록 이끌어야 한다. 뿐만 아니라 학습목표에 달성에

필요한 학습전략을 지도하고, 공부에 대한 문제를 해결하도록 도움을 주고, 때로는 해결해 주어야 한다. 여기서 효율적인 학습이 이루어지도록 학습자원(영어콘텐츠)들을 활용하여 학습하게 하고, 그에 대한 학습 결과를 평가할 수 있도록 습관을 정착시키는 역할을 해야 한다. 즉, 영어학습 코치는 학습자에게 자기주도적 학습습관을 길러주는 역할을 수행할 수 있어야 한다.

둘째, 영어학습 코칭영역은 무엇일까?

영어학습은 더욱 세분화될 수 있다. 영어습득에서 가장 필수적인 영역인 듣기, 말하기, 읽기, 쓰기, 어휘, 문법영역 등으로 나눌 수 있다. 어휘를 자신이 원하는 수준까지 도달하도록 만들어 주는 것을 '어휘 코칭,' 읽기 능력을 학습자가 원하는 곳까지 데려다주는 것을 '읽기 코칭'이라 말할 수 있다.

셋째, 학습 코칭은 어떻게 할까?

학습 코칭은 학습자 혼자 하는 것이 아니다. 자녀들의 잠재력을 키워주는 학부모 코칭은 아이들과 건강한 대화를 나누어야 한다. 특히, 공부를 잘하기 위해서는 학습습관이 중요하므로, 일정한 시간을 정해 두고 학습하도록 대화해야 한다. 공부는 엉덩이, 가슴, 머리로 한다는 말을 들어 보았을 것이다. 바로 이들의 본 내용들인 '학습습관', '꿈과 비전', '올바른 학습전략'들을 잘 이끌어 줄 수 있는 것이 코칭의 핵심일 것이다.

그렇다면, 영어학습 코칭전문가는 누구일까?

영어를 공부하는 많은 학생들이 학교에서 입력의 시간과 더불어 스스로 자신의 것으로 만들어 출력할 수 있는 환경을 제공해야 한다. 그러기 위해서는 배운 내용을 자신의 것으로 만들 수 있는 영어학습시간이 필요한 것이다. 이를 도와줄 수 있는 사람들이 영어학습 코칭전문가인 것이다. 영어학습 코칭전문가는 단순히 환경만 도와주는 사람이 아니다. 영어에 대한 전문적인 지식을 가지고 목표를 설정하고, 학습전략을 설정하고, 학습시간관리를 도와주고, 스스로 학습한 내용을 문제 풀이를 통해 완전학습을 하여 최종적으로 학교영어시험은 물론 수능 영어시험에서 좋은 성적으로 받고, 학교 외에서 다양한 영어공인시험 성적을 잘 받게 도움을 줄 수 있는 사람이 바로 '영어학습 코치'인 것이다.

이 책은 영어를 공부하는 학생, 영어를 가르치는 강사·교사, 자녀들에게 영어학습을 올바르게 코칭해 주고 싶은 학부모님들을 위해 총 3부로 만들어졌다. 1부는 영어학습 코칭의 이해로서 영어학습 코칭전문가들이 필수적으로 알아야 할 내용으로 구성했으며, 2부는 초등영어를 학습자의 영어학습법과 학부모, 강사들을 위해 초등 영어학습 코칭법의 내용을 정리했다. 3부는 중·고등 영어학습 코칭법으로 중학교 영어성적을 잘 받고 수능을 준비를 위한 영어학습 코칭법을 정리했다.

아무쪼록 이 책을 펼쳐보는 독자가 학생이든, 부모든, 강사든, 교사든 영어학습 코칭의 '명확한 기초'를 다지길 소망한다.

2016년 1월

민철홍

머리말

영어학습은 어떤 사람이든지 시대적으로 반드시 거쳐야 하는 과정이 되었다. 세계화의 추세에 맞추어 볼 때 영어는 세상과 소통하는 절대적인 요건이 되었기 때문이다. 따라서 영어학습을 주도하는 교육자 또는 영어를 배우는 학습자들 모두는 영어를 습득한다는 것을 단순히 지식을 축적하는 것에서 멈추지 말아야 한다. 영어학습을 관장하는 교육자들은 의사소통 능력을 향상시킬 수 있도록 영어교육 방식에 새로운 방식을 찾아야 하는 단계에 있음을 간과하지 말아야 한다. 미래의 교육자들은 의사소통이 자유롭게 구성될 수 있도록 또 다른 교육방법을 반드시 고민해야만 한다. 따라서 영어교육자들은 이런 목표를 위하여 자신의 교육과정에 다음과 같은 사항들이 우선적으로 고려할 수 있어야 한다.

첫째, 교육자들은 영어가 언어라고 하더라도 주변 상황을 반영하는 교재 내용을 개발하는 방법을 강구해야 한다. 예를 들어 교실에서만 통용되는 영어학습 내용을 지양하고 좀 더 통합적인 방향을 감안하면서 교재를 만들어 가는 방법을 고안해야 한다.

둘째, 교육자들은 학습자들이 자율성을 바탕으로 수업에 임할 수 있도록 교육을 수행하는 방법을 응용할 수 있도록 능력을 갖추어야 한다. 종전의 강압적인 수업 방식은 반드시 지양될 수 있도록 새로운 교육 방식을 생각할 수 있어야 한다. 이런 방식 속에서 학습자로 하여금 스스로 동기를 찾고 자신의 목표를 찾아서 방향을 정하여 갈 수 있도록 지도할 수 있는 방법을 강구할 수 있어야 한다.

셋째, 교육자들의 영어의 문제 출제는 이전보다 더욱 다양한 형태를 갖추고 있어야 한다. 지금까지 출판된 영어 교과서만을 보더라도 의사소통을 중시한다고 하면서도 여전히 구조와 형태를 중심으로 예문에 제시되고 있다. 특히 영어문법에서도 이런 경향이 아직도 강하게 남아있는 것을 발견할 수 있다. 따라서 영어교육자들은 기존의 문제 형식을 탈피하여 새로운 문제 유형을 개발하기 위해서 기존에 많이 적용하였던 반복 형태의 교육 방식을 벗어나서 의사소통을 반영할 수 있는 문제들을 개발하는 데 총력을 기울여야 한다.

이처럼 영어학습의 교육자들이 이런 요건들을 만족시키기 위해서는 다음과 같은 5단계의 요인들을 꼭 명심해야 할 것이다.

제1단계: 학습욕구 진단 수행을 위한 훈련

진단을 수행할 수 있게 하는 훈련과정은 교육자들이 학습자들을 이해하는 폭을 넓힐 수 있는 계기가 될 수 있다. 교육자가 처음부터 무조건 학습자들에게 목표를 설정하도록 제안하는 것보다 학습자들이 해당 영어학습에 욕구가 있는가를 가늠하는 동기 측정을 위한 진단방식을 알고 있어야 한다.

제2단계: 학습목표설정 과정 조언을 위한 훈련

교육자는 학습을 통하여 단순히 자신이 과거에 축적하였던 지식을 전달하는 것으로만 그치지 말아야 한다. 자신의 지식 전달은 자칫 학습자들에게 동기부여 측면에서 애초부터 흥미를 잃게 하는 위험성에 직면할 수 있기 때문이다.

제3단계: 인적·물적 지원 파악을 위한 훈련

교육자들은 자신들이 수업의 주도자가 아닌 조언자로서 역할을 수행하고 있음을 인식할 수 있어야 한다. 학습자로 하여금 자기주도라고 하여 무조건 혼자서 제멋대로 할 수 있다고 믿게 하기보다는 조력자로서 도움을 줄 수 있는 존재로 인식될 수 있도록 적절한 훈련을 받을 필요가 있다.

제4단계: 학습전략 선정 및 이해 과성을 위한 훈련

교육자들은 학습자들에게 여러 종류의 학습전략은 전달할 수 있는 훈련을 받아야 한다. 예를 들어 예습전략, 수업전략, 복습전략, 시험전략 등을 학습자들에게 교육시킴으로써 자신들이 스스로 학습의 효과를 극대화할 수 있도록 지도하는 능력을 갖추어야 한다.

제5단계: 학습 결과 효율성 극대화를 위한 훈련

교육자들은 학습자들에게 학습을 최대화할 수 있도록 시간을 철저하게 관리할 수 있는 방식을 지도할 수 있어야 한다. 또한 학습내용들에서 중요도에 따라서 순서를 정하고, 더 나아가 취사선택을 효과적으로 시행하는 방식을 가르칠 수 있는 훈련을 거칠 필요가 있다. 이를 바탕으로 교육자들은 수업에 방해가 되는 요인을 제거하고 수업의 효과를 극대화하는데 핵심적인 요소들을 제시할 수 있는 능력을 갖추어야 한다.

이 책은 바로 앞에서 말한 바처럼 영어학습을 주관하게 될 교육자들에게 영어의 시대적인 위상을 상기시키면서 아울러 자신들이 선택해야만 하는 방식들을 제안하는 데 주목적이 있다고 할 수 있다. 이전에 영어학습은 영어를 언어로써 인간들 사이의 소통의 수단이라는 사실을 강조하기보다는 수험 과목의 주요한 과목으로서 성적 상승에만 초점을 맞추고 있었다고 할 수 있다. 그러나 세계화라는 대세 속에서 젊은이들이 세상에 나가는데 영어는 이제 더 이상 선택이 아니라는 사실을 잊지 말아야 한다. 따라서 미래의 영어교육자들은 학습자들이 자발성 및 적극성을 토대로 자신의 영어실력을 향상시키는 데 노력을 경주할 수 있도록 지도자 및 조력자 두 방향에서 자신들의 역할을 새롭게 구축해야만 한다. 이 두 가지의 역할이 교실에서 동시에 수행될 수 있도록 수업 수행 능력을 반드시 갖추어야만 한다. 앞으로 우리들이 제시할 내용에서 '코칭'이 바로 조력자이며, 새로운 역할이 무엇인지를 구체적으로 설명하려고 한다. 영어교육에 관심이 있는 사람들은 누구든지 이에 대한 이해를 바탕으로 새로운 방식인 '영어학습의 코칭'의 주도자로서 역량을 갖출 수 있도록 노력을 아끼지 말 것을 진심으로 부탁드리고 싶다.

2016년 1월

김형엽

Contents

제1부 **영어학습 코칭의 이해**

Contents

제3부   중·고등 영어학습 코칭법

영어학습
코칭의 이해

Beyond Teaching

Toward Coaching

티칭을 넘어
코칭의 시대로

1. 코치의 역사

코치(coach), 이 단어가 최초로 쓰였을 때는 말을 끄는 운송수단이라는 뜻이었다. 이 단어는 1500년대 헝가리 도시 '코치(kocs)'에서 만들어진 네 마리 말이 끄는 '마차'에서 유래되었다고 하는데, 당시 유럽에서 이용되는 마차는 '코치(kocsi)' 또는 '코트드지(kotdzi)'라는 명칭으로 불려졌다고 한다.

당시 영국에서는 마차를 '코치(coach)'라고 불렀고, 코치는 승객을 출발지에서 목적지까지 개별 서비스를 의미했다. 1840년대에는 영국 대학에서 학생의 수험지도를 하는 개인교사를 '코치'라고 부르기도 했다.

오늘날 스포츠 분야에서 사용되는 '코치'라는 용어가 사용되기 시작한 것은 1880년대로서, 여기서 말하는 코치는 운동선수의 팀이 어느 한 곳에서 그들이 원하는 더 나은 곳으로 이동하도록 돕는 사람을 지칭했다.

20세기 중반 'coach'라는 단어는 코칭(coaching)이라는 어휘로, 경영 분야에서 활용되기 시작했다. 당시 하버드 대학 교수였던 마일스 메이스(Myles Mace)는 1959년 발간한 그의 저서 『경영진의 성장과 발전(The Growth and Development of Executives)』에서 "매니지먼트의 중심은 인간이며, 인간중심의 매니지먼트 속에서 코칭은 중요한 스킬이다."라고 말했다. 1980년대 미국에서 기업들이 코칭을 도입하게 되었으며, 전문적인 코칭 비즈니스가 탄생하게 되었다. 이때 출간된 책은 『탁월함에 대한 열정(passion for excellent)』(Tom Peters, 1985), 『헌신을 위한 코칭(coaching for commitment)』(Dennis Kinlaw, 1989) 등이 있다.

1992년에는 미국에서 코치를 육성하는 기관인 Coach University가 창설되어 코치 육성 프로그램을 개발했으며, 1996년에는 국제코치연맹(International Coach Federation, ICF)이 창설되어 전문코치양성과정 활동을 시작했고, 한국은 2003년 한국코치협회가 설립되어 지금까지 다양한 활동을 하고 있다.

코칭(coaching)이라는 말은 인재개발법(HRD)의 하나로서, 코치와 코칭을 받는 사람이 파트너를 이루어 스스로 목표를 설정하고, 설정한 목표를 효과적으로 달성하며, 성장할 수 있도록 지원하는 과정이라고 할 수 있다.

—위키백과

최근에는 특정 분야에 목표를 달성하기 위해 비용을 지불하고, 코칭을 받는 경우가 있는데, 개인이 비용을 지불하는 경우에는 '개인 코칭', 개인이 속한 기업이나 조직이 지불하는 경우에는 '기업 코칭'이라고 말한다.

코칭의 영역이 매우 다양한데, 개인의 전반적인 삶을 다루는 것을 '라이프 코칭'이라고 하고, 다양한 업무를 다루는 것을 '비즈니스 코칭'이라고 한다. 한국에서는 코칭 분야가 매우 세분화되었는데, 최근 가장 많이 활동하는 분야는 '경영자 코칭, 진로 코칭, 학습 코칭, 감성 코칭, 부모 코칭, 영성 코칭' 등이 있다.

기독교 상담학계 대부로 불리는 게리 콜린스는 '코칭은 개인이나 집단을 현재 있는 지점에서 그들이 원하는 지점을 갈 수 있도록 인도하는 기술이자 행위'라고 말했고, 잭 웰치(Jack Welch, GE 전 CEO)는 '미래에는 코치가 아닌 사람은 승진하지 못할 것이다'라고 말하기도 했다. 코칭의 핵심은 과거도 아닌, 현재도 아닌, 미래이며 성장이다.

1971년, 당시 하버드 대학의 테니스부 주장이었던 티모시 갤웨이(Timothy Gallway)는 학생들에게 테니스를 가르치면서 한 가지 발견한 점이 있었다. 그것은 테니스를 잘 치는 기술을 습득하는 것보다 더 중요한 것은 그들 안에 잠재되어 있는 잠재능력에 의식을 집중하면, 학생들이 테니스를 쉽고 재미있게 배울 수 있다는 것이었다. 그는 이러한 교육방식을 이너 게임(Inner Game)이라고 명명했고, 테니스뿐만 아니라 스키, 골프 등 여러 스포츠 분야에 활용했다.

현대의 코칭은 기업과 학자들의 연구결과로 다양하게 접근되었는데, 대표적인 회사는 메킨지컨설팅의 'GROW모델', 마틴 셀리그만의 '긍정심리학'과 서양에 소개된 동양문화의 '지혜전통'이 코칭의 실용적 발전에 크게 기여했다. 그리고 철학, 심리학, 교육학, 경영학에 적용되어 코칭의 이론적 기초가 강화되었다고 볼 수 있다. 최근 코칭의 접근 분야는 '뇌 과학, 감성과학, 양자역학, 구성주의' 등의 영향으로 더욱 다변화되고 있다.

〈표 1-1〉

상 담	코 칭
부정심리학	긍정심리학
잘못된 것을 고친다.	목표에 도달하도록 구비시킨다.
문제에 초점을 맞추고, 갈등, 불안감, 영적싸움, 우울증, 불안, 분노와 같은 감정의 문제를 다룬다.	성취, 성과 향상, 팀 세우기, 비전 설정, 직업적 성장, 목표와 꿈에 도달하도록 초점을 맞춘다.
심리학, 정신병리학, 치료요법 등 전문지식이 있어야 한다.	최고의 코칭은 경청, 질문, 격려와 같은 코칭 기술을 훈련받는 것으로 가능하다.

※ 게리 콜린스, 양형주·이규창 옮김, 『코칭바이블』, lvp, p. 30.

코칭을 이해하기 위해서는 우선, 상담과 코칭의 차이점을 알아야 한다. 교육현장에 있는 학습 코치들은 '학습 상담'과 '학습 코칭'의 의미를 구별해야 한다는 것이다. 학부모들과 학습자들은 자신이 원하는 목표를 도달하기 위해 '학습 상담'을 받는다. 최근에 흔히 벌어지는 학습 상담에서 가장 큰 비중을 차지하는 것은 바로 '성적'일 것이다. 즉, 성적을 상담하는 것을 '성적 상담'이라고 하는데, 이것은 학습 상담의 한 부분일 것이다. '학습 상담'에서 가장 중요한 것은 학습의 결손을 보완하고, 문제점을 고치는 것이다. 즉, 성적이 잘 나오지 않는 원인에 초점을 맞춰 상담해야 하는 것이다. 이에 반해, '학습 코칭'의 개념은 학습자의 '목표

달성'에 핵심을 두고 진행해야 한다는 데 있다. 결과적으로 보면 사람들이 원하는 꿈과 목표를 성취하기 위해 코칭의 자세는 기본적으로 '경청, 질문, 격려'에 초점을 맞추어야 할 것이다.

2. 코칭의 정의

최근 몇 년간 한국 사람들의 관심 분야는 well-being이었다. 즉, 잘 먹고 잘 사는 것이다. 문화의 트렌드에서 well-being이 있다면, 코칭에서도 'well-coaching'이 있을 것이다. 프랭크 브레서(Frank Bresser)와 캐럴 윌슨(Carol Wilson)은 그들의 저서 『탁월한 코칭(Excellence in Coaching)』에서 '코칭은 항상 코칭받는 사람이 전진하는 것에 초점을 맞춘다.'라고 말했다. 좋은 코칭은 코칭의 목표가 있어야 한다. 최근에는 학부모 코칭이라는 말이 많이 사용되며, 코칭을 위해서는 지식이 반드시 있어야 함이 주요 조건이 아니기는 하지만, 그래도 코칭을 성공적으로 완수하기 위해서는 전문적인 지식이 필요하다는 사실을 잊지 말아야 한다. 또한 훌륭한 코칭은 '코칭의 목표'가 분명히 있어야 한다.

이희경은 『코칭 입문』(2005, 교보)에서 '코칭은 개인의 잠재력을 최대한 키워 스스로 생각하고 움직이는 주도적인 인재로 성장시키는 상호존중의 쌍방향 리더십'이라고 말했다. 코칭의 정의는 사실상 아직은 명확하다고 할 수 없지만, 학자들마다 코칭을 다양하게 정의하는 상황을 보면서 그 내용을 가늠할 수 있다고 본다.

〈표 1-2〉 개인의 코칭 정의

정 의	학 자
코칭은 개인과 조직이 정확한 미션을 바탕으로 스스로의 목표와 비전을 성취하기 위해 자기주도학습(Self-Directed Learning)의 3가지 요소인 동기적요인, 인지적 요인, 행동적 요인을 유기적으로 결합하고, 지속할 수 있는 시스템.	민철홍, 김형엽(2015)
코칭은 한 개인이나 그룹을 현재 있는 지점에서 그들이 바라는 더 유능하고 만족스런 지점까지 나아가도록 인도하는 기술이자 행위이다.	게리 콜린스(2004)
코칭은 개인의 자아실현을 지원하는 시스템이다.	에노모토 히테다케(2003)
코칭은 스스로 보고, 배울 수 있도록 돕고 참여를 통하여 성과를 높이도록 하는 것이다.	마샬 쿡(2003)
코칭은 새로운 첨단의 선두 모델을 찾는 시대적 요청에 부응하는 특별한 기본자세와 테크닉이다.	엘리자베스 하버라이트너 외 (2002)
코칭은 상대방의 자발적 행동을 촉진시키기 위한 커뮤니케이션 기술이다.	스즈키 요시우키(2003)

　코칭은 '한 개인이나 그룹이 자신의 꿈과 목표를 성취하기 동기적 요인, 인지적 요인, 행동적 요인을 유기적으로 결합하고, 지속할 수 있는 시스템'이라고 필자는 주장한다. 즉, 코칭을 학습에 적용한다면, '학습 코칭'이라고 말하며, 학습 코칭의 대상이 개별적이면 '개인별 코칭'이라고 할 수 있고, 학습대상이 집단이면 '수준별(level) 코칭'이라고 할 수 있다. 즉, 코칭이라는 것은 자신이 코칭하고 싶은 부분에 적용할 대상에 따라 달라질 수 있는 것이다.

〈표 1-3〉 조직의 코칭 정의

〈표 1-3〉 조직의 코칭 정의

정 의	기 관
코칭은 생각하게 하는 창의적인 프로세스 속에서 고객과 함께하는 협력관계이며, 고객이 삶과 일에서 잠재력을 극대화할 수 있도록 고무하는 프로세스.	국제코치연맹(ICF)
코칭은 코치와 발전하려는 의지가 있는 개인 간의 강력하면서도 협력적인 관계이며, 발견 프로세스를 통해 목표설정, 전략적인 행동, 그리고 매우 뛰어난 결과의 성취를 가능하게 해 주는 강력하면서 협력적인 관계.	미국 코치양성전문기관 (CCU)
코칭은 개인과 조직이 잠재력을 극대화하여 최상의 가치를 실현할 수 있도록 돕는 수평적 파트너십.	한국코치협회(KCA)

3. 좋은 코칭(Effective Coaching)의 조건

데이브 엘리스(Dave Ellis)와 대니얼 하커비(Daniel Harkavy)는 자신들의 저서에서 코칭에 대하여 다음과 같은 말을 남기고 있다.

유능한 라이프 코치가 되는데 많은 기술과 오랜 경험이 필요한 것은 아니다. 중요한 것은 당신이 얼마나 헌신할 수 있는 것이다. 헌신은 기술이나 경험으로 얻는 것이 아니다. 당신 존재의 깊이에서 오는 것이다.

—『라이프 코칭(Life Coaching)』

코치를 간절히 찾는 사람들은 이미 산을 오르기 시작한 것이다. 그들의 눈은 위를 향해 정상을 바라보고 있다. 그들은 발전할 기회를 엿보고 있다. 이때 코치는 다가서서 그들이 보다 많은 가능성을 바라보도록 돕는다. 코치는 더 많은 변화를 일으키도록 돕는다. 코치는 사람들에게 적절한 질문을 하고, 그들 스스로 확신하는 것을 명확하게 해 줄 것이다. 이는 결과적으로 자신의 습관을 바꾸어, 보다 성공적이고 목적 지향적이 되도록 돕는다.

—『코칭리더 되기(BECOMING A COACHING LEADER)』

세상에 코치들은 많지만, 좋은 코치를 찾기란 쉽지 않다. 특히 주변에서 진실되고, 정직한 코치를 찾기란 쉽지 않을 것이다. 학습에 전문적인 지식을 가지고 있는 '학습 코치'들 중에서 좋은 코칭을 하는 사람들은 과연 얼마나 될 것인가 생각해 볼 부분이 많다고 생각한다.

〈좋은 학습 코칭이란〉

첫째   좋은 학습 코칭은 학습자의 의견을 자주 묻는다.

둘째   좋은 학습 코칭은 학습자의 제안을 경청한다.

셋째   좋은 학습 코칭은 학습자의 아이디어를 소중히 받아들인다.

넷째   좋은 학습 코칭은 학습자의 학업에 영향을 미칠만한 일을 결정할 때는 먼저
       의견을 물어본다.

다섯째 좋은 학습 코칭은 학습자의 의견을 존중한다.

여섯째 좋은 학습 코칭은 타인에게 나를 칭찬한다.

일곱째 좋은 학습 코칭은 새로운 학습 코칭을 할 때 명확하게 목표를 설정해 준다.

여덟째 좋은 학습 코칭은 학습자가 학습 중 물어오는 질문에 잘 대답한다.

아홉째 좋은 학습 코칭은 학습자에게 일정한 자율권을 준다.

열 번째 좋은 학습 코칭은 타인에게 칭찬하고, 때로는 학습자에게 비판적일 수도 있다.

위의 조건들에 근거하여 사람들이 훌륭한 역량 있는 학습 코치가 되기 위한 조건 9가지를 제시하고자 한다.

① 건전한 가치관을 가지고 있어야 한다. 삶을 이끌어가는 중요 축으로서의 앵커링(ANCHORING) 자체가 가치관이 된다.

② 자기 인식을 통해 성장해야 한다. 훌륭한 코칭은 자신의 장점과 단점을 정확하게 인식해야 한다. 태생적으로 타인의 좋은 지적에 힘들어하는 경우가 있으나, 학습 코치 스스로가 타인의 말을 경청할 수 있고, 그것을 통해 성장할 수 있는 자질을 함양해야 한다.

③ 항상 배운다. 세상에는 가르치는 사람들이 너무 많다. 학습 분야로 보면, 영어선생, 수학선생, 국어선생 등 많은 선생들이 있다. 그들도 훌륭한 코치로서의 역할을 감당할 수 있다. 그들이 가져야 할 것은 당연히 배움의 자세이다.

④ 현실적이며 낙관적이다. 훌륭한 학습 코칭은 때로는 현실적이며, 냉성할 필요가 있고 이를 바탕으로 긍정적으로 사물을 바라보아야 한다.

⑤ 변화에 대한 열의가 있어야 한다. 훌륭한 코칭은 변화하는 세상과 학습자의 성향을 잘 파악해야 한다. 변화와 혁신, 그들이 지녀야 할 근본 자세다.

⑥ 진정성이 있어야 한다. 훌륭한 학습 코칭을 하려면 건전한 가치관을 바탕으로 진정성을 지녀야 한다. 사람들은 그들의 진정성을 알아보고 느끼게 되어 있다.

⑦ 신뢰할만하고 존경을 받을 수 있어야 한다. 훌륭한 학습 코치는 학습자의 신뢰를 얻는 것이 중요하다. 특히, 시간을 엄격히 지키는 것이 중요하다. 코치가 시간을 제대로 지키지 못하고, 즉흥적으로 행동한다면, 학습 코칭에 대한 신뢰가 없어지는 경우가 많고 때로는 학습자들이 이를 이용하는 경우가 있다.

⑧ 행동 지향적이어야 한다. 진정성은 경청의 자세와 행동으로 보여 주는 것으로부터 비롯되는 것이다. 그저 말만 지나치게 한다면 학습자의 마음을 얻기가 힘들다.

⑨ 코치로서 자신의 역량을 평가하고 향상하는 데 헌신해야 한다. 때

로는 학습자와 함께 자신의 역량을 평가하는 시간이 필요하다. 예를 들어, 한국사 강의를 하는 코치들이 '한국사 급수시험'을 보거나, 토익 강사들이 정기적으로 자신의 토익능력을 테스트하는 실질적인 노력이 필요한 것이다.

4. 코칭 철학(Coaching Philosophy)

'코칭'의 역사가 아주 오래되지 않았기 때문에 다양한 이론을 정립하려면 많은 연구와 관심이 필요하다. 특히, 학습 코치들은 단순히 학습법에만 초점을 두는 것이 아니라 이론을 정립하는 데 노력해야 할 것이다.

'What Matters Most Is How You See Yourself.'라는 말을 들어 보았을 것이다. 귀여운 고양이가 거울을 보고 있는 모습을 상상해 보라. 하지만 그 고양이는 거울에 비친 자신의 모습을 사자라고 생각하고, 자신의 숨은 잠재력을 용기로 전환시키려고 노력한다면, 그 고양이는 사자처럼 큰 힘(역량)을 발휘할 것이다. 코칭의 한 분야인 학습 코칭에서 학생들을 지도할 때는 반드시 학생들과 소통을 해야 한다. '매일매일' 자신이 되고 싶은 사람의 모습을 상상하고, 훈련하고 연습한다면, 학생들은 분명 자신의 비전을 찾을 수 있을 것이다.

에노모토 히데타케는 그의 저서 『마법의 코칭』에서 코칭의 철학을 다음과 같이 정의하고 있다.

제1철학	모든 사람에게는 무한한 가능성이 있다.
제2철학	필요한 해답은 모두 그 사람 안에 있다.
제3철학	해답을 찾기 위해 파트너가 필요하다.

·코칭의 제1철학

무한한 가능성이란 잠재력의 자아실현일 수 있음을 가리키는 말이다. 매슬로우는 '자아실현은 계속되는 과정이며 이러한 과정에서 이루어지는 매번의 선택에 자신의 성장을 위해 이루어지는 것을 의미한다.'라고 했다. 그는 인간의 행동을 활성화시키고 이끄는 다섯 가지 인간의 선천적 욕구를 제안했다.

생리적 욕구(physiological needs)
안전 욕구(safety needs)
소속감과 사랑 욕구(belongings and love needs)
존중 욕구(esteem needs)
자아실현 욕구(self-actualization needs)

마지막에 제시된 '자아실현 욕구'는 자신의 모든 잠재력과 능력을 인식하고 충족시키는 것을 의미한다. 즉, 인간은 앞의 네 가지 종류의 욕구들이 만족스럽더라도 자신의 잠재력을 제대로 활용하지 못할 경우에는 불만족스럽고 불안하고 때로는 좌절감을 느낄 수 있다고 지적했다.

·코칭의 제2철학

인간은 꾸준히 해답을 찾으려는 자세와 관련되어 있다. 학습자들은 공부를 할 때 자신의 문제점이 무엇인지, 자신이 원하는 결과가 나오지 않는 원인을 찾으려고 고민에 빠지는 경우가 종종 있다. '영어학습 코칭'을 하다 보면 모든 하나의 영역만 잘한다고 해서 원하는 성적을 얻을 수 없다. 예를 들어, 어휘력이 늘지 않는 학습자들은 코치의 관찰도 중요하지만, 피코치자 스스로 문제의 원인을 알고 있는 경우가 많다. 이럴 때는 효율적인 질문과 경청을 통해 학습자 스스로 문제점을 찾아가도록 코칭하는 것이 중요하다. 코칭에서 중요한 것이 '커뮤니케이션 방식(skill)'인데 코칭의 제2철학을 제대로 확인하기 위해서는 코치 스스로 대화 방법을 연습하는 것이 중요하다.

·코칭의 제3철학

적절한 능력을 갖춘 파트너의 필요성이다. 피코치자들이 비록 해답을 찾더라도 혼자의 노력으로만 찾는 경우가 드물다. 코치의 적절한 질문을 통해 얻어지는 경우가 많다. 즉, 코칭에서 피코치자 스스로 답을 찾기는 매우 어렵기 때문에 코치의 도움이 필요하다. 이런 방식의 코칭을 자기주도학습에 적용시켜 본다면, 많은 사람들이 자기주도학습의 개념을 제대로 이해하지 못하기 때문에 타인의 도움이 없이, 자기주도학습 능력이 저절로 생성된다고 보기가 어렵다. 사실 자기주도학습 코칭을 시행하는 과정에서도 학습 코치의 도움이 꼭 있어야 한다. 이런 역할을 맡아서 수행할 수 있는 코치야말로 훌륭한 파트너가 될 수 있을 것이다.

코칭의 3대 철학을 토대로 학습 코칭을 하는 코치들이 가져야 할 철학 3가지를 제안하려고 한다. 학습 코치들은 '자기주도학습'의 이론적 배경에 관련된 철학을 가져야만 한다. 이 3가지 요건들은 '자기주도학습 코칭 철학'이라고 할 수 있으며, 정리하면, 학습 코치가 가져야 할 요인들로서 각각 동기철학, 인지철학, 행동철학이라고 말할 수 있다.

〈표 1-5〉 학습 코칭(Learning Coaching)철학 3가지

제1철학	학습자의 시작은 동기 조절능력이다.
제2철학	학습의 성과는 인지조절을 어떻게 하는가에 달려 있다.
제3철학	학습에서 가장 중요한 것은 바로 지속성, 행동조절이다.

위에 관련된 내용을 다음 인용문으로 기본적 정신을 전달하고자 한다.

사람은 스스로가 성취하고 획득할 수 있다고 생각하는 바에 따라 성장한다. 만약 자신이 되고자 하는 기준을 낮게 잡으면, 그 사람은 더 이상 성장하지 않는다. 만약 자신이 되고자 하는 목표를 높게 잡으면, 그 사람은 위대한 존재로 성장할 것이다. 일반 사람들이 하는 보통의 노력만으로 말이다.

—피터 드러커(Peter E. Drucker), 『프로페셔널의 조건』

영어학습
코칭전문가가 되라

1. 영어학습 코칭(English Learning Coaching)이란

앞에서 언급했듯이, 코칭이 적용되는 분야는 매우 다양하며 전문 분야도 많다. 대표적인 코칭 분야는 '라이프 코칭', '감성 코칭', '학습 코칭', '경력 코칭', '비즈니스 코칭' 및 최근에는 '영성 코칭' 분야로 확대되었다. 이 중에서도 '학습 코칭'은 무엇을 공부하는가에 따라 세분화할 수 있다. 예를 들어, '수학학습 코칭', '국어학습 코칭', '영어학습 코칭', '과학학습 코칭' 등 다양하게 적용될 수 있는 것이다.

영어학습 코칭이라는 말은 말 그대로 '영어의 학습을 코칭해 주는 것'이라고 말할 수 있다. 즉, '영어공부를 하는 학습자들에게 그들이 원하는 곳으로 데려다주는 행위를 말하는 것'이며, '영어학습 코치는 학습자들의 파트너'라고 말할 수 있다. 앞에서 언급한 코치가 파트너로서의 역할을 하는 것처럼 '영어학습 코치'는 학습자들의 영어학습 파트너인 셈이다. 아래는 '영어학습 코치'의 공식이다.

영어학습 코칭 = 영어(ENGLISH) + 학습(LEARNING) + 코칭(COACHING)

그렇다면 '영어학습 코칭'은 일부 주위에서 언급하고 있던 '영어학습 컨설팅'과 어떤 차이점이 있는가를 보지 않을 수 없을 것이다. 나음 도표는 이들 둘에 관련된 차이점을 일목요연하게 정리한 것이다.

〈표 1-6〉 영어학습 코칭-영어학습컨설팅 차이점

분야: 영어	학습 코칭	학습컨설팅
목적	학습자/학습조직의 변화	학습조직의 해결책 제공 (진단-처방)
해답의 근원	학습자 본인	학습컨설턴트
대화 중심	미래/현재의 행동과 결과	과거/현재의 행동과 결과
장소/기간	현장중심 실행과정 중 코치 동반	현장/온라인 혼용 실행과정 중 컨설턴트 없음
주요대상	개인/조직	개인/조직
전문지식	업무 분야에 지식이 있어야 함	업무 분야에 지식 필수

※ 민철홍, 2015.

그렇다면, 학습이란 무엇일까? 일반적으로 학습(學習)은 낯선 것을 배워서 알게 되고 서투르게 알고 있는 것을 익혀서 숙달하는 과정을 지칭한다(Olson & Hergenhahn, 2009). 하지만 사용되는 맥락에 따라 그의미가 달라진다. 일반적으로 알려진 교육 관련의 학문 분야(교육학, 심리학, 상담학)에서는 인간 행동의 변화의 요인을 성숙요인과 학습요인으로 구분하는데, 성숙은 선천적 요인에 의한 변화를 지칭하며, 학습은 후천적 요인에 의한 변화 과정을 지칭한다(이성진 외, 2009). 이런 맥락에서 학습은 개인이 자신의 생존과 번영에 유익한 무엇인가를 배우고 익히는 과정을 말한다. 따라서 영어학습 코칭은 학습자들이 후천적인 노력으로 자신의 꿈과 목표를 이루기 위해 배우고 익히는 과정을 코칭하는 것을 가리키는 것이다.

영어학습은 더욱 세분화될 수 있다. 영어습득에서 가장 필수적인 영역인 듣기, 말하기, 읽기, 쓰기, 어휘, 문법영역 등으로 나눌 수 있다. 어휘를 자신이 원하는 수준까지 도달하도록 만들어 주는 것을 '어휘 코칭', 읽기 능력을 학습자가 원하는 곳까지 데려다주는 것을 '읽기 코칭'이라 말할 수 있다. 그러므로 영어학습 코칭 분야는 다음과 같이 분류하고 코칭을 진행하는 것이 바람직하다고 본다.

어휘학습 코칭

듣기학습 코칭

말하기학습 코칭

읽기학습 코칭

쓰기 코칭

문법학습 코칭

독서 코칭

예를 들어, 학습자의 성격이나 학습유형에 따라 어휘를 암기하는 방법이 다를 수 있다. 이미지를 선호하는 우뇌형 학습자와 문자를 선호하는 좌뇌형 학습자는 자신이 선호하는 학습방법으로 어휘를 학습하도록 코칭해야 한다. 문과형 아이들과 이과형 아이들의 학습법이 다르듯이 어휘를 학습하는 방법이 다를 수 있다. 따라서 영어학습 코치는 효율적인 교육을 수행하기 위해서는 아래의 요건들을 갖출 필요가 있다.

- 자기주도적 학습에 대한 전문적인 교육을 이수(교육학, 심리학, 상담학 바탕)
- 학습자가 스스로 학습동기를 가지고, 영역별 학습목표를 세울 수 있도록 유도
- 학습목표 달성에 필요한 학습전략을 지도
- 공부에 대한 문제를 해결하도록 도움을 제공하거나 해결 방안 제시
- 학습자원(영어 콘텐츠)들을 활용하여 학습을 진행
- 학습결과를 평가할 수 있도록 습관을 정착시키는 역할 수행
- 학습자에게 자기주도적 학습습관을 길러주는 역할 담당

2. 학습 코치로서의 교사

빌 게이츠(Bill Gates)는 그의 저서 『미래로 가는 길』(1995)에서 미래의 교사에 대하여 언급하고 있다. 앞으로 교사는 아이들에게 정보고속도로에서 정보를 효과적으로 찾는 법 이외에도 여러 사안들을 가르쳐야한다. 교사는 언제나 교육 내용과 학습자들을 탐구하고 관찰하고 자극하고 이에 관한 문제를 논의할 때를 잘 판단해야 할 것이다. 정보기술은 어디까지나 보조수단에 지나지 않는 것이기에 좋은 교사는 학생에게 효과적인 코치, 친절한 짝, 성실하면서도 창조적인 조언자, 세상과 피교육자를 이어 주는 통신자로서의 가교 역할을 할 수 있어야 한다.

훌륭한 코치로서의 교사는 학습자를 자기주도적인 존재로 만들어 줄수 있어야 하기 때문에 다음과 같은 역할들을 능숙하게 이행할 수 있어야 한다.

첫째, 지식 전달자의 역할이다. 교사는 살아 있는 교과서로 학생들에게 필요한 지식을 전달해야 하는 사람이다. 그러기 위해서는 당연히 자신의 분야에 대한 실력을 갖춰야 한다.

둘째, 학습과정의 파트너(코치)의 역할을 해야 한다. 학생들의 학업성적은 단순히 잘 지도하는 것에만 있는 것이 아니다. 학생들이 갖고 있는 중요한 지식을 이해하고, 새로운 지식을 찾아내고, 배운 지식을 잘 적응하며 새로운 문제를 해결하는 방법을 알려 주어야 한다.

셋째, 친구 같은 교사가 되어야 한다. 어떤 학생은 교사들이 너무 무서

워서 학습의 흥미를 잃는 경우가 있다. 엄한 교사의 모습도 중요하지만, 진정한 학습 코치로서의 교사는 파트너 정신이 있어야 할 뿐만 아니라 책임을 함께 공유할 수 있는 사람이 되어야 한다.

넷째, 교사는 사회의 대표자라는 인식을 갖고 있어야 한다. 교사는 사명감이 있어야 하고, 학생들의 사회화 과정에서의 가치나 규범, 생활양식을 전달하는 입장으로 학생의 다양한 행동에 대한 언어적, 비언어적 인정, 격려, 질책 등을 할 수 있어야 한다.

그렇다면, 학습 코치로서의 교사의 역할이 무엇인지 생각해 보지 않을 수 없다. 바로 다음에 제시된 사항들이 바로 적절한 학습 코치로서의 교사라고 할 수 있다.

첫째, 교사는 학습자의 학습기간 및 학습 진행 과정, 현재 학습 진도를 정확하게 파악하고 있어야 한다.

둘째, 학년, 성별, 성격, 학교성적을 제대로 알고 있어야 한다.

셋째, 고객과의 대화를 통해 학습자 신상을 파악해야 한다. 일부 학원 교사들이 원장님이나 상담실장에게 의지하여 직접 학생들과의 상담을 기피하는 경우가 있다. 학습 코칭의 기본은 'face-to-face(면대면)'임을 기억하고 있어야 한다.

넷째, 각종 평가방식을 활용하여 학습자의 정확한 실력을 파악할 수 있어야 한다. 학습자에게 단순히 성적만 물어보는 것이 아니라, 그들의 실력을 체크할 수 있는 기술을 가지고 있어야 한다.

다섯째, 복습 시 그에 따른 결과와 집중력, 성취감 등을 주의 깊게 관찰해야 한다.

여섯째, 학습교재를 밀리지 않고 과제를 제대로 하고 있는지 확인해야 한다.

3. 코칭교사의 기대효과

코칭을 잘하는 교사는 학습자에게 긍정적 에너지와 결과를 만들게 해 주어야 한다. 바로 이런 방식을 대변한 것이 '기대 효과'이다. 교사가 학생들을 향한 기대 여하에 따라 학생들의 학업성취에 영향을 미치는 것을 말한다. "너는 잘할 수 있을 거야", "선생님은 너를 믿어"라는 말은 학생들에게 큰 힘이 될 수 있다. 타 과목에 비해 상대적으로 절대적인 학습시간이 필요한 영어와 수학은 빠른 시일에 좋은 성적을 얻기가 쉽지 않다. 이럴 때일수록 교사들의 코칭기술이 필요하다. 함께 있어 주고, 격려해 주는 모습이 가장 멋진 기대효과일 것이다. 교사들은 학생들과의 눈 마주침의 정도, 교사의 표정, 고개의 움직임, 음성의 고저, 분위기 등이 좋은 코칭자세가 될 수 있을 것이다.

이런 효력에 관련된 예로 그리스어에 있는 '피그말리온 효과'를 들어 보았을 것이다. 키프로스의 젊은 왕으로 대리석으로 자신을 조각한 여성상에 반하여 결혼하고 싶다고 간절히 바라자 미와 사랑의 여신 아프로디테가 그것을 들어주어 그 조각에 생명을 불어넣어 결혼시켰다는 그리스 신화에서 유래된 말이다. 바로 지고지순하게 바라고 기대하는 목표는 이루어진다는 희망을 부여해 주는 효과를 가리킨다고 할 수 있다.

반대로 '낙인 효과'라는 말을 들어 보았는가? 한 개인이 정신병자, 간사한 놈, 무능력한 사람으로 부정적인 낙인이 찍히면 그 말에 따라 행동을 보인다는 것이다. 부정적인 말은 학습 코칭을 진행하는 교사들이 절대 하지 말아야 할 언어들이다. 학생들을 지도하다 보면 지능이 낮고, 아무리 설명해도 이해력이 떨어지는 학생들을 만나게 된다. 이럴 때 코칭을 하면서 부정적인 용어를 사용하지 않도록 주의해야 한다.

4. 학부모 코칭

이제 엄마들의 수준이 높아졌다. 그들은 함께 모여 정보를 공유하고, 지식 나눔을 실천하고 있다. 우리는 그들을 '코칭 맘(Coaching MOM)'이라고 부른다.

필자가 아는 지인 중에 둘째 딸을 민족사관학교에 보낸 분이 있다. 그녀는 회사를 다니면서 자신의 딸을 훌륭하게 코칭했다. "제 아이가 유치원 다닐 때 제가 영어 DVD를 몇 번씩 틀어 주었을까요?"라는 질문을 받은 적이 있다. 그녀는 하나의 영어 DVD를 '50회씩' 틀어 주었다고 했다. 자녀가 DVD를 본 날짜와 순서를 철저히 기록했다. 주위 학부모들이 영어 잘하는 법을 물어보면, 그녀의 대답은 항상 같았다. "우선 20번씩 아이에게 DVD를 보여 주세요."라는 말이었다. 워킹 맘으로서 그녀는 아이에게 말한 약속을 지켰다고 말했다.

많은 엄마들은 마음이 급하다. 때로는 서투른 코칭으로 부정적인 학습결과를 보이는 경우가 있다. 자녀의 동기를 고민하지 않고, 무조건 밀어붙이는 경우가 그것이다. 부모의 코칭기술은 자녀들에게 학습 능력의 차이를 만들 수 있다. 자녀들을 외롭게 만드는 것은 좋은 학습 코칭이 아니다. '너만 믿는다', '네가 알아서 해'라는 말이 때로는 학습 능력을 방해할 수 있고, 좋은 코칭을 받을 수 있는 기회를 놓치게 되는 경우가 많다.

결국 평소에 자녀의 적극적인 경청과 질문이 없다면, 코칭의 기본이 없는 것이다. 학습 코칭에서는 적절한 질문, 경청, 피드백 없이는 자녀의 심리상태를 모를 수 있다. 좋은 학습 코칭은 자녀들이 스스로 학습하는 과정을 부모가 칭찬과 격려로 지지해 주고, 학습 자료를 찾는데 도움을 주고, 다양한 경험의 기회를 주는 것이다.

학습 코칭은 학습자 혼자 하는 것이 아니다. 자녀들의 잠재력을 키워 주는 학부모 코칭은 아이들과 건강한 대화를 나누어야 한다. 특히, 공부를

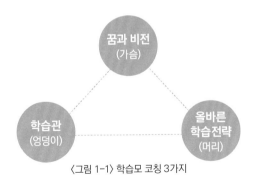

〈그림 1-1〉 학습모 코칭 3가지

잘하기 위해서는 학습습관이 중요하므로, 일정한 시간을 정해 두고 학습하도록 대화해야 한다. 공부는 엉덩이, 가슴, 머리로 한다는 말을 들어 보았을 것이다. 바로 이들의 본 내용들인 '학습습관', '꿈과 비전', '올바른 학습전략'들을 잘 이끌어 줄 수 있는 것이 코칭의 핵심일 것이다.

5. 학습컨설턴트

학습 코칭과 학습컨설턴트는 그 목적이 다르다. 학습컨설턴트의 관심 분야는 학습방법과 전략이다. 학습컨설턴트는 해당 분야에 전문성과 학습전략을 가지고 있어야 한다. '영어학습컨설턴트'는 영어에 대한 전문성과 학습자의 성적을 향상시킬 수 있는 정확한 전략을 제시해야 한다. 자주학습컨설턴트가 자기주도학습의 이론을 바탕으로 학습자들에게 올바른 학습전략을 세우는 것처럼, 학습컨설턴트는 학생들의 자기주도력 향상을 위해 컨설팅 해야 한다. 그들은 자신의 전문성을 기준으로 학생들의 수업을 관찰한 후, 면담, 자료 등에 기초하여 문제점을 확인하고 수집된 자료를 객관적으로 분석하여 학생들에게 올바른 조언과 처방을 내리는 일련의 문제 해결력을 지원하는 사람이다. 학습컨설턴트로 활동한 분들은 다음에 제시되는 3가지 능력을 반드시 갖추어야 한다.

학습컨설턴트의 3가지 능력

① 학습컨설턴트는 자발성이 있어야 한다.

아무리 좋은 컨설팅을 하더라도 학생들이 원하지 않으면 불가능하다. 이를 위해서는 부모들에게 컨설팅의 목적, 과정, 결과를 충분히 설명하여 학생들을 설득하게 해야 한다.

② 학습컨설턴트는 전문성을 지니고 있어야 한다.

학생들을 창의적 문제 해결자로 만들기 위해서는 학습컨설턴트는 자신의 분야에 전문지식을 가지고 있어야 한다. 영어학습컨설턴트는 영어에 대한 기초적인 지식뿐만 아니라 전문적인 지식을 가지고 있어야 학습자들에게 제대로 된 학습전략을 제시해 줄 수 있다.

③ 학생들은 스스로 묻는 사람이 되어야 한다.

학습컨설턴트는 학생들을 대신해서 공부하는 사람이 아니다. 모든 문제의 정답은 스스로에게 있다는 코칭의 철학처럼, 학생들이 스스로 묻고 답할 수 있도록 컨설팅해야 한다.

〈표 1-7〉은 학습에 관여할 수 있는 여러 분야의 전문가들을 총망라한 것이다. 이 중 첫째와 둘째에 제시된 '학습 코치', '학습컨설턴트'에 주의해서 보면 둘 사이의 자이를 이해하는 데 많은 도움이 될 것이다.

<표 1-7> 학습전문가 역할과 역할중점

학습전문가	역할	중점 관심 분야
학습 코치 (learning coach)	학습 코치는 교육학, 심리학, 상담학의 이론을 바탕으로 학습자들에게 자기주도학습 능력을 키워 주는 역할을 수행하는 사람. 학습 코치는 학습전문가 중에서 가장 전문적인 사람으로서 전문성, 학습전략, 학습평가, 학습습관의 모든 측면에 능력을 가지고 있어야 함.	학습습관/ 자기주도학습
학습컨설턴트 (learning consultant)	학습자의 문제점을 진단하고, 처방하는 사람으로서 주로 학습자에게 학습전략을 제시해 주는 사람.	학습방법이나 입시 전략
학습 상담사 (learning counselor)	학습자의 학습에 전문적인 상담능력을 갖춘 사람이 과거의 문제를 통해 학습자 스스로 해답을 찾도록 도와주는 사람.	학습문제/ 문제점 파악
학습멘토 (learning mentor)	풍부한 경험과 노하우를 바탕으로 학습자들의 조언과 충고를 해 주며, 학습의 방향성을 제시해 주는 사람으로서, 학습자의 강점을 살려주며 개인의 학습노하우를 전수해 주는 사람.	좋은의견과 충고
학습매니저 (learning manager)	학습매니저는 학습자 스스로 공부를 할 수 있도록 상담으로 통해 동기부여, 목표설정, 학습전략, 실행능력을 확인하여 궁극적으로 성적을 관리해 주는 사람.	성적 향상
학습튜터 (learning tutor)	학습자들의 개인적인 문제를 도와주는 사람으로서, 학습의 전문성, 학습전략, 학습평가, 학습습관이 크게 필요하지 않은 사람.	개인지도
학습트레이너 (leaning trainer)	학습컨설턴트가 제시해준 학습전략이 제대로 시행되는지 훈련시켜 주는 사람으로서 전문성, 학습전략, 학습습관은 필요하나 학습평가가 중요하지는 않음.	학습전략 훈련

※ 전도근, 『엄마표 자기주도학습법』, 22쪽 참고.

6. 학습 코칭스킬

학습(學習)이라는 용어 자체가 교육학, 심리학, 상담학을 기반으로 이루어진 것이다. 그러므로 학습 코칭을 진행할 때는 교육학적, 심리학적, 상담학적인 측면에 전문적인 지식을 가지고 있어야 한다. 그러므로 학습 코칭은 학습 상담의 상위 버전이라 할 수 있다.

학습 코칭은 긍정심리학에 기반을 두고 있다. 긍정심리는 사람, 집단, 조직이 최적인 기능을 하도록 만드는 데 기여하는 조건과 과정을 연구하는 학문이다. 게이블 & 하이드트(Gable & Haidt, 2005) 긍정심리학의 목적은 사람들에게 관심을 갖고, 이들이 더욱 강해지고 생산적이 되도록 만드는 데 관심을 두고, 인간의 잠재력을 실현시키기 위해 노력하는 것이다(Seligman & Cskiszntimihaly, 2000).

이러한 긍정심리학에 바탕으로 두기 때문에 코칭스킬에서 가장 많이 활용되는 스킬은 핵심스킬과 보조스킬 두 가지로 구분한다. '핵심스킬 (Core Skills)'에서 가장 중요한 부분이 바로 질문스킬과 경청스킬이며, 핵심스킬을 뒷받침해 주는 '보조스킬(Supporting Skills)'은 직관스킬과 피드백스킬이 있다.

1) 코칭의 핵심스킬

(1) 경청스킬

로라 휘트워스(Laura Whitworth)는 그의 저서 『상호 협력의 코칭』에서 다음과 같은 말을 전하고 있다.

코칭의 모든 것은 경청, 특히 자녀들의 마음속에 있는 문제를 듣는 것에 의존한다. 누군가가 내 말을 들어준다는 것은 충격적인 경험이었다. 그런 경우는 드물기 때문이다. 자녀들이 당신과 온전히 함께하고, 당신이 하는 모든 말에 관심을 보이며 적극적으로 공감할 때 당신은 알아준다는 느낌, 이해받고 있다는 느낌을 받을 것이다. 사람들은 누군가가 경청하고 있다는 것을 알 때 자부심을 느끼고, 더 큰 안정감과 안전함을 느끼며, 신뢰할 수 있게 된다. 경청이 코칭에서 가장 중요한 이유이다.

듣기와 경청은 영어로도 'hearing'과 'listening'으로 달리 구분된다. 듣는다는 것은 일반적으로 청각을 사용하여 소리를 인식하는 의미로 사용되지만, 경청은 주로 상호 의식적인 노력이 수반되어야 하며 상대방의 메시지를 이해하는 행동이라 할 수 있다. 국제경청협회(ILA: The International Listening Association)는 경청을 다음처럼 정의하고 있다.

메시지를 받아들이고 메시지로부터 의미를 구성하고 말로 된 메시지나 비언어적 메시지에 반응하는 것이다. (Emmert, 1996: 2)

다른 학자들도 경청에 관하여 여러 정의를 제시하고 있다. 월빈과 코클리 이외 다른 사람들의 정의는 다음처럼 정리해 볼 수 있다.

〈표 1-8〉 월빈과 코클리의 경청의 정의

랜킨(Rankin, 1926)	의지의 노력이 요구되는 집중으로부터 도래하는 느낌의 분석
니콜라스(Nicholas, 1947)	말하는 언어를 이해하는 능력
월빈 & 코클리(Wolvin & Coakley, 1985)	청각 자극을 받아들이고 거기에 집중하며 의미를 부여하는 과정

※ Wolvin & Coakly, 1996: 44~45.

월빈과 코클리는 경청의 정의 내용 중에 '의미를 부여하는 과정'이라는 말을 사용했다. 단순히 듣기만 하는 것이 아니라 화자의 말에 의미를 부여하는 노력을 말하는 것이다. 학습 코칭을 수행할 때 제일 좋은 경청은 어떤 것일까? 바로 '직관적 듣기'로서 경청 시 상대방의 입장에서 듣고, 공감하며, 상대방 중심으로 대화를 진행하는 경청 방식이다. 예를 들어, 영어학습자가 원하는 영어성적이 나오지 않을 경우, 코치의 입장에서 듣는 것이 아니라, 말하는 화자 입장에서 그의 마음을 이해하는 것이 중요하다. 왜냐하면 영어성적이 단순히 학습자만의 노력이 아니고, 학습환경과 주의 사람들의 도움이 필요하기 때문에, 모든 결과를 학습자에게 돌리는 것은 잘못된 경청 자세라 할 수 있다.

'질문은 코칭의 꽃'이다. 적절한 질문스킬이 학습 코칭에서 매우 중요한 것이다. 질문은 답변을 듣기 위해 하는 것임을 명심하라. 잘못된 질문은 오히려 피코치자에게 말을 하지 않게 만들 수 있는 우를 범하는 경우가 많다. 효율적인 질문은 3가지로 정리할 수 있다.

첫째, 열린 질문(OPEN QUESTION)
둘째, (방법을 찾는) 질문(HOW QUESTION)
셋째, 미래지향적 질문(FUTURE ORIENTED QUESTION)

다음 〈표 1-9〉는 위트모어(Whitmore)에서 제시된 GROW방식의 질문모델을 '영어학습 코칭 질문법'으로 변형한 예이다.

〈표 1-9〉 GROW코칭질문법

단계	내용	질문샘플
GOAL(목표)	영어학습비전과 목표 설정	– "영어성적 향상을 위해 어떤 문제를 해결하면 도움이 되나요?" – "가장 먼저 해결하고 싶은 것은 무엇인가요?" – "어떤 수준까지 올라가면 만족할 건가요?" – "학생이 이루고자 하는 영어공부의 목표는 무엇인가요?" – "영어성적 향상을 위해 가장 먼저 바꾸고 싶은 것은 무엇인가요?"
REALITY (현실파악)	영어학습의 현실적 문제점 파악과 장애물 해결	– "현재 상황이 구체적으로 어떤가요?" – "영어공부할 때 어떤 영역이 가장 큰 문제인가요?" – "당신은 목표달성을 위해 어떤 노력을 하고 있나요?" – "당신이 원하는 성적을 달성하는데 가장 어려운 점(장애물)은 무언가요?" – "지금 상황이 계속되면 어떤 일이 생길까요?"
OPTION (대안제시)	대안 도출 및 선택	– "원하는 영어성적을 이룰 수 있는 방법이 무엇이 있을까요?" – "목표달성을 위해 필요한 물적·인적 자원은 무엇이라고 생각하나요?" – "학생의 장점을 활용하면 어떻게 하고 싶은가요?" – "학생이 현재 할 수 있는 무엇인가요?" – "학생은 현재 무엇을 하고 싶은가요?" – "그밖에 할 수 있는 것은 없나요?"
WILL (의지확인)	실행계획 수립 및 상호책임 공유	– "본인의 영어성적 향상을 위해 가장 먼저 해야 할 행동은 무엇인가요?" – "영어공부하기에 가장 좋은 시간은 언제인가요?" – "계획된 일을 실행하면 어떤 기분이 들까요?" – "계획된 일을 실행하면 어떤 영향이 있을까요?" – "계획을 실행하는 것을 제가 어떻게 알 수 있나요?" – "언제까지 가능한가요?"

※ 민철홍·김형엽, 2016.

〈코칭실습〉

·위트모어의 GROW코칭모델을 활용하여 여러분이 지도할(하는) 학생에 맞는 실제 '코칭질문사항'을 직접 작성해 보도록 합시다.

〈과목: 영어   내담자 이름: _____   학년: _____ 〉

단계	내용	질문사항
GOAL (목표)	영어학습비전과 목표설정	
REALITY (현실파악)	영어학습의 현실적 문제점 파악과 장애물 해결	
OPTION (대안제시)	대안 도출 및 선택	
WILL (의지확인)	실행계획 수립 및 상호책임 공유	

2) 보조스킬

(1) 피드백스킬(Feedback Skill)

1995년 서울대학교에서 발행한 『교육학 용어사전』은 다음과 같이 '피드백'을 정리하고 있다.

피드백은 커뮤니케이션, 즉 교신(交信)에서 송신자가 메시지를 보내고 수신자가 이를 받은 다음에 수신자가 받은 영향·인상 등을 토대로 송신자에게 다시 보내는 메시지의 환류(還流), 또한 체제모형에 투입과정-산출과정을 거친 다음에 환경에서 산출의 결과를 평가하여 반영하는 형식으로 재투입(再投入)되는 과정을 말한다. 코치는 학생들로부터 피드백을 통하여 그의 학습지도방법을 수정해야 하며, 피드백을 통해 정책의 적합성과 효율성을 높여야 한다.

학습 코칭에서 피드백은 일반적으로 긍정적 피드백과 발전적 피드백이 있다. '긍정적 피드백'이란 학습자의 자신감을 향상시켜 주는 칭찬과 인정이며, '발전적 피드백'은 학습자들의 발전에 필요한 부분을 구체적으로 언급해 주는 것이다. 이를 구체적으로 적용할 수 있는 것이 바로 위에서 보았던 위트모아의 GROW모델을 적용한 것인데, 다음과 같은 내용으로 간단하게 정리하여 제시할 수 있다.

첫째, 영어학습자가 영어공부를 하는 목적을 명확하게 찾게 해 주고,

비전을 설정해 주는 것이다. 영어를 학습하는 사람들이 영어를 학습하는 명확한 목적을 갖지 않고 남들이 다 공부하니, 나도 한다는 식의 태도는 옳지 않다.

둘째, 영어학습을 진행하면서 생기는 문제점과 해결책을 찾게 해 주는 것이다. 특히 자신의 문제점을 정확하게 인식하지 못하고 무작정 영어학습을 하는 학생들이 많다. 자신의 문제점이 이해력에서 생기는 것인지, 암기를 제대로 하지 않아서 생기는 것인지, 내용을 제대로 구조화시키지 못하는 것인지를 제대로 파악한 후, 어떤 노력을 기울여야 할지에 대한 피드백을 해야 할 것이다.

셋째, 대안 도출 및 선택 피드백이다. 이때는 학습자의 성향을 정확히 파악해서 코칭해 주는 것이 좋다. 학습자에게 맞는 인적·물적 자원을 탐색하도록 코치들은 도움을 주어야 한다. 또한 현재 영어학습을 위해 할 수 있는 것이 무엇인지를 명확하게 찾게 도움을 주는 것도 코치의 역할일 것이다.

넷째, 실행계획 수립에 대한 피드백이다. 여기서 활용할 수 있는 방법이 시간관리 전략으로 영어학습을 위해 무엇을 언제까지 어떻게 할 것인지에 대한 구체적인 피드백이 진행되어야 할 것이다.

이젠,
자기주도학습의
시대다

1. 자기주도학습의 정의

자기주도학습(이하 자주학)은 '자기조절학습', '자기교수학습', '자기규제학습' 등 다양한 용어로 사용되고 있다. 영어로는 'Self-Directed Learning'으로 자기가 삶의 주인이 되어 자신을 이끌어 가는 것을 말한다.

미국 노스캐롤라이나 대학의 노울즈(Malcom S. Knowles, 1975)는 '자주학은 개인이 솔선수범해서 자신의 학습욕구를 진단하고, 학습목표를 정하고, 학습에 필요한 인적·물적 자원을 탐색하고, 적절한 학습전략을 선택·시행하며, 학습 결과를 평가하는 과정'이라고 정의했다(〈그림 1-2〉).

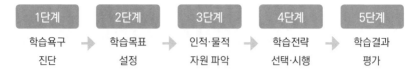

〈그림 1-2〉 자기주도학습 모형

1 단계 – 학습욕구 진단

목표를 설정하기 이전에 학생들이 과연 학습에 대한 욕구가 있는지 파악해야 한다. 다시 말하면 학습욕구가 없는 학습자들은 아무리 좋은 교육환경을 제공하고 학습비용을 투자해도 학습효과가 떨어질 수 있기 때문이다. 학습욕구 진단은 동기부여를 갖는가를 보는 것에 초점을 두어야 한다. 동기부여가 없으면 학습목표 설정이 무의미하다고 볼 수 있다.

2 단계 – 학습목표 설정

학습이란 과거의 경험을 통해 새로운 지식·기술을 배워서 익힌다는 과정을 가리키는 것이고, 목표는 배우는 활동을 통해 도달하려는 실제적인 대상을 말한다. 학습 코치들은 학습자들이 도달하기 위한 가시적인 목표를 설정해 주어야 한다.

3 단계 – 인적·물적 자원 파악

인적 자원 ⇒ 교사, 학부모, 친구들의 도움을 가리킨다.

물적 자원 ⇒ 교과서, 자습서, 노트, 프린트, 인터넷 등을 가리킨다.

학생들은 처음부터 이들 자원들을 활용하면서 자기주도학습을 수행하기가 쉽지 않을 것이다. 결국 타인의 도움이 있어야 효율성이 높아지는 것이다. 즉, 학습 코치의 도움을 받아야 학습의 효율성이 높아진다는 것을 의미한다. 또한 학습 코치는 이러한 도구들을 잘 활용하는 방법을 코칭하면서, 다양한 정보를 활용하는 능력을 알려 줄 수 있어야 한다.

4 단계 – 학습전략 선정 및 시행

학습전략이 매우 중요하다. 일반적으로 완전학습을 위한 전략은 다음과 같다.

예습전략 〉 수업전략 〉 복습전략 〉 시험전략

이것을 뒷받침해 주는 전략이 '이해전략', '암기전략'이다. 또한 학습전략 시행이라는 것은 지속성을 가지고 실천하는 시간 관리를 말한다.

5 단계 – 학습결과 평가

학습자들이 학습결과를 스스로 평가하는 과정이며 학습 코칭에서 가장 많이 활용되는 것은 채점 및 오답노트를 가리킨다.

2. 자주학(SDL)과 교주학(TDL) 비교

〈표 1-10〉 교사주도학습(TDL)과 자기주도학습(SDL)의 비교

가정설정	Teacher-Directed Learning	Self-Directed Learning
① 자아 개념	인간은 본질적으로 의존적인 존재임.	자기주도학습을 위한 욕구와 능력을 가진 존재임,
② 경험의 역할	학습자 경험은 학습자원으로서 교사, 저자 및 학습자료 제작의 경험보다 가치가 다소 미흡함.	학습자의 경험은 조력자(코치)의 자원과 함께 학습의 풍부한 자원이 될 수 있도록 개발되어야 함.
③ 학습 준비도	성숙수준이 동일한 학습자는 학습준비도가 같음.	삶의 문제를 보다 현명하게 해결해야 할 필요성에 의해 자기주도학습이 진행되므로 개인의 따라 학습준비도가 다름.
④ 학습 지향성	교과중심 지향으로 학습경험은 내용의 단위에 따라 조직되어야 함.	과업중심, 문제 중심 지향으로 학습경험은 과업수행이나 문제 해결 학습과제의 형태로 학습내용을 구성해야 함.
⑤ 학습동기	외적보상(점수, 선물, 이익, 실패에 대한 두려움)에 의해 학습이 일어남.	내적 동기(자아존중감, 자기효능감, 성취에 대한 갈망, 호기심, 앎의 욕구)에 의해 자기주도학습이 일어남.

※ 박영태·현정숙, 2002.

　　교사주도의 학습이 없어져야 한다는 것은 절대 아니다. 교사주도의 학습과 자기주도학습의 적절한 혼용을 주장하고 싶은 것이다. 학습자는 학습 초기에 동기부여를 받기가 어렵다. 조력자의 도움이 필요한 것이다. 자기주도학습의 시작은 교사주도가 필수적으로 선행되어야 한다고 보고, 여기에 효율적인 학습 코칭을 적용한다면, 학습 코칭과 자기주도학습의 긍정적 융합으로 학습자는 행복하게 목표를 달성할 수 있을 것이다.

3. 자주학의 중심 학자

자주학의 용어는 다양하게 쓰일 수 있지만, 핵심은 '주도성'이다. 자주학의 역사를 거슬러 올라가면 몇 사람의 학자를 중심으로 그 의미를 생각해 볼 수 있다.

·존 듀이(John Dewy, 1918)

자주학의 의미는 '듀이 철학'에서 발견될 수 있는데, 듀이가 주장한 자주학의 의미에 대한 이해는 '주도성'과 '자아'다. '주도성'은 교육적 경험에 따르는 것이며 교육적 경험이 전제됨에 따라 성장하는 것이다. 경험은 반성(reflection), 관련성(connection), 계속성(continuity)의 특성을 가질 때 교육적이라고 생각했다.

그가 말한 자주학의 핵심은 학습자 개인이 처음부터 모든 것을 주도해야 한다고 보지 않았다. 즉, 학습의 파트너가 있어야 한다고 주장했다. 또한 듀이는 '자아', 즉 개인은 최종적으로 성취된 상태가 아니라 발달되는 과정에 있다고 말했다.

듀이는 학습자의 자기주도적인 학습 능력이란 학습과정이 진행됨에 따라 점차적으로 신장되는 것이며, 이러한 과정을 통해 학습과정은 진정으로 학습자에게 의미가 있게 된다는 것이다.

·하울(Houl, 1961, 시카고 대학교)

기본적인 중심 내용을 보면, 자기주도학습의 용어는 '독학(獨學)'이라는 것이다. 학습자 개인이 자기 스스로 행하는 학습 활동으로 형식교육으로서의 학교 교육보다는 아무런 도움 없이 평생교육 차원의 성인 학습방법으로 보편화되어 온 것이다. Houl은 '자기교육(Self-Teaching)'이라는 용어를 사용하면서 자기주도학습의 전략이 단순히 '교사 없이 학습하는 것'이 아니라는 것으로 보았다. 작금의 자기주도학습의 개념이 '교사 없이'라는 말로 쓰이고 있는데, 이것은 잘못된 상식이다. 듀이가 '주도성'을 교육적 경험이 중요하다고 강조한 것처럼, 경험 없는 학습자가 교육적 경험을 갖게 되려면, 교육적 경험이 풍부한 코치의 도움이 절대적으로 필요한 것이다. 이것은 추후 자기주도학습에 영향을 주는 교육환경에 대한 의미와 맥락을 같이 할 수 있다.

· 터프(Tough, 1967, 시카고 대학교)

Houl의 제자인 그는 자기주도학습의 개념을 정착시킨 인물로서 자주학을 '자기교육(Self-Teaching or Self-Instruction)'이란 개념으로 사용했다. 그는 자주학을 '개인이 교사로서 자신의 학습프로젝트를 계획하고, 착수하고, 실행하며 책임을 떠맡는 특정 학습에 대한 에피소드'라고 정의하면서, 자신의 학습과정에 대한 계획과 방향에 있어서 학습자 스스로가 책임을 지는 것, 즉 독학의 개념으로 설명했다. 그가 주장한 자기주도학습의 핵심은 스스로를 가르치는 행위라고 생각할 수 있다. 실질적으로 자주학 능력이 뛰어난 학습자는 자신이 학습한 내용을 '스스로'에게 가르치는 경향이 있다. 자신이 학생이 되어 설명하는 '자기교육'은 고득점으로 가는 가장 좋은 방법으로 활용되는 점에서 Tough의 자기주도학습의 개념과 맥락을 같이 할 수 있다. Tough(1979)의 공로는 성인 학습자가 교사의 도움을 받지 않고 교실 밖에서 스스로 그들의 학습을 계획하고 수행하는 데 초점을 맞추고, 이를 체계화시킨 점이다(소경희, 1998).

·노울즈(Knowles, 1975)

이 교수가 제시한 자기주도학습 정의는 앞에 제시된 내용을 참고하면 그 의미를 이해할 수 있다.

이렇듯 자주학은 하루아침에 등장한 것이 아니라, 성인학습에 대한 관심을 두었던 많은 학자들이 학생들도 성인처럼 학습할 수 있다는 가정하에 연구하고 학습현장에 적용시켰다는 점에서 이를 연구한 학자를 아는 것이 중요하다고 볼 수 있다.

4. 자기주도학습자의 특징

영어공부를 학습하는 학습자들이나, 자녀에게 영어공부를 진행하고 조력하는 부모들의 고민거리의 핵심은 '혼자 공부하지 않는 것'이다. 즉, 자기주도학습 능력의 유무이다. 아무리 좋은 환경, 좋은 교사, 좋은 학원, 좋은 책을 제공해 주어도 스스로 공부하지 않는다면 아무런 소용이 없다는 것이다. 최근 들어 자주학 능력이 떨어지는 학습자를 많이 본다. 어쩌면 그들은 학습 초기에 가져야 할 '학습욕구'와 '학습동기'와 학습 중에 가져야 할 '과제수행능력'이 부족한 것이 원인일 것이다. 그렇다면 자주학을 잘 수행하는 학습자는 과연 어떤 특징을 보이는 학생들을 가리키는가를 확인해 보지 않을 수 없다. 다음 사안들은 바로 여기에 속하는 학생들의 공통된 특징들을 정리하여 제시한 것이다.

① 긍정적 자신감을 가지고 있다. 긍정적이라는 말을 쓰는 이유는 긍정적 코칭을 받은 학습자가 가지고 있는 것으로 자신의 강점을 제대로 볼 수 있는 능력을 말한다. 긍정적 자신감은 학습에 대한 스스로의 능력을 신뢰하고, 스스로에 대해 긍정적으로 평가할 때 가질 수 있는 능력이다. 운동선수들에게는 자신감이 현재의 경기수준에 대한 가장 좋은 예측수단이며, 승패 가능 여부에 대하여 자신이 가지고 있는 느낌이나 상상을 갖는 것이다. 스포츠 선수들에게 자신감은 어떤 결과(메달, 챔피언, 자기만족 등)를 성공적으로 수행할 수 있다는 확신이다. 자신감은 학습자가 지니고 있는 기능을 말하

는 것이 아니라 학습자가 그 기능을 가지고 무엇을 할 수 있는가를 대한 판단을 말하는 것이다. 예를 들어, 영어시험에 대한 자신감은 좋은 영어성적으로 얻도록 하는 원동력을 만드는 것이며, 영어에 유능한 학습자는 일본어, 중국어, 러시아어 등의 다른 언어를 잘할 수 있는 능력을 갖게 되는 것이다.

② 성취동기가 강한 학습자의 성향을 보인다. '성취동기(achievement motive)'의 개념은 Murry(1938)의 20가지 심인성 욕구들의 욕구분류체계의 구성 중 하나로서 다른 말로 성취욕구라고 하여 '어려운 일을 달성하려는 것, 숙달하려는 것, 탁월하려는 것, 다른 사람과 경쟁하고 이기려는 것, 장애물을 극복하고 높은 기준을 달성하려는 것에 대한 욕구'라고 정의하였다. David McClelland는 머리(Murry)의 기본적 욕구 개념에 포함된 성취욕구를 '성취동기'라는 용어로 명명하고, '탁월하려는 욕구 그리고 우수함과 성공을 향한 열망'으로 정의하면서 동기이론을 발전시켰다. 예를 들어, 성취동기가 높은 학생이 영어를 공부할 때는 '영어에서 탁월하려는 욕구, 영어에서 우수한 성적을 얻으려는 욕구, 영어시험을 성공적으로 보려는 욕구'라고 볼 수 있다.

③ 성취동기가 강한 학습자는 창의적 문제 해결력(Creative Problem Solving, CPS)을 가시고 있다. 문제 해결력이라는 것은 어떤 어려움이 있을 때 이를 객관적으로 처리하기 위해 문제를 명료화하고

다양한 가능성이 있는 해결방법을 선택하는 것을 말한다. 이건(Egan)은 "문제 해결은 원함(want)과 현실(reality)의 격차가 해결되는 것"이라고 말했다. 창의적 문제 해결력이라는 것은 원함과 현실의 격차를 창의적으로 해결하는 것이라고 볼 수 있다. 또한 창의적 문제 해결력은 학습 상황뿐만 아니라 일상생활에서 직면할 수 있는 애매모호하고 복잡한 문제를 접했을 때 현명하게 문제를 해결하도록 돕기 위해, 문제 해결을 위한 요소를 조사하거나 문제풀이 과정을 겪는 동안 독창적인 아이디어를 생각하고 창의적으로 생각하는 것을 지원하는 것을 의미한다(황지현, 2010).[1] 영어를 공부하다 보면, 자신을 객관화시키지 못하는 경우가 많고, 자신의 고집에 의해 잘못된 학습습관을 지속하는 학습자들이 많다. 이들에게 필요한 것은 자신의 '원함(목표)'과 '현실'의 거리를 정확히 확인하여 창의적이고 현명하게 자신의 학습방법을 교정해야 할 것이다.

④ 성취동기가 강한 학습자는 평생학습자이다. 평생학습자는 교육학의 전통적 학습자 개념에서 벗어나 학술적으로 학습자의 속성에 대한 관점이 다양하게 변화되는 과정을 통해 평생교육학적으로 생성된 개념이라고 한다(Knowles, 1980; Oddi, 1986; Long, 1987). 또한 평생학습자는 학습하는 인간, 즉 호모 에루디티오(homo eruditio)를 지향하며 삶을 살아가며 자신이 실현해 가고 완성해 가는 모든 과정을 배움의 과정으로 여기며, 학습을 통하여 일생 동안 지식, 기술과 태도를 변화, 유지, 향상시키고 노력하는 사

람이라고 한다(김하나, 2012). 대학을 졸업하거나 직장을 다니거나 퇴직하는 분들이 가장 공부하고 싶은 과목이 영어일 것이다. 수학은 고등학교를 졸업하면, 대학에서 전공하지 않는 이상, 학문적으로 접근할 기회는 많지 않지만, 영어는 늘 항상 필요한 학습과목이다. 평생학습에서 필수적인 과목은 바로 영어이며, 평생학습에서 영어를 학년별, 수준별, 연령별 영어학습 코칭기술이 더욱 발전되어야 할 것이다.

5. 영어 자주학의 전제조건

학습 코칭을 받은 학생들은 자신의 현 위치에서 원하는 곳으로 갈 수 있도록 안내를 받아야 한다. 학습 코칭을 하는 사람들은 학습자에게 자주학 능력을 심어 주어 그들이 일정한 기간이 되면 스스로 학습할 수 있는 능력을 만들어 주어야 한다. 그래서 코칭의 첫 번째가 목표를 물어보는 것이다. 다음 질문들이 자기주도학습을 키우는 영어학습 코칭 학습법이다.

'너는 왜 영어 공부를 하는가?'
'너는 영어공부를 통해 무엇을 얻고 싶은가?'
'너는 원하는 영어 점수는 얼마인가?'

일반적인 자주학 코칭과 같이 영어 자주학 코칭을 하기 위해서는 자주학의 기본 개념인 학생들이 학습과 관련된 모든 과정에서 '학습목표 설정', '학습자원 확인', '학습전략 수립', '학습결과 평가'의 과정에서 학습의 주도권을 갖는 것을 의미하는데, 이를 위해서는 전제되어야 할 몇 가지 조건들이 있다.

① 영어학습에 대한 동기부여가 있어야 한다.

"영어공부를 왜 하는가?"에 대한 질문에 많은 학생들은 "좋은 대학 가려고요, 성공하려고요, 돈 벌려고요, 국제화 시대에 영어는 필수잖아요"라는 말을 많이 한다. 물론 이러한 것도 영어를 공부에 동기부여가 될 수는 있다. 영어학습동기부여에 가장 큰 영향을 주는 것이 '꿈, 목표(비전), 자신감'일 것이다. 영어성적이 상위권 학생들은 영어학습동기가 충분하지만, 영어를 좋아하지 않는 하위권 학생들은 학습동기가 없는 경우가 많다. 일반적으로 50점 이하의 학생들은 영어학습동기가 낮은 것을 알 수 있다. 또한 영어학습동기가 있더라도 원하는 점수를 얻지 못해서 자신감이 결여되어 배우려는 동기 자체가 떨어지는 경우도 교육현장에서 많이 목격하게 된다. 그러므로 영어학습 코칭을 제대로 하기 위해서는 학습자 수준에 맞는 영어학습 프로그램의 개발이 시급하다.

② 영어학습법의 확실한 이해가 전제되어야 한다.

동기부여를 받고, 학습목표를 수립했다고 하더라도 자신에 맞는 학습방법을 습득하지 못하면 학습의 효율성이 떨어진다. 운동경기를 효율적으로 하기 위해서는 기본적으로 경기의 규칙을 알아야 하듯이 '무작정, 무식하게' 공부하는 것이 만사형통이 아닐 것이다. 영어학습 코치들은 학습자에 맞는 영어학습 코칭을 위해 효율적인 '영어학습 코칭 시스템과 콘텐츠'를 개발을 위해 더욱 노력해야 할 것이다.

③ 영어 자주학의 핵심은 시간조절이다.

영어는 언어이기 때문에 시간 관리를 제대로 해야 한다. 학습습관의 필수적인 요소가 정해진 시간, 정해진 장소, 정해진 학습량인 것처럼, 계획된 시간에 학습을 지속하기 위해서는 '시간 메트릭스'의 개념을 잘 이용하여 자신의 학습시간을 기록하고, 점검해야 할 것이다. 일반적으로 유아, 초등 저학년인 경우는 학습플래너를 잘 쓰지 못할뿐더러 시간에 대한 개념 자체가 없기 때문에, 아이들에게 학습계획서를 만드는 것을 요구하는 것은 무리일 것이다. 보편적으로 자기주도학습 능력이 가능한 나이는 만 9세 이상이기 때문에, 초등 저학년들에게는 학습 코치들이 의도적으로 계획된 일정에 따라 학생들이 학습을 했는지를 점검해야 한다. 그런 후, 자기주도학습 능력에 가능한 초등 4학년 이후부터는 스스로 시간조절을 할 수 있도록 학습 코칭을 해야 한다. 마지막으로 시간 관리의 핵심은 '기록' 중심이 아니라 '계획'과 '평가' 중심으로 학습플래너를 작성해야 하며, 학습플래너를 오랜 시간 동안 쓰는 것보다 '3~5분' 이내에 체크하는 것이 효율적이다. 시간 코칭의 핵심은 보여 주는 것이 아니라 실질적으로 행하고 있는지를 확인하는 것이 시간 코칭의 포인트다.

④ 영어 다독(Extensive Reading, ER)이 전제되어야 한다.

국어학습과 마찬가지로 영어학습에서는 배경지식이 매우 중요하다. 배경지식이 있어야 이해 능력과 구조화 능력이 좋아진다. 뇌과학 학습법에서도 '리딩(Reading)'이 중요한데, 사람의 두뇌는 경험을 바탕으로 학습이 습득되기 때문에 자신의 경험인 '스키마, 배경지식, 습득된 지식'과 연관될 때 새로운 정보를 더 쉽게 이해하고 받아들일 수 있는 것이다. 스티븐 클라센(Stephen D. Krasen) 박사는 영어습득을 위한 효과적인 방법으로 자율독서(Free Voluntary Reading, FVR)를 추천했다. 그는 언어는 습득(acquisition)이지, 수학처럼 의도적인 노력으로 학습(learning)하는 것이 아니라고 주장했다. 하지만 한국에서의 영어는 자연스러운 환경을 조성해서 습득하기란 매우 어렵다. 영어의 환경을 만들려는 노력 즉, 학습이 필요한 것이다. 이러한 노력을 통해 영어 다독이 전제된다면 영어 자주학의 토대는 마련된 것이다.

6. 자주학 코칭의 구성 요인

자주학이란 학습자가 주인이 되어 학습과정을 스스로 '리딩'하는 학습 활동을 말한다. 코칭을 이해하기 위해서는 교육학, 심리학, 상담학의 전반적인 이해가 필요하듯이, 자주학을 학습법에만 국한시키는 것은 무리가 있다. '자기주도력'을 가진 학생은 자율적인 존재로서 내적 동기를 가지고 과제 또는 문제 해결을 중심으로 목표를 가지고 다양한 자원을 활용하여 학습을 스스로 이끌어 가는 에너지를 보여 주고 있다. 자주학의 구성 요인은 연구하는 학자마다 다르지만 보편적으로 '인지 요인, 동기 요인, 행동 요인' 3가지를 가리킨다. 짐머만(Zimmerman, 1990)은 '자기주도학습자는 "자신의 학습과정에서 동기적, 인지적, 행동적으로 적극 참여하는 사람으로 학습에 대한 동기를 갖고 있고, 다양한 인지전략을 사용하고, 자신의 행동을 적절하게 규제하는 능력을 가진 자"라고 말했다.

1) 인지 요인

학생들은 때로는 쉽게 학습동기를 받는 경우가 있다. 유아·초등학교 때는 크게 느끼지 못하다고 중·고등학생이 되면 제도권(학교) 아래에서 동기 유발이 쉽게 발생되는 경우가 있다. 자신의 꿈을 달성하기 위해서 공부해야 하고, 특히 자존심이 강한 학생들에게 공부를 왜 하니 물어보면, "그냥요, 지기 싫은데요."라고 말한다.

학습동기가 만들어지더라도 자신의 목표(고등학교, 대학교, 진로, 성적 등)를 얻기 위해서는 자신에게 맞는 학습법을 가지고 있고, 그것을 잘 활용할 수 있어야 한다. 필자의 지인은 자녀의 영어공부에 고민이 많았다. 그의 자녀는 원하는 대학, 전공이 생겼다. 그러나 원하는 영어성적을 얻지 못하고 있었다. 여러 가지 원인 중 하나는 초·중등 시절에 공부를 하지 않아서 영어의 기초 학력이 습득되지 않는 것도 있지만, 가장 큰 문제는 '공부하는 방법(학습법)'을 잘 모른다는 것이다.

인지조절의 일반적인 요소는 '반복, 정교화, 조직화, 계획, 점검, 평가'라고 한다. 인지조절을 다른 말로 하면 학습전략이라고 할 수 있다. 영어 코칭 전문가들이 가장 신경을 쓰고 코칭해야 할 분야도 '반복 코칭, 정교화 코칭, 조직화 코칭, 학습계획 코칭, 학습점검 코칭, 학습평가 코칭' 등으로 매우 다양하며, 이것을 어휘·문법에 적용시킨다면, '어휘·문법 반복 코칭, 어휘·문법 정교화 코칭, 어휘·문법 조직화 코칭, 어휘·문법 피드백 코칭, 어휘·문법 학습평가 코칭' 등으로 나눌 수 있으며, 자세한 코칭법은 다음 장에서 다룰 계획이다.

2) 동기 요인

동기(motive)란 단어의 어원은 라틴어 'movere(움직이다)'로서 무엇을 움직이게 하는 것이 핵심 의미다. 동기의 가장 일반적인 정의는 '행동을 시작시키고, 방향을 결정하며, 끈기와 강도를 결정하는 힘'이다. 동기와 관련된 일반적인 개념은 다음 세 가지를 들 수 있다.

욕구(need)
추동(drive)
동기 유발(motivation)

즉, 자주학의 시작은 이 세 가지의 유기적인 연관성을 가지고 진행된다. 그래서 영어학습에 있어서 동기부여는 가장 우선적으로 코칭해야 할 부분 중 하나다. 학습동기는 동기와 학습의 합성어라고 볼 수 있는데, 가드너(Gardner, 1985)는 학습동기는 외국어학습의 성패를 결정하는 가장 중요한 요인이라고 말했고, 브라운(Brown, 1994)도 외국어학습에 있어 학습자의 적절한 동기 유발은 성공적인 학습에 도움을 준다고 말했다. 따라서 영어교육 전문가들이 영어학습 코칭을 초기에 학생들의 영어학습동기 조절을 위해 어떻게 하면 영어학습에 대한 욕구를 심어 줄지, 어떻게 하면 관찰 가능한 행동으로 변할지, 어떻게 하면 동기 조절이 가능할지 코칭해 주어야 한다. 특히, 학습동기를 심어 주는 하나의 방법으로 앞에서 소개되었던, GROW코칭법을 활용해도 좋다.

또한 최근에는 학습동기의 원인을 학생들의 심리적 속성에서 찾으려는 경향이 있다. 영어학습동기를 학생들의 심리적 상태에 포인트를 두고 코칭을 시도하는 해야 한다. 학습동기 원인 중에서 가장 많이 다루는 코칭 분야는 다음처럼 정리할 수 있다.

첫째, 인지적 평형화, 자기효능감, 자기결정성 등이 있다.
둘째, 행동주의적 접근방법으로 학생들의 학습환경의 영역이 있다.
셋째, 생태학적 접근법이다.

특히, 세 번째 요건은 학습동기가 학교, 학원 등의 일정한 체제와 사람들 관계 속에서 생기는 복잡하고 미묘한 관계에서 생긴다는 것이다. 쉽게 설명하면, 교육현장에서 학생들에게 영어학습동기를 코칭하기 위해서는 학생들의 심리적 상태, 환경 상태, 친구들과의 관계 현상들을 고려하여 코칭하는 것이 효율적이고 이러한 것들을 학생들 스스로 조절할 수 있도록 도와주는 것이 영어학습 코치들의 역할이라 생각한다.

3) 행동 요인

행동조절은 학습자가 자신의 행동을 의지적으로 통제하고, 시간을 조절하며, 도움이 필요할 경우 적극적으로 요청하는 것을 말한다. 다른 과목과 마찬가지로 영어학습은 꾸준한 노력과 인내가 필요한 과목이기에 자신의 행동을 의식적으로 통제하는 것이 매우 중요하다. 행동 요인을 코칭하기 위해서는 다음 3가지에 포인트를 두는 것이 좋다.

① 행동통제 코칭

공부를 잘하는 학생들의 공통점은 자신의 행동을 통제하는 것이다. 학생들은 친구들의 유혹을 뿌리치기가 어렵다. 최근에는 스마트폰으로 학습 중에 스마트폰을 보는 횟수가 많아졌고, 일부 학생들은 부모에게 스마트폰을 빼앗기는 경우도 있다. 행동통제 코칭은 유혹을 물리치는 훈련을 해야 한다. 학습지속력, 과제수행능력, 집중력을 증가시키는 것이 행동통제 코칭에서 다루어져야 하고 학습 코칭을 수행할 때는 일정한 시간의 훈련을 통해 어느 정도 습득될 수 있다.

② 도움 구하기

자기주도학습프로세스에서 필요한 인적·물적 자원을 탐색하는 과정이 있다. 학습을 진행하다 혼자 하는 것이 어려울 때가 있다. 예를 들어, 집에서 혼자 공부하는 것이 어렵고 긴장감이 풀어지면 도서관, 학원, 학교에서 공부하는 것도 도움이 된다. 도움을 구하는 것 중, 타인의 도움을 받는 것도 있지만 환경에 도움을 받는 것도 대단히 중요하다. 자기주도학습을 혼자 하기가 어려운 학생들은 항상 자신에게 필요한 사람의 도움을 구하는 노력도 필요하다. 최근 한국 사회는 사교육 비용의 증가로 사교육을 줄여야 한다는 목소리가 높아지고 있다. 이것은 현명한 방법만은 아니다. 돈을 많이 들이면서 도움을 구하는 방법도 있지만, 지인을 통해, 선생님을 통해, 친구를 통해 도움을 요청하는 것이 필요하고, 여기서 문제가 해결되지 않으면 일정한 비용을 지불하고 자기주도학습 코칭을 받는 것은 매우 유익한 일일 것이다.

③ 학습시간관리 코칭

시간관리는 시간조절이라고 할 수 있다. 공부는 한 과목만 잘해서 되는 것이 아닐 것이다. 중요한 과목들이 많기 때문에 매일 영어만 학습할 수 없는 것이다. 시간조절을 잘하기 위해서는 부족한 과목이 무엇이며, 그 부족한 과목에 시간을 더 투자하거나 공부방법을 효율적으로 하는 것을 말한다. 학습시간 코칭은 무엇을 해야 하는가?

첫째, 시간을 수치화시키는 것이다. 즉, 시간활용을 점검하는 것으로서 효율적인 시간관리를 위해 하루, 일주일의 시간을 어떻게 활용하고 있는지를 체크하는 것이다. 사주학에서는 학(學) 그리고 습(習) 두 가지의 조화가 매우 중요하다. 학원 등에서 직접 공부에 참여하는 시간인

'學'이 아주 중요하지만, 배운 내용을 스스로 학습할 수 있는 시간인 '習'도 매우 중요하기 때문에 무조건 받아들이는 형식의 지나친 배움은 때로는 독이 될 수 있다는 것을 명심해야 한다.

둘째, 자주학이 힘든 유아나 초등학교 저학년인 경우는 조력자의 도움이 필요하지만, 자주학 능력이 가능한 학년부터는 스스로 학습플래너를 작성하는 연습이 필요하다. 학습 코치들은 효율적인 '시간관리프로그램'을 개발하여, 학생들이 가장 효율적으로 시간을 운영할 수 있도록 코칭해 주는 것이 필요하다.

<표 1-11> 영어자기주도학습 코칭 분야

자주학 차원	구성요소	코칭내용
인지전략 코칭	① 인지전략 (cognitive strategy)	이해전략, 암기전략, 기억전략, 시험전략(시연, 정교화, 조직화, 피드백(점검)전략) → 파닉스 코칭, 알파벳 코칭, 어휘 코칭, 문법 코칭, 듣기·말하기 코칭, 리딩 코칭, 영작 코칭(서술형, 논술형 코칭), 실용영어 코칭, 디베이트 코칭 등
동기전략 코칭	②메타인지전략(초인지) (metacognitive strategy)	인지전략을 활용하여 통제하려는 전략(영어학습계획전략, 영어학습점검전략, 영어학습통제전략 등)
	③자기효능감 (self-efficacy)	개인이 어떤 결과를 산출하기 위해 요구되는 행동으로 성공적으로 수행할 수 있다는 개인의 신념(Bandura) → 유능성, 효능성, 자신감과 관련됨
	④내재적 가치 (Itrovertive Value)	목적, 과제의 흥미와 중요성에 대한 신념 → 과제의 중요성 인식, 과제에 대한 흥미
	⑤목표지향성 (goal-oriented)	영어학습에 대한 목적으로 자신이 영어학습에 어떻게 접근하고, 참여해야 하는지를 결정하는 신념 → 학습동기, 성취동기, 목표설정(단기-중기-장기), SMART기법
	⑥자기결정성 (Self-Determination Theory)	동기의 5단계 연구
행동전략 코칭	⑦행동통제 (action control)	학습지속력, 과제수행능력, 집중력
	⑧도움 구하기 (help seeking)	조력자(교사, 코치, 멘토, 컨설턴트, 매니저, 튜터, 친구 등)의 도움 구하기
	⑨학습시관관리 (learning-time management)	영어학습시간의 효과적인 관리 → 시간의 종류인식, 학습 플래너 작성 등

※ 민칠홍, 2015.

영어학습자의 유형을
파악하라

1. 좋은 영어학습자란

좋은 코칭은 좋은 학습자를 만든다. 영어학습 코칭에서 코치는 학생들로 하여금 좋은 영어학습자(Good Learner)가 되도록 도움을 주어야 한다. 좋은 영어학습자는 누구일까? 우선, 인성이 좋아야 한다. 인성과 정의적 요인들이 영어학습에 직·간접적인 영향을 주는 것이다. 예전에는 영어를 잘하는 사람을 보면 부러움의 대상이었다. 그래서 영어를 잘하는 사람들의 일부는 자존감이 왜곡되어 허세와 자만심으로 가득한 경우가 있었다. 영어를 잘하는 것은 자랑거리가 아닐 것이다. 인성이 좋은 사람들은 오히려 겸손하고, 자신이 습득한 영어로 타인을 도와야한다. 결국 영어학습 코칭의 목적이 학생들에게 자신이 원하는 곳으로 데려다주는 것이지만, 자신의 목표를 습득하고 난 이후의 모습도 알려 주어야 한다. 그러므로 영어학습 코칭의 뿌리에는 인성교육이 기본으로 되어있어야 한다고 생각한다. 좋은 영어학습자는 다음과 같은 조건을 충족해야 한다(Rubin, 1975).

① 정확하게 추측할 수 있어야 한다.
② 매우 많은 의사소통을 요구해야 한다.
③ 위험을 감수할 수 있어야 한다.
④ 형식에 집중해야 한다.
⑤ 연습해야 한다.
⑥ 산출물을 모니터하고 원 기준과 비교할 수 있어야 한다.
⑦ 사회적 맥락 속에서 의미에 집중해야 한다.

독립성과 중의성(重義性: 하나의 언어 표현이 둘 이상의 해석이 가능하게 하는 언어적 현상)에 대한 인내심은 성공적인 영어학습과 연계성이 높다. 좋은 영어학습자는 제2언어 문화와 모국어 문화가 너무 떨어져 있지도 않고, 너무 근접해 있지도 않다는 것을 인식해야 한다. 좋은 영어학습자들은 자신이 보는 것에 의존하지 않고. 읽고 난 후 번역을 시행하는 단순한 형식의 '축차 번역' 방식을 기피하고, 총체적으로 듣고 내용을 이해하려는 노력을 가져야 하고, 자기가 모르는 문장을 만들지 않아야 한다.

2. CACA학습유형

〈Work Sheet1_학습자 유형 및 영어 자주학 검사지(초등용)〉

·[학습자 유형] 다음 문항을 잘 읽고 '그렇다' 혹은 '아니다'에 동그라미 하세요.

문항	설문내용	응답	
1	나는 영어수업시간에 스마트폰 게임을 하는 것을 좋아한다.	Y	N
2	나는 영어를 그림, 영화, DVD를 보면서 공부하는 것을 좋아한다.	Y	N
3	나는 영어를 활동을 하면서 공부하는 것은 좋아한다.	Y	N
4	나는(학교, 학원에서) CD를 들으면서 공부하는 것을 좋아한다.	Y	N
5	나는 집에서 CD를 들으면서 공부하는 것을 좋아한다.	Y	N
6	나는 학교 말고 다른 곳에서 친구들과 영어공부하는 것을 좋아한다.	Y	N
7	나는 영어 어휘공부를 좋아한다.	Y	N
8	나는 영어문법공부를 좋아한다.	Y	N
9	나는 집에서 영어교재로 공부하는 것을 좋아한다.	Y	N
10	나는 혼자서 영어공부하는 것을 좋아한다.	Y	N
11	나는 영어선생님이 내가 틀린 것을 혼자 찾아보게 하는 것을 좋아한다.	Y	N
12	나는 영어선생님이 문제를 혼자 풀어보도록 하는 것을 좋아한다.	Y	N
13	나는 집에서 영어신문으로 공부하는 것을 좋아한다.	Y	N
14	나는 외국인이 영어로 말하는 것을 보고, 듣는 것을 좋아한다.	Y	N
15	나는 집에서 영어방송(영어뉴스, 드라마, 만화 등) 시청을 좋아한다.	Y	N
16	나는 친구들과 영어로 말하는 것을 좋아한다.	Y	N
17	나는 영어를 실제상황(해외여행, 영어캠프, 외국친구들 등)에서 사용해보는 것을 좋아한다.	Y	N
18	나는 들으면서 영어단어를 공부하는 것을 좋아한다.	Y	N
19	나는 수업시간에 대화를 하며 영어공부를 하는 것을 좋아한다.	Y	N
20	나는 영어수업시간에 읽기 위주로 공부하는 것을 좋아한다.	Y	N
21	나는 보면서 영어단어를 공부하는 것을 좋아한다.	Y	N
22	나는 영어선생님이 수업내용을 꼼꼼히 설명해 주는 것을 좋아한다.	Y	N
23	나는 노트에 영어수업시간에 배운 것을 자세히 쓰는 것을 좋아한다.	Y	N
24	나는 나만의 영어노트, 영어책으로 공부하는 것을 좋아한다.	Y	N

※ 차경환, 「실용영어능력신장을 위한 자기주도적 듣기·말하기 교수법」, 중앙대학교, 2010.

1) 학습유형

'영어학습 코치용'을 위한 [학습자 유형] 검사지 결과 분석 내용

학습유형	문항	총점
구체적 학습자	1~6	
분석적 학습자	7~12	
의사소통선호 학습자	13~18	
권위의존형 학습자	19~24	

영어학습자는 자기의 욕구와 선호도에 따라 학습하기를 원한다. 영어 학습자의 유형을 선호도에 따라 구분하면 구체적 학습자(concrete learners), 분석적 학습자(analytical learners), 의사소통선호 학습자 (communicative learners), 권위의존형 학습자(authority-oriented learners)로 구분할 수 있다.

영어학습자 유형	선호 활동
구체적 학습자	– 영어를 학습할 때 그림, 영화, 비디오 등을 보거나 CD나 컴퓨터 음원으로 영어를 들어가면서 공부하는 것을 선호한다. – 혼자 학습하기 보다는 팀 활동을 선호하며, 게임 활동이나 학교 외에서 동료들과 영어학습을 하는 것을 선호한다.
분석적 학습자	– 혼자서 영어학습을 하는 것을 선호하며 집에서 영어책이나 영자신문을 보는 것을 선호한다. – 틀린 부분을 스스로 찾고 문제 해결 활동을 즐기고 문법학습도 좋아한다.
의사소통선호 학습자	– 외국인이나 친구들과 영어로 대화를 하는 것을 좋아한다. – 영어 TV방송을 시청하는 것을 즐기며 실생활에서 영어를 사용하는 것을 선호한다. – 영어 어휘학습 시 들으면서 학습하는 것을 좋아한다.
권위의존형 학습자	– 영어선생님이 꼼꼼히 설명해 주는 것을 좋아한다. – 수업시간에 읽기와 문법위주의 학습을 선호한다. – 노트에 영어수업시간에 배운 것을 필기하는 것을 좋아하고, 눈으로 보면서 영어단어를 학습하는 것을 선호한다.

2) 코칭실습

· 여러분이 지도하는 학생들의 유형을 분석하고, 그에 따른 효율적인 영어학습 코칭전략을 적어 봅시다.

영어학습자유형	지도 학생 이름	영어학습 코칭전략
구체적 학습자 (concrete learners)		
분석적 학습자 (analytical learners)		
의사소통선호 학습자 (communicative learners)		
권위 의존형 학습자 (authority-oriented learners)		

3. 학습스타일의 이해

우리나라는 학생들의 적성을 문과형/이과형으로 구분하고 있다. 같은 책을 학습했는데 학습효과가 다르게 나타나고, 심지어는 문과형, 이과형 학생들이 각자 잘 풀이하는 독해문제유형을 가지고 있는 것으로 나타났다. 그러나 학습유형을 문과형, 이과형으로만 구분하는 것은 다양한 학생들의 유형을 너무 축약해서 분석하는 있으며, 학생들을 너무 이원화시키는 경향이 있기 때문에 다양한 학습유형에 대한 연구가 필요하다. 왜냐하면 앞으로 다가올 문·이과 통합형 시대를 대비하기 위함이다.

학습자는 각자 다양한 방식으로 학습과제를 해결한다. 이렇게 학습자 개개인이 선호하는 학습유형을 '학습스타일'(learning style)이라고 한다. 학습유형을 분석하는 방법 중 가장 널리 알려진 것은 옥스퍼드(Oxford, 1993)와 브라운(Brown, 2000)의 분류가 유명하다.

Oxford(1993)는 SAS(Style Analysis Survey)에서는 학습유형을 5가지 영역으로 분류하였다.

〈표 1-12〉 SAU 학습유형 5가지

접근법	학습유형	최근 추가된 사항
신체감각형으로 분류	시각형, 청각형, 조작형	언어형 추가
성격유형으로 접근	외향형, 내향형	MBTI를 활용한 접근
가능성에 대한 대처방식 접근	직관형, 구상형	감각형, 직관형으로
문제 해결 접근방식으로 접근	개방형, 폐쇄형	동일 용어
아이디어를 발전시키는 접근	종합형, 분석형	동일 용어

※ Oxford, 1993.

〈표 1-13〉 4가지 학습유형

접근법	유형 1	유형 2
정보의 특성	장독립형	장의존형
인지적 특성	좌뇌형	우뇌형
문제 해결방법	심사숙고형	충동형
정보의 선호성	시각형	청각형

※ Brown, 2000

영어학습 코칭에서 학습자의 유형 분석이 매우 기본적인 작업이다. 유형 분석의 핵심은 학생들이 공부를 할 때 어떻게 공부하는지를 알 수 있는 기본정보가 될 뿐만 아니라, 학생들의 강점과 약점을 파악하는 좋은 자료가 될 수 있다. 때로는 발달되지 않는 부분을 훈련시킴으로써 부족한 영역을 강화시키는 자료로 활용될 수 있다. 하지만 학습유형의 핵심은 '학생을 이해하는 것'이다. "너는 그것도 모르니?", "너는 왜 남들이 다 맞는 것을 틀리니?", "너의 공부하는 스타일은 이해가 안 된다", "그렇게 공부해서 성적은 오르겠니?" 등의 표현은 학습 코칭에서 도움이 되지 않는다. 학습 코칭에서 GROW모델들 중 두 번째가 현실 파악(Reality)에 포함되어야 하는 이유는 학습유형을 이해한 후 대안 제시로 넘어가기 위함이다.

또한 학습자 유형의 이해는 학생들만 이해하는 것이 아니라, 학습 코치 자신의 학습 코칭스타일을 판단하는 좋은 도구가 될 것이다. 예를 들어, 내가 가르치는 학생이 좌뇌형 학생이라고 하자, 영어교사는 우뇌형 사람이다. 그렇다면, 학생은 교사의 설명을 잘 이해할 수 있을까? 일명 '코드'라는 말을 들어 보았을 것이다. "저는 선생님과 코드가 맞아요, 선생님이 설명하는 방법이 마음에 들어요."라고 말하는 학생, "저는 선생님과 코드가 맞지 않아요. 도무지 무슨 말을 하는지 이해가 되지 않고요, 심지어는 웃음 코드도 맞지 않아요."라는 말을 종종 들어 볼 것이다. 학습 코칭에서 학습자를 이해했다면, 그다음은 학습 코치 자신의 설명 방식도 고민해서 학습자에게 맞추려는 노력이 필요할 것이다.

<코칭실습>

·브라운(Brown, 2000)의 4가지 학습유형을 활용하여, 여러분이 지도하는 학생들을 분류한 후, 효과적인 영어학습 코칭전략을 작성하시오.

접근법/유형		학생이름	영어학습 코칭전략
정보의 특성	장독립형		
	장의존형		
인지적 특성	좌뇌형		
	우뇌형		
문제 해결방법	심사숙고형		
	충동형		
정보의 선호성	시각형		
	청각형		

4. 좌뇌형, 우뇌형 학습 코칭

앞서 설명한 문과형, 이과형 학생에 어울리는 말일 것이다. 이 말은 좌뇌형, 우뇌형 학생으로 구분할 수 있는데, 좌뇌형 학생들이 선호하는 문제가 있고, 우뇌형 학생들이 선호하는 문제가 있다. 심지어는 좌뇌형 학생들의 영어독해 스타일과 우뇌형 학생들의 영어독해 스타일이 다른 경우기 있다. 좌뇌형 학생들은 처음부터 학습내용을 꼼꼼하게 읽는데 반해, 우뇌형 학생들 자신이 원하는 부분을 먼저 보는 경우가 있으며, 심지어는 책을 마지막 장에서부터 읽는 경우도 있다. 이것은 '맞음과 틀림'이 아니라, '서로 다름'을 이해하는 것이 코칭의 시작일 것이다.

1) 좌뇌와 우뇌의 기능

로저 스페리(Roger Sperry, 1968)는 인간의 뇌는 좌뇌와 우뇌로 나누어져 있다고 말했다.

- 좌뇌: 언어, 문자, 기호, 분석, 계산, 이해, 추리, 판단, 구성, 시간관념, 입체인식(우뇌와 공통) 및 논리적 사고를 담당하여 분석적으로 일하는 뇌다. 따라서 사실과 이성에 의존하며, 수 개념이 뛰어나지만 공간적인 개념이 부족하여 직선적인 사고를 하는 경향이 있다.
- 우뇌: 음악, 회화, 도형, 색채, 이미지, 감정, 비언어적 개념, 공간인식, 입체인식, 상상과 창조, 비논리적 감성을 분담하고, 개인이 행하는

모든 활동과 사상의 최종적인 판단과 결정을 한다. 우뇌는 일반적으로 감성 뇌, 음악 뇌, 이미지 뇌라고 한다.

예컨대, 영어학습 시 마인드맵이 핵심 키워드와 단어암기에 큰 도움이 되는 것은 사실이지만 이러한 암기법이 모든 학생들에게 적용될 수는 없는 이유는 학생들마다 공부할 때 선호하고 발달된 뇌가 있기 때문이다.

우뇌와 좌뇌의 기능적 차이는 특정과제를 학습하는 '인지양식(cognitive style)'에서 확인될 수 있다. 좌뇌는 우뇌보다 언어적, 계열적, 분석적인 방법으로 과제를 해결하고, 우뇌는 시·공간적, 직관적, 전체적으로 과제를 해결한다. 영어단어를 암기하는 방법이 학생들마다 다른 것을 보면, 영어단어암기라는 특정과제를 해결하기 위해 사용하는 뇌가 다르다는 것을 알 수 있다.

좌뇌는 읽기, 말하기, 분석적 추리, 수학 등의 과제를 담당하고 우뇌는 얼굴 기억하기, 공간적 자극, 음악 등 비교적 자유로운 과제에 능률적이다. 수학능력이 뛰어난 영재들은 좌뇌와 우뇌의 능력이 고루 발달되어 있지만, 좌뇌의 발달이 타인에 비해 탁월하기 때문에 수학을 더 잘할 수 있는 것이다.

인간의 뇌는 0~3세까지 우뇌로 활동하고 3~6세까지 서서히 우뇌에서 좌뇌로 이동하며, 6세 이후에는 좌뇌를 중심으로 뇌의 활동이 이루어진다고 한다. 특히 우뇌가 가장 활발하게 움직이는 시기는 생후 36개월 이전이다. 그래서 많은 교육학자들이 아이들의 연령별 학습법을 강조하고 있고, 아동의 발달단계에 따라 적절한 교육방법을 채택하고 있는 것이다.

〈표 1-14〉 좌뇌와 우뇌의 키워드

좌뇌 키워드	언어적, 분석적, 상징적, 추상적, 시간적, 합리적, 수리적, 논리적, 순차적
우뇌 키워드	비언어적, 종합적, 현실적, 유사적, 비시간적, 비합리적, 공간적, 직관적, 총체적

※ Edward, 1999·2000.

·좌뇌 키워드 설명

① 언어적: 낱말을 사용, 명명하고 기술하고 정의를 내림(언어 사용 능력)

② 분석적: 단계적이고 조직적으로 사물을 파악함(구조화)

③ 상징적: 어떤 것을 표현할 때 부호나 기호 등의 상징을 사용함(아이콘)

④ 추상적: 사실이나 추론을 거치지 않고 판단, 하나의 실마리로 전제를 제시함(추상적 추론)

⑤ 시간적: 시간을 재고 일의 순서를 정함(시간관리 능력)

⑥ 합리적: 사실에 근거를 둔 추론을 이끌어 냄(사실적 추론)

⑦ 수리적: 숫자를 사용하여 셈을 함(수리 능력)

⑧ 논리적: 논리적인 순서에 따라 결론을 얻음(논리력)

⑨ 순차적: 하나의 생각이 다음의 생각을 낳게 하여 결론을 맺음(집중력)

·우뇌 키워드 설명

① 비언어적: 사물을 인식하되 단어와 연관 능력이 미약함(이미지)

② 종합적: 여러 사물을 전체의 틀에서 파악함(총체적)

③ 구체적: 현재의 있는 그대로 표현함(구체적 추론)

④ 유사적: 사물들 사이에 유사성을 보고 비유적인 관계로 이해함(추론력)

⑤ 비시간적: 시간 감각이 약함(시간관리 능력 미흡)

⑥ 비합리적: 사실이나 추론을 거치지 않고 판단함(오답 발생 높음)

⑦ 공간적: 사물이 다른 것들과 관련을 맺는지, 전체를 맺고 있는 부분을 파악함(제한적)

⑧ 직관적: 완전하지 않은 모양이나 육감, 느낌, 시각적 영상 등을 근거로 순간적으로 파악함(감각 위주)

⑨ 총체적: 전체의 사물을 바르게 파악함(신속성)

2) 좌뇌, 우뇌 학습 코칭법

좌뇌와 우뇌에 대한 코칭방식은 다음 질문들로부터 시작해볼 수 있다.

"어떻게 코칭(교육)시키면 좋을까?"
"우선 우뇌 교육방법은 어떠한가?"

과학과 정보화의 발달로 학생들은 논리적이고 합리적인 사고를 요구하는 좌뇌만 주로 발달시켜 왔기 때문에 우뇌에서 얻어지는 지식과 지혜를 점점 잃어가고 있는 상황이다. 특히 학년이 올라갈수록 좌뇌식 평가 문항이 많아지고 있기 때문에 우뇌에서 얻어지는 지식과 지혜의 힘이 부족해지고 있다. 그러나 우뇌의 문자기억 용량은 좌뇌보다 100만 배나 되며 의욕, 창조, 감정을 지배하는 것이 우뇌이기 때문에 우뇌의 인지력을 자극해야만 사회성이 길러진다.

잠재력이 무한한 우뇌를 개발하기 위해서는 오감을 활용한 교육이 매우 중요하다. 시각, 청각, 후각, 미각의 오감을 충분히 느낄 수 있는 다양한 기회가 필요하다. 그러므로 다양한 체험 활동은 우뇌 활성에 매우 큰 도움이 된다. 좌뇌를 활성화하는 가장 좋은 방법은 독서다. 자율독서가 강조되는 이 시점에서 아이들에게 다독과 정독을 통해 독서습관 형성은 물론 좌뇌도 알차게 활성화될 것이다.

5. 성격유형별 학습 코칭

영어 자주학 코칭법을 적용시키기 위해서는 학습자의 성격을 이해하는 것이 큰 도움이 된다. 성격을 이해했다고 해서, 성적이 바로 향상되는 것은 아니지만, 학습자를 이해하고 학습자에게 어울리는 학습방법을 제안할 때 도움이 된다. GROW코칭에서 학습대안을 제시하는 부분에서 활용되면 좋다.

1) 성격 코칭

학습법을 적절히 활용하기 위해서는 학생들의 성격유형을 고려한 학습전략을 구상하는 것이 현명하다. 최근 우리나라에는 검증된 성격유형·행동유형 검사들이 있는데 MBTI, 에니어그램, DISC 등이 대표적이다.

코칭프로그램을 운영할 때 성격유형 검사를 통해 학생들이 선호하는 학습전략을 제시하면 동일한 시간을 투자했더라도 학습효과는 증가하게 된다. 또한 학생들은 코치가 제시한 학습방법을 자신의 학습방법에 적용해야 한다. 예컨대, 외향성 학생들은 학습의 에너지를 사람으로부터 얻는 경향이 높아 동료들과 함께 '팀학습'을 하면 효과적이다. 그들은 혼자 학습하는 것도 좋지만, 타인과 정보를 공유하며 토론하는 것을 좋아하기 때문이다('팀학습'도 자기주도학습전략 중 하나임).

그와 반대로 내향성 학생들은 홀로 자신만의 시간을 가지며 에너지를 충전하고 소비한다. 그들은 혼자 정리하고 암기하는 것을 선호하기 때문에 학습 시 사람들이 많으면 집중력이 떨어질 수 있는 것이다. 때로는 공개적인 학습장소가 그들에게는 부담스러울 수 있기 때문에 홀로 학습할 수 있는 공간을 제공해 주는 것이 도움이 된다.

외향성 영어학습자들은 구체적 영어학습자나 의사소통형 영어학습자에 가깝기 때문에 그들에게 어울리는 영어학습법은 혼자 학습하는 것보다는 팀 활동의 기회를 갖게 하고, 게임 활동이나 학교 외에서 동료들과 영어학습을 하는 것을 권장하고 환경을 제공해 주는 것이 좋다.

내향성 영어학습자들은 활동 중심의 수업, 토론식 학습, 발표학습을 선호하지 않는 경우가 있기 때문에, 분석적 영어학습자로서 혼자서 영어학습을 하도록 수준에 맞는 영어책이나 영자신문을 학습하도록 물적 자원을 제공해 주고, 권위의존형 영어학습자와 같이 영어를 가르칠 때 꼼꼼하게 설명해 주고, 읽기와 문법 위주의 학습 기회를 제공하며 노트 필기를 통해 배운 것을 필기하고, 눈으로 보고 쓰면서 영어학습을 하도록 코칭해야 한다.

2) 성격 형성의 요인

성격 형성의 요인은 크게 2가지로 분류한다.

(1) 유전적 요인

버스와 프로민(1975)은 4~5세 쌍생아 139명을 대상으로 어머니들에게 자녀의 정서반응, 활동 정도 및 사회성을 평가하도록 했다. 연구결과 일란성 쌍둥이들은 이란성 쌍둥이들보다 세 가지 성격특성 모두에서 뚜렷하게 서로 비슷한 결과가 나왔다고 한다. 『타임스』에 제시된 성격연구에 따르면 서로 격리되어 성장한 다수의 성인 일란성 쌍생아를 추적하여 이들의 성격 차이를 조사했다. 연구결과 일란성 쌍둥이들은 취미, 가치관이 서로 유사하고 비슷한 직업을 선택하고 배우자의 성격도 비슷하고 심지어 그들의 생활용품(옷, 향수, 비누, 치약)의 종류도 비슷했다. 유전은 성격의 기초가 되는 특징으로 학생들의 활동량, 정서, 문제 해결 능력, 학습방법 그리고 사회성에 많은 영향을 줄 수 있다. 학생들의 성격이 한 번 형성되면 쉽게 고칠 수가 없다. 그러므로 학습효율성을 위해서는 그들의 성격을 파악하는 것이 학습 코칭의 필수적인 요소이다.

(2) 환경적 요인

환경도 학생들의 성격 형성에 중요한 역할이다. 선천적인 기질은 마음의 지문과 같아서 바꿀 수는 없지만, 환경은 성격 형성의 후천적 요인으로 부모의 양육스킬과 파트너의 코칭이 매우 중요하다. 학부모들에게 강의를 할 때 가장 중점을 두는 분야가 부모의 '언어사용'이라고 강조한다. 좋은 환경에서 성적이 뛰어나, 좋은 학교에 진학했다고 하더라도, 인성이 제대로 형성되지 않으면 아무런 소용없다. 부모의 고마움과 진실함을 모르고 자란 학생들은 사회성이 결여되어 결국엔 성공적인 학습자가 될 수 없다. 즉, 아이는 부모의 진실되고 건전하며 성숙한 가르침으로 사회성 있는 인성을 갖고, 좋은 성격의 소유자로 성장할 것이다.

〈나의 영어학습 코칭스타일 체크리스트〉[2]

		매우 그렇다	주로 그렇다	비슷 비슷	주로 그렇다	매우 그렇다	
1	언어적 지시와 설명을 좋아한다.						그림이나 상징적인 지시를 좋아한다.
2	학생들을 객관적으로 평가한다.						학생들을 주관적으로 평가한다.
3	비유적 표현을 좋아하지 않는다.						비유적 표현을 좋아한다.
4	논리적 문제를 좋아한다.						직관적 문제를 좋아한다.
5	감정을 절제한다.						감정을 표현한다.
6	홀로 공부하는 것이 좋다.						함께 공부하는 것이 좋다.
7	타인에게 사적인 이야기를 안 한다.						타인에게 개방적이고 솔직하다.
8	새로운 학생을 만나는 것이 부담스럽다.						새로운 학생을 만나면 에너지가 생긴다.

9	혼자만의 시간을 즐긴다.					사람들과 만나서 즐긴다.
10	갈등이 생기면 침묵하고 기다린다.					갈등이 생기면 곧 바로 해결한다.
11	자세한 대답을 좋아한다.					많은 설명보다 심플한 대답을 좋아한다.
12	세부사항을 요약하는 일이 어렵다.					요약을 좋아하고 쉽게 한다.
13	세부적인 사실이나 정보에 집중한다.					연관성이 없는 세부사항은 무시한다.
14	세부사항 없이 키워드만 제시되는 것을 싫어한다.					세부사항이 너무 많으면 혼란스럽다.
15	요점을 빨리 파악하지 못한다.					요점을 빨리 파악한다.
16	책상이 정돈된 편이다.					책상이 정리되지 않는 편이다.
17	해야 할 일을 제때에 하거나 일찍 한다.					해야 할 일을 미루는 편이고, 임박해서 한다.
18	마감기한이 있으면 일을 체계적으로 잘한다.					마감기간이 불편하다.
19	계획대로 실행하는 편이다.					계획을 바꾸는 일이 많다.
20	할 일을 기록하고 목록을 만든다.					할 일을 계획하고 기록하기보다는 자연스러움이 좋다.

6. MBTI를 활용한 영어학습 코칭

Brown(2000)이 주장한 4가지 학습유형인 정보의 특성(장독립형, 장의존형), 뇌의 역할과 관련된 인지적 특성(좌뇌형, 우뇌형), 문제 해결방법(심사숙고형, 충동형), 입력되는 정보에 대한 선호도(시각형, 청각형)의 역사를 거슬러 올라가면 MBTI를 만나게 된다. 쉽게 말하면 학습자의 효율적인 학습법을 적용하기 위해 그들의 성격을 파악하는 것이다.

성격은 원만한 대인관계, 행복한 결혼생활, 성공과 출세, 그리고 학습유형에 중요한 심리적 요인이 되기 때문이다. 성격유형 측정에 가장 널리 사용되는 것이 바로 MBTI(Myers-Briggs Type Indicator) 검사이다.

1) 외향적-내향적 영어학습자

MBTI의 바탕이 되는 융의 심리유형론은 각 개인이 외부로부터 정보를 수집하는 기능을 '인식기능'이라고 하고, 자신이 수집한 정보를 근거하여 행동을 위한 결정을 내리는 것을 '판단기능'이라고 정의했다. 융의 심리유형론을 경험적으로 검증하여 실생활에 적용하기 위해 만들어진 MBTI는 '인식기능'을 감각형(Sensing)과 직관형(Intuition)으로 구분하여 학습자들이 사람, 사건, 생각 등을 지각할 때 나타나는 차이점을 알 수 있으며, '판단과정'은 사고형(Thinking), 감정형(Feeling)으로 구분하여 개인의 인식에 의해 결론을 내는 방법들이 차이가 있다는 것을 말해 준다.

세계적의 각 민족들은 학습법도 다르게 나타난다. 특히 유대인의 학습방법은 토론식(debate) 수업으로, 그들은 주장을 타당한 근거를 들어 다른 사람으로 설득하고 서로 정보를 공유한다. 그렇다고 그들의 성격이 모두 외향형이라고 볼 수는 없지만, 그들이 선택한 학습방법은 분명 영어학습법에서 말하는 의사소통형 학습자이지만, 철저한 분석을 통해 토론하기 때문에 외향성과 내향성을 골고루 훈련시켜 학습의 완성도를 높이는 것은 분명하다.

일반적으로 외향성 선호도가 높은 학생들은 1:1학습방법보다는 1:多학습을 선호하는 편이다. 그들은 자신의 생각을 공유하고 토론할 때 학습의 흥미를 느낄 수 있으며 학습효과도 높일 수 있다. 최근 일부 고등학교나 학원에서 그룹수업을 통해 영문법을 완성시키는 활동도 내향성보다는 외향성 학생들이 좀 더 선호한다고 볼 수 있다. 사실 외향성이라고 영어를 더 잘하고, 내향성이라고 영어를 더 못한다고는 말할 수 없다. 영어성적이라는 것은 완전학습이 중요하기 때문에, 선호하는 과정만으로 100점을 받을 수는 없을 것이다. 외향성, 내향성 학생들을 완벽하게 구분할 수는 없지만, 이향성 학습자와 내향성 학습자를 구분하는 것은 학생들이 영어학습에 대한 흥미를 갖기 위한 좋은 코칭법이다.

<표 1-15> 외향적-내향적 학습자 코칭법

외향성 영어학습자(extrovertive learners)	
특성	– 활발하고 적극적이라는 소리를 자주 듣는 편이다. – 처음 보는 친구들에게도 말을 잘 걸고 잘 어울리는 편이다. – 동시에 여러 사람들과 약속을 잡는 경우도 있다. – 낯선 장소에서도 주눅 들지 않고 자유롭게 행동하는 편이다.
영어학습 코칭스킬	– 집중력이 짧아 긴 시간 영어공부는 무리이므로, 짧은 시간 내에 영어과제를 해결할 수 있도록 코칭하는 것이 좋다. – 외향적 학생들의 장점은 말로 자기를 표현하는 것을 선호하기 때문에 영어로 말할 수 있도록 의사소통형 학습법을 적용하면 좋다. – 1:1식의 지도도 좋지만, 팀플수업도 효과적이며, 숙제를 하더라도 동료들과 함께 해결하도록 하는 것도 효율적이다.
내향성 영어학습자(introvertive learners)	
특성	– 침착하고 조용하다는 말을 자주 듣는 편이다. – 친구를 쉽게 사귀지 못하고 여러 명씩 어울려 다니는 것을 좋아하지 않는 편이다. – 낯선 장소나 모임에 가면 말을 못하고 얌전한 편이다. – 생각을 오래하기 때문에 행동으로 옮기는 것에 둔한 편이다.
영어학습 코칭스킬	– 집중력이 강해 비교적 오랜 시간 앉아 볼 수 있으며 어려운 영어문제도 혼자 끝까지 풀어보도록 코칭하는 것이 좋다. – 팀수업보다는 혼자 있기를 더 즐기고 발표력이 떨어져 아는 것이라도 나서서 대답하기를 주저한다. 발표를 강요하면 역효과가 나는 경우가 있기 때문에 말보다는 글로 정리하는 학습습관을 길러주는 것이 좋다. – 충분히 생각하고 이해하지 않았다면 말로 표현하기 힘들어하므로 학습 영어수업 시 내용을 충분히 설명해 주는 것이 좋다.

※ 민철홍, 2016.

〈코칭 실습〉

·MBTI의 연구를 바탕으로 여러분들이 외향형–내향형 학습자에게 영어 코칭을 한다고 가정할 때,
올바른 코칭스킬을 작성해 보세요.

학생의 성격유형	학생이름	영어학습 코칭스킬
외향형		
내향형		

2) 감각형-직관형 영어학습자

위에서 설명했듯이 '인식기능(perception)'은 두 유형으로 분류한다고 했다. 감각형-직관형 학습자다. 외향성-내향성 학습자는 그들의 말과 행동을 보면 어느 정도 알 수 있지만, 감각형-직관형 학습자는 일정한 기간의 탐색(경험)을 해 보지 않고서는 구분하기가 쉽지 않다. 인식기능을 쉽게 말하면 정보를 받아들이는 방식이다. 책을 읽을 때, 타인과 대화를 할 때, 문제를 인식할 때 받아들이는 방법이 다르다는 것이다.

영어수업 때 두 기능을 구분하는 방법은 들은 내용을 '설명'해 보라고 하면 쉽게 알 수 있다. 감각형의 학생들은 오감을 통해 정보를 받아들이기 때문에 정보를 체계적으로 인식하는 경향이 높고, 직관형의 학생들은 일종의 '감'으로 정보를 받아들이는 경우가 있기 때문에 설명한 내용의 이면을 이해하는 경우가 많고, 앞으로의 일을 추측하는 경향이 많다.

<表 1-16> 감각형-직관형 학습자 코칭

	감각형 영어학습자(sensing learners)
특성	– 구체적이고 정확한 표현을 좋아한다. (영어수업 시 구체적으로 설명하지 않으면, 이해를 하지 못한다.) – 공부할 때 세부적인 것을 잘 기억한다. (영어수업 후 질문하면, 세부적인 것과 글의 순서를 정확히 설명한다.) – 새로운 것에 직면하는 일이 힘들어하며 익숙한 것을 고집하는 편이다. (새로운 영어책을 제시하면, 부담스러워 하고, 복습을 선호한다.)
영어학습 코칭스킬	– 반복능력(복습능력)이 뛰어나 한 번 배운 것은 쉽게 기억하고 잘 잊어버리지 않아 복습 형태의 학습으로 좋은 성적으로 올릴 수 있다. (영어학습 코칭 시 같은 책을 여러 번 반복해서 학습하게 하면 효과적이다.) – 추상적이고 비현실적인 것보다 구체적인 예를 들어 설명해 주는 것을 반복하면 이해 능력이 향상된다. (현실적인 내용으로 설명하면 좋다.) – 단계적인 것을 좋아하는 성격이라 쉬운 부분부터 점차 어려운 부분으로 설명하면 흥미를 잃지 않고 꾸준히 해나갈 수 있다. – 지나치게 세부적일 수 있어, 전체적인 주제를 설명해 주는 것이 좋다.
	직관형 영어학습자(Intuition learners)
특성	– 창의력과 상상력이 풍부하다. (영어수업 후 설명하게 하면, 교사가 설명하지 않는 부분을 찾아 말하는 경우가 많다. 때로는 엉뚱하다고 느낄 때가 많다.) – 상상 속에서 이야기를 잘 만들어 내는 편임. (영어독해 시 주제 파악은 잘하지만, 세부사항을 묻는 문제를 자주 틀린다.) – 새로운 것에 대한 열망이 대단하다. (같은 영어책을 싫어하며, 새로운 책을 구입하려는 경향이 많다.) – 한 가지 일에 몰두하다가 다른 것에 관심을 보여 집중하다 다시 하던 일을 계속한다. (학습의 체계성이 떨어지고, 공부를 하다가 주제와 동떨어진 생각을 자주한다.)
영어학습 코칭스킬	– 예습형태의 코칭이 효과적이며 배운 것을 반복하는 것을 싫어하므로 차라리 다음에 배울 것에 대해 미리 개략적인 흐름을 이해시킨 후에 학습하는 것이 좋다. (예습형태의 영어학습 코칭이 유리하며, 지속적인 관심과 흥미를 주도록 유도하는 것이 좋다.) – 창의력이 뛰어나 틀에 짜인 일이나 공부를 못 견디고 새롭게 생각하고 발표하는 등의 독창적인 프로젝트식 주제탐구 학습이 더 어울린다. (영어문제를 직접 만들어 보게 하거나 주어진 문제를 다르게 만들어 보게 하는 연습을 하면 효과적이다.) – 감각형 학습자는 선생님이 제시한 학습플랜를 잘 지키고 시간을 엄수하는 경향이 높지만, 직관형 학습자는 학습방법을 본인이 알고 있는 경우가 있으므로 지속적 대화를 통해 학습자 스스로 찾아가도록 유도하는 것이 좋다. *GROW영어학습 코칭 기법이 좋다.

※ 민철홍, 2016.

〈코칭 실습〉

·MBTI의 연구를 바탕으로 여러분들이 감각형–직관형 학습자에게 영어 코칭을 한다고 가정할 때,
올바른 코칭스킬을 작성해 보세요.

학생의 성격유형	학생이름	영어학습 코칭스킬
감각형		
직관형		

3) 사고형–감정형 영어학습자

　문제를 인식하면, 판단을 내려야 한다. 인지과학에서 입력기능과 저장
기능이 있듯이 MBTI에서는 문제 해결을 위한 결정을 내릴 때 사고
형–감정형 학습자로 구분된다. 사고형은 쉽게 말하면 이성적 학생들이
며, 감정형은 감성적 학생들로 보면 쉽게 이해할 수 있다. 영어수업을 하
다 보면 어떤 학생들은 지나치게 이성적이라 정이 없어 보이는 경우가 많
고, 어떤 학생들은 지나치게 감성적이라 자신의 감정을 통제하지 못하
고, 감정의 어려움이 있으면 공부를 시도하지 않는 경우가 많다. 어떤 학
습자가 좋다는 말은 아니지만 사고형–감정형 학생들은 조금만 대화를
하면 쉽게 관찰할 수 있다.

〈표 1-17〉 사고형-감정형 학습자 코칭법

사고형 영어학습자	
특성	- "Why?(왜요?)"라는 질문을 자주하는 편이다. - 평소 궁금한 점이 많고 궁금한 점이 생기면 질문을 한다. - 자신의 논리로 주변을 설득하는 경향이 있다. - 선생님이 논리적으로 타당하게 대하면 순종적인 편이다.
영어학습 코칭스킬	- 논리적인 사고를 좋아하므로 질문에 대해 차근차근 설명하는 스킬이 필요하다. - 가르치는 교사도 논리적으로 설명하는 연습을 해야 한다. - 영어문법 설명 시 개념을 정확히 설명해 주어야 한다. - 감이 잘 통하지 않는 경우가 많다.
감정형 영어학습자	
특성	- 감정이 풍부하고 인정이 많다는 소리를 자주 듣는다. - 친구들을 신경 쓰느라 자신의 학업을 게을리하는 경우가 있다. - 주변의 반응이나 다른 사람의 의견에 민감하게 반응하는 경향이 있다. - 선택해야 할 때 쉽게 결정을 내리지 못하는 경우가 있다.

영어학습
코칭스킬
	- 코치는 학습자의 감정코칭에 민감해야 한다.
	- 주변의 어른이나 교사로부터 칭찬받고 인정받기를 늘 바라며 조금만 칭찬하고
	  기를 세워주면 학습의욕이 증가한다.
	  (영어학습 코칭 시 칭찬요법을 잘 활용해라.)

※ 민철홍, 2016.

〈코칭실습〉

·MBTI의 연구를 바탕으로 여러분들이 사고형-감정형 학습자에게 영어 코칭을 한다고 가정할 때,
올바른 코칭스킬을 작성해 보시오.

학생의 성격유형	학생이름	영어학습 코칭스킬
사고형		
감정형		

4) 판단형-인식형 학습자

공부는 인지능력만으로 할 수는 없다. 자기주도학습에서 목표를 설정하고, 학습전략을 세우고, 인적·물적 자원을 탐색을 하더라도 실행에 옮기지 않으면 아무런 소용이 없다. 판단형-인식형은 학생들이 얼마나 실행력을 보이는가를 판단하는 자료가 될 수 있다. 학습플래너를 지키려고 노력하고, 준수하는 경우가 있는가 하면, 학습플래너를 잘 지키지 못하고 공부를 몰아서 하거나, 임박해서 하는 경우가 있다. 둘 중 어떤 학습자가 공부를 더 잘하는 것을 판단하기에 앞서, 학생들이 선호하는 행동양식을 이해하고 적절하게 코칭을 해 주어야 한다. 특히, 시험 전날 벼락치기를 많이 하는 학생들은 평소 시간관리가 문제이기 때문에 코치들이 '시간 코칭'에 관심을 기울여야 한다.

<표 1-18> 판단형-인식형 영어학습자

판단형 학습자	
특성	– 학습계획표를 잘 지키는 편이다. – 규칙적인 생활을 선호하는 학생이다. – 목표의식이 뚜렷하고 자신의 의견을 분명히 하는 편이다. – 계획에 없던 일을 시키면 짜증을 내는 경우가 많다.
영어학습 코칭스킬	– 학습플래너 활용 코칭; 스스로 계획을 세워 그것에 따라 계획적인 학습 스타일을 좋아하고 시간표대로 움직이는 일에 스트레스를 덜 받는다. (여기에 칭찬스킬과 보상스킬을 적용한다.) – 한 가지 일을 끝내야 다른 일을 해내므로 한꺼번에 여러 가지 과제를 주면 역효과를 낼 수 있다. (영어공부 시 어휘, 문법, 생활영어, 독해를 동시에 학습시키는 것보다, 영역별 시간을 정해주는 것이 좋다. 예를 들어, 어휘 암기(3분), 문법공부(1시간), 듣기평가(20분), 독해(30분_지문 5개) 등으로 체계적으로 제시해 주어야 한다.
인식형 학습자	
특성	– 교사 코칭이 쉽지 않는 학생이다. 왜냐하면 약속을 어기는 경우가 많다. – 일을 미루거나 마지막 순간에 처리하는 경향이 있다. (영어 숙제를 밀리는 경우가 많고, 플래너 관리가 안 된다.) – 자기 것을 더러 주장하고 고집이 그다지 세지 않다.
영어학습 코칭스킬	– 학부모의 도움이 절대적으로 필요한 학생들이다. (영어학습상태를 학부모가 체크할 수 있는 시스템이 있어야 한다.) – 공부도 미리미리 하기보다는 벼락치기를 하는 편이나, 마음속에는 자신의 계획이 있으므로, 너무 야단을 치기보다는 파트너의 도움을 통해 함께 해결하는 것이 좋다. – 결과보다는 과정을 더 중요시하는 경향이 있으므로, 결과만 가지고 학생들을 평가하는 것은 현명하지 않다. – 과정 속에서 잘한 것과 잘못한 것을 적절해 평가해 주면 좋다.

※ 민철홍, 2016.

〈코칭실습〉

·MBTI의 연구를 바탕으로 여러분들이 판단형–인식형 학습자에게 영어 코칭을 한다고 가정할 때 올바른 코칭스킬을 작성해 보시오.

학생의 성격유형	학생이름	영어학습 코칭스킬
판단형		
인식형		

7. 에니어그램을 활용한 영어학습 코칭

심리학이 영어학습 코칭에 도움이 되는가에 대한 자문을 해 볼 수 있지만, 사실 학습이라는 것이 마음의 문제일 수 있다는 측면에서 활용가치가 높다고 본다. 또한 심리학을 교육학과 접목시켜 학습 코칭에 활용한다면 단순히 공부법만 강조하는 것보다 효과가 높다고 볼 수 있으며, 영어학습 코칭 전문가들은 학생들을 이해하고 학습 코칭을 진행하는 것이 좋다.

두 번째 소개할 성격유형 검사는 에니어그램이다. 포거스와 슈만(Forgus & Shuman, 1979)이라는 학자는 성격에 대해 몇 가지 제안을 했다.

첫째, 모든 행동은 적응적이라는 것이다.

둘째, 성격은 학습된 행동패턴이라는 것이다.

셋째, 성격의 이해는 어떤 행동의 구체적 기능을 이해하게 해 준다는 것이다.

사실 학습이라는 것은 '배우고(學) 익히는(習) 것'이라는 측면에서 모든 것을 잘 배우고 이히면 좋은 행동패턴을 만들 수 있다는 것이라고 볼 수 있다. 다른 공부와 마찬가지로 영어공부는 언어로서 하루아침에 목표를 달성하기란 어렵다. 꾸준한 노력과 인내로 올바른 영어학습 습관을 갖는 것이 제일 좋은 방법이다. 특히, 우리나라처럼 EFL환경인 나라에서는 학교 외에는 영어를 활용할 수 있는 기회가 없기 때문에 의지에 의해서 영어학습환경을 만드는 노력이 필요하다.

성격이해를 통해 학습법을 알아보는 에니어그램은 '에니어(annear: 9, 아홉)'라는 단어와 '그라모스(grammos: 도형, 선, 점)'의 합성어다. 즉, 에니어그램은 아홉 개의 점이 있는 그림이란 뜻이다. 원과 점, 그리고 선으로만 구성된 단순한 도형이지만 그 안에 우주의 법칙과 인간의 내면의 모든 것이 상징적으로 표현되어 있다. 최근에 에니어그램은 '학습법과 학습 코칭'에 활용되고 있지만 근본적인 의미를 제대로 알고 활용하는 것이 좋을 것이다.

1) 에니어그램 목적

에니어그램은 어쩌면 학습법을 알려 주는 것도 좋지만, 학습동기를 알려 주는 도구로 활용하면 더욱 좋다. 그 목적을 알아보면,

① 삶의 에너지의 균형을 이루게 하여 참 자기가 발전하도록 안내하고, 궁극적으로 통찰의 지혜를 통해 개인의 마음의 평화를 얻도록 한다. 앞에서 학습 코칭에서 GROW기법을 기억하는가? GROW에서 G(Goal)는 학습의 목적을 의미한다. 영어공부를 왜 하는가? 영어공부를 통해 무엇을 얻고자 하는 것인가를 찾기 위해 에니어그램을 활용하여 학습자의 심리를 이해하고 대화의 도구로 활용하면 좋을 것이다.

② 성격의 개선과 커뮤니케이션 기술을 통해 평생 인격 개발, 인간관계를 개선한다. MBTI에서 설명했듯이 학습자의 성격에 따라 선호하는 학습환경과 학습방법이 다르다고 했다. 사람들은 자신의 성격의 문제점을 쉽게 발견하지 못하는 경우가 많고, 자신의 학습법이 항상 올바르다는 착각을 하는 경우가 있다. 그렇게 때문에 동일한 결과를 초래하더라고 변화를 기하지 않고 자신의 아집에 사로잡혀서 학습방법의 개선을 꽤하지 않는 경우가 있다. 에니어그램은 이러한 자신의 문제점을 개선하기 위해 대화를 통해 자신의 인격을 성숙시키고, 인간관계를 통해 경청하고 배우는 자세를 얻을 수 있는 좋은 성격유형 도구가 될 것이다.

③ 자신 속에 내재하고 있는 무한한 잠재능력을 개발하고, 집착을 버리고 9가지 성격을 균형 있게 발전시키고 통합을 이루어 전인교육을 실시하기 위함이다. 학습 코칭에서 잠재능력을 발견하는 것은 대단히 중요한 일이다. 예를 들어 학습동기의 목적도 자신의 잠재력을 발견하고 자존감을 키우고 주어진 학습에 몰입하게 만드는 주요한 심리적 행위라 볼 수 있는데 에니어그램은 학습자를 9개의 유형으로 구분하여 부족한 부분을 발전시키고 통합시키려는 노력의 측면에서 그 목표가 매우 건강하다고 볼 수 있다.

④ 자기 개발, 자기 혁신의 도구로 활용된다. 자신을 개발하려면 무엇이 가장 먼저 필요한가? 바로 자신의 강점과 단점이다. 예를 들어, 영어학습에서 자신이 선호하는 학습법이 있다면, 최대한의 역량을 강화하여 목표를 달성하는 도구로 활용하고, 자신의 단점은 제대로 인식하여 꾸준히 개선하도록 노력해야 한다. 의사소통형의 학습자가 항상 말하기·듣기에 흥미를 갖는다면, 영어성적은 절대로 향상될 수 없다. 때로는 분석적 학습자, 권위주의적 학습자로 자신을 규제하고 환경을 만드는 것이 중요하다. 왜냐하면 학습 코칭을 진행하다가 오답노트를 만들어 보게 하면, 꼭 틀리는 부분을 지속해서 틀리는 경향이 있다. 이것은 평소에 자신이 좋아하지 않는 부분을 그냥 넘기는 습성 때문일 것이다. GROW코칭기법에서 R(Reality: 현실 파악)코칭을 진행할 때 성격유형 검사를 실시하면 좋다.

⑤ 삶의 궁극적인 목적인 자아실현을 도모하게 한다. 이러한 목적을 기반으로 에니어그램을 활용한다면 학습자의 성격, 커뮤니케이션, 잠

재능력 개발은 물론 영어자기주도학습 코칭의 궁극적인 목표인 '좋은 인성을 가진 평생교육학습자'가 될 것이다.

2) 에니어그램 9가지 유형

에니어그램은 최근 심리 분야, 기업 분야, 종교 분야에 주로 활용되고 있으며, 특히 심리 분야에서는 교육, 상담, 진로교육에 많이 활용되고 있다. 영어학습 코칭 중 에니어그램을 활용하면 '코칭의 제1철학'에서 자신의 해답은 자신의 내면에 있다는 정의처럼, 자신의 문제를 발견하고 효율적인 영어학습전략을 구성하는 데 도움이 될 것이다. 그러므로 에니어그램 검사를 진행하기 위해서는 학습 코치 스스로가 이 분야에 대한 전문적인 지식을 습득하기 위한 노력과 투자가 필요할 것이다.

① 제1유형(개혁가): 완벽을 추구하는 학습자로 매사에 완벽을 기하고 스스로의 이상을 추구하며 이를 위해 노력을 아끼지 않는 학습자. (영어학습에 도전정신이 강하고, 새로운 시험을 즐김)

② 제2유형(조력가): 타인에게 도움을 주려는 사람으로서 정이 많고 곤경에 빠진 사람들에게 도움을 주며 사람들에게 도움 주는 일을 마다하지 않는 학습자. (친구들 때문에 영어공부를 게을리하는 경향이 있음)

③ 제3유형(성취자): 성공을 추구하는 학습자로 항상 효율성을 중시하고 성공을 위해서 자신의 생활을 희생하는 사람. (자신의 목표를 위

해서 최선을 다하고, 자기관리가 뛰어남)

④ 제4유형(예술가): 특별한 존재를 지향하는 사람으로서 자신이 특별한 사람이라고 자부하고 있으며 감동을 중시하고 평범한 것을 싫어함. (때로는 보여 주는 것을 좋아하고, 칭찬 코칭이 도움이 됨)

⑤ 제5유형(사색가): 지식을 얻어 관찰하려는 사람으로서 지적이고 사려 깊고 행동하기 전에 생각함. (영어독서를 즐기며, 말수가 없고 신중한 학생)

⑥ 제6유형(충성가): 안전을 추구하고 충실한 사람으로서 책임감이 강하고 안전을 추구하는 유형으로 친구나 자신이 믿는 신념에 충실한 학생. (이들에게 안정 코칭이 중요함. '선생님, 친구, 부모님은 너를 믿는다'라고 지속적인 믿음을 주는 것이 좋음)

⑦ 제7유형(낙천가): 즐거움을 추구하고 계획하는 사람으로서 모든 일에 긍정적이며 밝은 면을 보려고 한다. (상황을 지나치게 긍정적으로 보려는 경향이 있다. 때로는 현실적인 조언과 코칭이 필요하다)

⑧ 제8유형(지도자): 명령을 내리고 지휘하는 것을 좋아하며 권위적인 유형. (이런 학생들은 자존심을 활용하는 방법이 좋고, 학습에 책임감을 부여하는 것이 좋다. 때로는 팀 활동을 통해 학습목표를 설정하게 하면 효율적이다)

⑨ 제9유형(중재자): 조화와 평화를 바라는 사람으로서 다른 사람의 기분과 전체적인 상황을 이해하고 타인의 고민을 잘 들어준다. (영어학습에 책임을 주고, 자신의 역할이 타인에게 어떤 영향을 미치는지에 대해 상기시켜 주는 코칭법)

3) 에니어그램 힘의 중심

에니어그램은 생명과 에너지의 기원인 장(본능) 중심, 가슴(감정) 중심, 머리(사고) 중심으로 대별하고 있으며 한 중심은 다른 중심보다 더 지배적으로 우세하게 학습자의 삶에 적용된다. 에니어그램의 힘의 중심이론은 1970년대 이후 널리 인기를 끌었던 맥린(MacLean, 1990)의 '삼위일체 두뇌(triune brain)'이론에서 우리 두뇌가 파충류의 뇌인 뇌간(brainstem), 포유동물의 뇌인 변연계(limbic system), 인간의 뇌인 피질(cortex)의 3층으로 구성되어 있어 개별적으로 작용하거나 상호작용한다는 의미에서 같은 맥락으로 생각해 볼 수 있다. 즉, '장 중심'은 뇌간의 활동, '가슴 중심'은 변연계의 활동, '머리 중심'은 대뇌피질의 활동으로도 생각해 볼 수 있다.

하여튼 머리 중심(머리형) 학습자는 자기보존사고, 지식을 갈망하는 성격으로 선호하는 감각기관은 시각이다. 〈표 1-19〉의 학습유형은 학습자가 지식을 습득할 때 선호하는 감각기관에 따라 분류한 것으로, 동일한 환경에서 효과적으로 학습할 수 있는 방법을 말한다. 학습자의 학습전략 코칭에 활용하기 바란다.

유형	장형-본능 중심(8, 9, 1)	가슴형-감정 중심(2, 3, 4)	머리형-머리 중심(5, 6, 7)
성격	적대적, 본능적	인간적, 사회성	자기보존사고, 지식
선호 감각	청각, 후각	촉각, 미각	시각
영어 학습 코칭	– 강의, 토론위주 수업 – 강의/자신의 목소리 녹음 후 청취하는 코칭 – 들으면서 공부할 수 있도록 코칭	– 시청각교재 활용 – 팀플 위주(활동) 수업 선호 – 쓰면서 공부할 수 있도록 코칭	– 영어책 읽기 수업 – 판서, 프린트 학습 선호 – 동영상, ppt, 인강 – 마인드맵, 삼색 펜, 첨언 학습 코칭

※ 민철홍, 2015.

학습 코칭을 진행할 때 감각기관을 선호하는 이에 알맞은 학습방법을 추천해 주자. 예를 들어, 시각을 선호하는 머리 중심의 학생들은 마인드맵, 포스트잇, 삼색 펜을 활용하여 어휘를 암기하고, 문법과 독해를 학습하면 효율적이다. 민사고 1등 학생의 학습법을 알아보니 영어단어를 암기할 때 포스트잇의 색깔로 구분하는데, 쉬운 영어단어는 노란색, 중간 난이도면 연두색, 어려운 어휘는 주황색에 적어 벽이나 노트에 붙여 암기한다고 한다. 영어학습 수행에서 자신에게 맞는 학습유형을 찾고 실천하는 의식적 노력이 매우 중요한 사례이다. 아름다움의 시작은 모방이라는 말이 있다. 그러나 모방에서 제일 중요한 것은 타인과 나의 학습유형이 유사할 때, 효율적이다. 전교 1등 학생의 방법을 아무리 모방해도 따라갈 수 없는 이유는 학습유형이 다르기 때문이며 지속적인 학습 습관이 없었기 때문이다.

학생들은 영어를 배울 때 '학습자의 기질'에 따라 공부방법이 다를 수 있다. 그러므로 영어교사들은 학생들을 지도할 때 아이들이 어떤 성향을 가졌는지를 파악하는 것이 선행되어야 한다. 예를 들어, 영어학습자를 '장 독립형'과 '장 의존형'으로 나누어 보는 것이다. 이럴 경우에는 '숨은그림찾기'로 구별해 볼 수 있는데, '장 독립형' 학생들은 주어진 그림으로부터 독립적인 시각을 유지하므로 숨은 그림을 쉽게 찾아내지만, '장 의존형' 학생들은 그림 전체를 보기 때문에 숨은 그림을 잘 분리하지 못하는 경향이 있다. 쉽게 설명하면 숲을 보는 능력과 나무를 보는 능력이라 할 수 있다. 앞에서 설명한 분석형-종합형/좌뇌형-우뇌형/감각형-직관형의 분류라고도 말할 수 있다.

　일반적으로 영어를 배울 때 '장 독립형' 학습자는 학교/학원 수업을 통해 분석적으로 접근하는 게 유리하지만, '장 의존형'인 학생들은 다른 학생들과 관계를 맺고 대화하면서 배우는 것이 효율적이다. 그러므로 영어교사들은 다른 학생들의 성공적인 학습법을 무조건 적용하기 전에 학생 개개인의 성격유형에 맞는 학습방법을 코칭해가며 성공사례를 하나씩 적용해 가는 것도 좋을 것이다.

〈코칭실습〉

·검증된 에니어그램 검사를 실시한 후, 여러분이 지도하는 학생들에 맞는 영어학습 코칭 상담과 전략을 작성해 보시오.

유형	유형번호/학생이름	영어학습 코칭스킬
본능 중심 (장형)	8번	
	9번	
	1번	
감정 중심 (가슴형)	2번	
	3번	
	4번	
머리 중심 (머리형)	5번	
	6번	
	7번	

8. DISC를 활용한 영어학습 코칭

지금까지 여러 성격유형과 학습유형에 대해 알아보았다. 많은 정보가 오히려 혼동을 줄 수 있다고 생각할지 모르지만, 사실 큰 차이는 없다. 모든 검사지와 내용은 인간에 대한 탐구로 시작했기 때문에 별반 차이가 없을 수 있다. 다만 학습 코치들이 어떤 검사지와 도구를 활용하여 접근하는 것은 본인의 의지와 전문성이다. 예를 들어, 영어학습 코치인 본인이 MBTI에 관심이 있다면, MBTI를 활용하여 학습 코칭을 진행하면 되고, Brown의 영어학습자유형에 따라 접근하고 싶으면 그렇게 접근하면 된다. 중요한 것은 이 모든 활동들이 영어를 공부하는 학생들이 영어에 대한 흥미를 더욱 느끼고 동기부여를 받고 자신에 맞는 학습법을 활용하여 꿈을 이루는 것에 있다는 것을 명심해야 한다. 그런 의미에서 성격행동검사 하나를 더 소개하려 한다. 일반적인 성격검사는 심리유형에 따른 분류를 했지만, 지금 소개할 DISC는 행동유형에 따른 코칭법을 찾는데 도움이 되는 것이다. 심리는 인간의 마음으로 그 사람 옆에서 충분한 시간 동안 관찰하면서 검사가 필요하지만, 지금 소개할 DISC검사는 많은 검사 중에서 가장 간단하고, 현장에서 쉽게 활용되고 있는 학습유형 코칭법이며, 포털사이트 검색창에 'DISC'를 치면 더욱더 많은 정보를 얻을 수 있다.

1) DISC란 무엇인가?

고등학교 2학년, 중학교 1학년의 두 자녀를 둔 학부모의 질문을 받은 적이 있다.

"첫째 아이와 둘째 아이의 공부스타일이 매우 달라요, 큰 아이를 성공시킨 학습법이 왜 둘째 아이에게는 맞지 않을까요?"

비온 뒤에 무지개의 색깔이 다르듯이 인간의 색깔은 매우 다르다. 어쩌면 그 성격을 헤아릴 수 없이 다를 수 있다. 마치 사람의 얼굴이 모두 다르듯이 말이다. 그러므로 한 학생의 학습유형이 다른 학생에게 맞지 않는 것은 당연한 이치일 것이다. 일반적으로 성격이란 지문처럼 타고난 기질(천성)이고, 일정한 행동패턴을 보이는 행동유형일 수 있다.

1928년 미국 콜롬비아 대학교 심리학과 교수인 윌리엄 마스톤 박사는 독자적인 행동유형 모델을 제안했다. 그는 인간이 환경을 어떻게 인식하고 개인의 힘을 어떻게 인식하는가에 따라 4가지 유형으로 행동하게 된다는 결론을 내리면서 인간의 행동유형(성격)을 구성하는 핵심요소들의 DISC라고 명명하였다.

- 주도성(Dominance)
- 사교성(Influence)
- 안정성(Steadiness)

- 신중성(Conscientiousness)

이들 요소들을 학생들에게 적용해 보면, 주도형 학습자, 사교형 학습자, 안정형 학습자, 신중형 학습자라고 할 수 있다.

2) DISC학습자 학습 특징

행동유형	성향	행동	학습장애물	학습동기 유발
주도성 학생	자존심이 강함/ 참을성 부족	-활기찬 행동 -책임감 강함 -지도력 있음 -직접적 표현	명령과 강요 (역효과)	영어학습의 큰 꿈을 제시하고 스스로 선택권을 준다.
사교성 학생	낙천적, 긍정적/ 학습의 체계성 결여	-호의적, 밝음 -책임감 약함 -동기 유발 -호의적 표현	친구의 유혹, 싫어하는 선생님 (역효과)	영어공부를 잘하는 친구, 선배, 멘토를 상상해 보고 자극을 준다.
안정형 학생	안정적, 감정기복 없음/지나친 양보	-온화함 -책임감 약함 -경청과 협력 -간접적 표현	압박, 두려움, 경제적 불안, 가정불화 (역효과)	실질적, 구체적 영어학습노하우를 제시해 준다. 실생활에서 체험할 수 있는 기회를 준다 (체험학습).
신중형 학생	완벽주의/비판에 약함, 상대적으로 민감한 성격	-깐깐해 보임 -책임감 강함 -수동적임 -꼼꼼	어수선한 학습 환경, 소음 등 (역효과)	높은 영어성적을 원하는 것보다, 스몰스텝으로 격려와 기다림이 필요하다.

※ 민철홍·김형엽, 2015.

① 주도형 영어학습자 코칭법

주도형학습자는 자존심이 매우 강하고 경쟁을 좋아한다. 친구들과 만나면 경쟁심리가 발동되어 이기려는 성향이 강한다. 명문대 입학생들에게 공부를 잘하는 이유를 물어보니 1위가 "경쟁에서 지기 싫다."는 것이었다. 어떤 의미에서는 성격적으로 공부를 잘하는 학생들이 타고난다고 한다. 충분한 환경과 코칭을 통해 주도형 학생 중에서 공부를 안 하는 학생들은 코칭이 가능하다. 주도형 학생들은 때론 친구들과 잘 어울리지 못하는 경우도 있다. 말 그대로 주도권을 갖기 위해서다. 스스로 목표를 설정하면, 경쟁에서 이기기 위해 열심히 공부한다. 영어공부를 하려고 마음먹었는데 부모님이 영어공부를 하라고 지시하면 오히려 하고 싶지 않은 마음이 가장 많이 드는 학생들이다. 주도형 학생들에게 영어학습을 시키려면 '스스로 목표를 설정하고, 스스로 학습선택권'을 주는 것이 좋은데, 그렇다고 해서 아무런 제안과 도움 없이 주는 것이 아니라 충분한 정보를 제공하고 대화를 통해 진행해야 한다.

② 사교형 영어학습자 코칭법

사교형 영어학습자의 강점은 낙천적, 긍정적이다. 선의의 행동으로 다른 친구들을 편안하게 하고 타인에게 동기 유발을 시키는 힘을 가지고 있다. 반면 영어공부를 할 때 행동이 체계적이지 못하고 책임감이 약한 경향이 있다. 그들이 영어를 싫어하는 이유가 무엇인가? 바로 선생님이 싫어서이다. 그들이 영어공부를 왜 좋아하는가? 친구가 좋고, 선생님이 좋아서다. 사람이 좋으면 그 사람이 가르치는 과목도 좋은 것이다. 그러므로 영어선생님이 감정적으로 맞아야 한다. 그들은 칭찬을 좋아한다. 자신이 좋아하는 부모님, 친구, 선생님으로부터 잔소리를 들으면 마음이 불편해지고 공부를 안 한다. 이들에게 필요한 것은 영어공부 잘하는 친구다. 영어공부를 잘하는 친구를 소개시켜 주고 그들과 어울릴 기회를 갖도록 해야 한다. 영어공부 잘하는 친구의 강점이 바로 자신의 강점이 되기를 바라는 사교형 학습자다. 이들은 비체계성과 책임감이 부족하기 때문에 코칭에 세심함이 필요하다. 학습플래너를 작성하고, 학습결과에 책임을 갖도록 지속적으로 조력해야 한다.

③ 안정형 영어학습자 코칭법

안정형 영어학습자의 강점은 말 그대로 안정적인 행동이다. 감정기복이 심하지 않고 변함이 없는 모습을 보인다. 기쁠 때나 슬플 때나 감정을 쉽게 표출하지 않기 때문에 그들의 마음을 잘 알 수 없다. 상호갈등을 선호하지 않기 때문에 양보를 잘하고 손해를 보는 경우가 있다. 그들의 행동은 온화하고 경청과 협력을 잘하는 편이다. 수업시간에 열심히 설명하고 있는데 유독 온화한 모습으로 수업을 잘 듣고 있는 친구들이 있다. 처음에는 내 말을 알아듣는다고 생각하지만, 그것은 마음으로 듣는 경우보다 경청이 타고난 성격이다. 즉 경청을 잘한다고 타인을 잘 이해한다고 말할 수는 없다. 코치의 지도에 말을 잘 듣고, 이해를 잘하는 것 같지만 이해하고 있는지는 한 번 확인해야 한다. 영어수업을 한 적이 있었다. 열심히 듣고 고개를 끄덕이는 학생이 있었다. 이 학생은 내말을 잘 알아들었다고 착각하고 수업을 마무리하면 안 된다. "선생님 말 이해했니? 이해했으면 한 번 설명해 보렴."이라고 물어 보아야 한다. 안정형 영어학습자가 영어를 잘한나는 것은 착각일 수 있다는 것을 명심하라.

④ 신중형 영어학습자

신중형 영어학습자는 완벽을 선호한다. 영어수업을 하다 보면, 왠지 어려운 학생이 있다. 모습 자체부터 깐깐해 보이고, 선생님이 실수하면 손을 들어 지적하는 경우도 있다. 그들은 책임감이 매우 강하고, 매우 꼼꼼하다. 일을 시작하면 끝까지 책임지려는 성향이 강하고, 포기하지 않는다. 그들에게 필요한 것은 지속적인 격려와 기다림이다. 코치가 성격이 급하면 신중형 학생들은 스트레스를 받는다. 부모님이 성격이 급하여 신중형 자녀에게 지속적으로 성적에 대한 스트레스를 주면 결코 좋은 결과를 얻을 수 없다. 이 학생들에게 필요한 코칭은 '스토리텔링 코칭'이다. 대화를 할 때 서론과 본론 없이 원하는 것만 이야기하면, 이해를 잘 못한다. 속도를 줄여 차근차근 알아들을 수 있도록 설명해야 한다. 성격이 민감하고 비판적이기 때문에 비록 말이 없더라도 그들의 마음은 반대일 수 있다. 쉽게 말하면 웃는 모습이 그의 마음이 아니란 뜻이다.

MBTI는 16가지 성격유형, 에니어그램은 9가지 성격유형으로 구분하기 때문에 현장에 있는 코치들이 학생들에게 적용하기 위해서는 많은 공부와 노력이 필요한 것은 사실이다. 즉, 성격유형을 어설프게 공부하고 학생들에게 적용하는 것은 불법 의료행위에 가깝다. 이럴 땐 상대적으로 쉽게 활용할 수 있는 DISC를 활용하여 학생들의 마음과 행동을 이해하는 도구로 활용하면 유용하다.

〈코칭실습〉

·여러분께서 학습한 DISC를 학습현장에 적용해 봅시다. 현재 지도하는 학생이나 자녀의 행동유형을
파악하고 그 학생(자녀)에게 맞는 영어학습 코칭스킬을 작성해 봅시다.

행동유형	회원/자녀이름	성향/행동	학습/감정 장애물	학습동기 유발전략
주도형 학생				
사교형 학생				
안정형 학생				
신중형 학생				

영어학습, 제1코칭:
동기를 조절하라

GROWF모델은 한국영어학습연구소 연구팀(김형엽·민철홍, 고려대학교)이 제안한 영어학습 코칭시스템으로 복잡한 Zimmerman이 제안한 자기주도학습의 개념과 Knowles가 제안한 자기주도학습 정의와 GROW코칭 모델을 결합하여, 영어학습 코칭 전문가들이 학생들의 영어학습 능력 향상을 위해 기존의 평가-수업-진단시스템을 세분화시켜 영어학습자들을 제대로 이해하고, 그들에게 맞는 영어학습 코칭법을 활용하여 영어를 공부하는 학생들이 단순히 성적 향상만이 영어공부의 목표가 아니라 올바른 인성을 갖고, 자신의 영어공부의 목표를 큰 틀(비전)에서 접근하기 위해 만든 코칭시스템이다.

<h2>〈그로우프 영어학습 코칭시스템〉</h2>

코칭 모델	자기주도 학습 코칭	영어학습 코칭분야	구성요소	코칭목표	인적·물적자원
G	욕구진단 /목표설정	동기 전략	학습동기	학습욕구, 추동학습동기	-영어학습유형진단 -영어자기주도성진단 -MBTI, 에니어그램, DISC검사 -학습동기검사 등
			자기효능감		
			내재적가치		
			성취동기		
			자기결정성		코치/도움구하기
R	학습 전략 1	인지 전략	예습전략	영어완전 학습(100점 전략)	-영어 어휘교재 -영어 문법교재 -영어독해/독서교재 -영어 영작(서술형·논술형) -영어말하기교재 -영어듣기교재 및 각종영어시험
			수업전략		
			복습전략		
			시험전략		코치/도움구하기
O	학습 전략 2	인지 전략1	시연	영어완전 학습보조 전략	-영어자기주도학습노트
			정교화		
			조직화		
			SQ3R		코치/도움구하기
W	학습계획 수립 및 실행	행동전략	초인지전략	학습지속력 과제수행력 집중력 시간관리 조력자 코칭	-학습플래너 -학습달력 -21학습플랜
			학습시간종류		
			학습시간관리		코치/도움구하기
F	학습진단 및 평가	피드백 전략	시험	채점전략	-연필,지우개 -삼색 펜, 포스트잇 -오답노트 -자기주도학습노트
			채점		
			평가		코치/도움구하기

※ 민철홍·김형엽, 2015.

1. 영어학습동기

〈사례 1〉

중학교 1학년 나태만 군은 어릴 적부터 자기관리를 잘 못하는 친구다. 초등학교 4학년 때부터 부모님의 요구로 영어학원을 매일 2시간씩 다니기 시작했고, 고등학고 1학년인 지금도 수업이 끝나면 영어과외를 일주일에 3시간씩 받는다. 영어를 접한 지 오랜 시간이 흘렀지만, 그의 문제는 원하는 영어성적이 나오지 않을 뿐만 아니라, 영어를 하는 이유를 모르고 있기 때문이다. 성적이 나오질 않으니, 자연스럽게 자기가 좋아하는 수학 과목에 시간을 많이 할애하고 있다. 배우는 시간은 많으나 동기가 없기 때문에 스스로 공부하는 시간에는 영어공부보다는 다른 공부를 하는 편이다. 그의 가장 큰 문제는 아직도 영어를 왜 배우는지 이유도 모르고, 영어를 배워서 어디에 활용할지 전혀 모르고 그냥 해야 한다는 막연한 생각에 사로잡혀 있다. 영어를 왜 하는지 모르는 나태만 군 무엇이 문제일까?

〈사례 2〉

초등학교 2학년 김아름 양, 외동딸인 아름 양은 부모님의 지극한 사랑을 받아 왔고, 부모님은 영어에 대한 자신들의 결핍을 해결하기 위해 김아름 양을 영어유치원에 보내기 시작했다. 영어유치원을 선택할 때 가장 효과가 난다는 S영어유치원에 보냈지만, 처음에는 원어민과 대화하고, 영어노래를 부르는 것에 흥미를 들이더니 점점 영어숙제를 밀리기 시작하게 되었다. 하루 영어숙제 시간이 3시간 넘게 걸리다 보니 영어숙제를 하다가 좋아하는 책 읽기, 친구들과 노는 것도 제대로 못하게 되었다. 결국 영어에 지나치게 신경을 쓰다가 한글을 제대로 배우지 않아, 초등학교 들어가서 남들보다 뒤처진 국어를 공부하기 위해서 노력하다 보니, 영어숙제와 국어공부 모두 스트레스가 되었다. 결국 아름 양은 '영어포기선언'을 하게 되었다. 하루는 엄마에게 "엄마, 나는 영어가 세상에서 제일 싫어요, 앞으로 절대 영어공부 안 해"라고 선언을 했다. 영어를 전혀 공부하지 않겠다는 아름 양은 무엇이 문제일까?

두 사례는 최근 영어를 학습하는 학생들에게 흔히 보이는 증상이다. 영어를 공부해야 한다는 것은 어느 정도 알지만, 영어를 왜 하는지 명확한 이유도 모르는 채 영어공부를 하다 보니, 결국에는 영어에 대한 흥미를 찾지 못하고 영어과목을 싫어하게 되었다. 이 모든 것은 '영어학습동기'의 문제이며, 이들에게 필요한 것은 제대로 된 '동기 조절' 코칭이다.

1) 동기란

동기의 가장 보편적인 정의는 "행동을 시작시키고, 방향을 결정하며, 끈기와 강도를 결정하는 힘"이라고 말했다. 영어학습에 적용시켜 보면, "영어공부를 시작하고, 영어공부를 왜 하는지 방향을 결정하고, 영어공부를 지속하려는 끈기와 강노를 결정하는 힘"이라고 할 수 있다. 앞의 두 사례의 학생들의 근본 문제는 영어공부는 시작했으나, 영어공부를 왜

하는지 방향을 모르고, 배운 내용을 집에서 끈기와 강도를 가지고 이끌어 가는 힘이 없다고 볼 수 있다.

동기의 용어들은 동기이론(Motivation theory), 성취이론(Achievement theory), 학습동기이론(Academic theory) 등으로 다양하게 사용되며 상황에 따라 그 쓰임을 달리하는 것이 좋다. 동기란 용어가 워낙 폭 넓기 때문에 영어에 국한시키는 것이 어렵다. 그래도 이들 내용들을 영어 코칭에 반영한다면 '영어동기이론', '영어성취이론', '영어학습동기' 등으로 말할 수도 있을 것이다. 현대의 대표적인 학자와 동기이론을 소개하면 짐머만(Zimmerman)의 자기조절학습이론, 데시와 라이언(Deci & Ryan)의 유능동기이론과 자기결정성이론 또는 미하이 칙센트미하이(Mihaly Csikszentmihalyi)의 몰입상태이론 등이 있다. 또한 자기효능감이론을 강조한 반두라(Bandura)의 '근접 동기적 접근이론'도 있다.

정리해 보면 동기이론가들은 인간 동기에 대해 3가지로 분류하고 있는데, 그것은 생물학적 요소, 인지적 요소, 행동적 요소이라고 할 수 있다.

2) 학습동기이론

우리가 앞에서부터 지속적으로 다루고 있던 것은 영어, 학습, 코칭이라는 용어다. 그러므로 여러 코칭 용어 중에서 '학습동기'를 다루어 보는 것이 어울릴 듯하다. 배고프면 음식을 먹고 싶은 욕구(needs)가 생기고, 이러한 욕구는 음식을 찾아 몸을 움직이는 추동(drive)으로 만들고, 음식을 먹는 직접적인 원인인 동기(motive)를 유발하는 것처럼 영어를 공부하는 학생들은 영어를 공부하겠다는 욕구(needs)가 생기고, 이러한 욕구로 영어공부를 위해 인적·물적 자원을 찾아 움직이는 추동(drive)을 만들고, 영어공부를 직접 할 수 있는 동기(motive)를 유발시키는 것이다.

학습동기란, '학습'이라는 개념과 '동기'라는 개념의 합성어다. 여기에 영어를 더하면 '영어학습동기'가 될 것이다. 앞에서 제시한 영어학습 코칭시스템인 'GROWF' 모델에서 가장 우선시되어야 할 것이 목표를 설정하기 위한 영어학습동기 코칭이다

영어학습목표와 영어학습동기는 밀접한 연관성이 있다. 영어교육 현장(학원, 과외, 교습소, 공부방, 개인수업 등)에서 학생들을 지도하다 보면, 교사가 제시한 학습목표를 착실하게 수행하는 학생들이 있는 반면, 학습 초기에 학습을 중단하거나 오히려 학습동기에 부정적인 영향을 끼치는 경향이 있다. 학습목표설정이 학습동기에 긍정적인 영향을 주기 위해서는 '학습자의 현재 능력과 수준'이다. '눈높이'라는 브랜드명을 들어 보았을 것이다. '눈높이'라는 용어의 개념을 이해해야 한다. 학생들의 개인의 능력에 맞게 학습량과 학습목표를 설정하면 학생들의 영어학습 동기부여 향상에 큰 도움이 될 것이다.

그러므로 영어학습 동기부여에서 가장 많이 활용하는 것은 '레벨테스트'다. 1년 영어과목에 투자하는 비용이 6조가 넘는다고 한다. 영어를 공부할 수 있는 곳은 학교 이외에 수없이 많다. 영어학습지, 영어학원, 영어과외, 영어공부방, 영어교습소, 영어개인과외, 영어온라인학습 등 매우 다양하다. 영어콘텐츠가 없어서 영어공부를 하지 못하는 시대는

끝났다. 문제는 학생들의 학습동기에 대한 관심이다. 이를 제대로 코칭하기 위해서는 정확한 '레벨테스트', '학력진단평가,' '영어기초 학력' 등을 제대로 진단할 수 있는 시스템과 연구가 있어야 할 것이다. 레벨테스트의 기본은 학생들의 수준보다 쉽거나 지나치게 어려우면 안 된다. 도전할 수 있는 수준이 중요하다. 일반적으로 자신의 수준보다 20%정도 어려운 것이 제일 좋은 수준이다. 즉, 다른 학생들이 성공한 것이 나의 성공이 아니라, 나에게 맞는 영어학습목표를 코칭받는 것이 중요하다는 것이다.

3) 영어학습동기 유발의 조건

영어학습동기를 쉽게 말하면, '나는 영어공부를 하고 싶다'라는 의욕이다. 켈러라는 학자는 학습동기를 유발시키는 조건 4가지를 강조했다.

① 흥미(호기심)
- 기대하지 않았던 자극(예: 퍼즐)이나 지각 혹은 개념적 갈등을 일으키는 모든 방안들이 호기심과 주의력을 증가시킨다. (영어의 호기심을 유발시키라)
- 너무 흔한 것이나 반응할 시간이 충분하게 주어지지 않는 경우는 흥미를 일으키지 않는다. (영어학습에서 너무 쉽거나, 학습유형을 생각하지 않는 일방적인 코칭은 효과가 없다)
- 추상적인 것보다 구체적인 것에 더욱 흥미를 느끼므로 일화 등을 사

용해라. (스토리텔링식 영어학습법도 흥미를 일으키는 방법이다)
- 추상적이고 동떨어진 것 같은 자료에서 친숙한 어떤 것을 발견할 수 있도록 '유추'를 사용하라.

② 관련성
- 영어수업이 개인적 욕구나 목표를 달성하는 데 도움이 되는지에 대해 학생들이 지각해야 한다. (영어수업에 학생들의 이익에 도움이 되는지를 코칭하라)
- 학생들의 중요한 욕구와 동기를 영어수업에 연결 짓는 것으로 동기를 지속시키기 위해서는 학생들이 학습 상황에 부딪치게 되는 개인적 욕구가 무엇인지를 알도록 코칭해야 한다. (GROWF코칭법을 통해 학생들의 욕구를 파악한다)

③ 기대감
- 영어학습의 성공여부가 학생 자신의 통제에 달려 있다는 것을 의미한다.
- 학습자 자신의 동기는 성공에 대한 개인적 기대감이 증가될수록 커진다.
- 성공(좋은 성적, 등수, 상위학교, 취직, 직업 등)에 대한 개인적 기대감은 성공 혹은 실패에 대한 과거의 경험, 통제의 소재, 개인적 인과관계 등에 의해 영향을 받는다.

④ 만족감

- 영어학습자의 내적 동기와 외적 보상에 대한 반응이다.
- 외적인 보상보다는 내재적인 보상을 사용하도록 코칭해야 한다.
- 학습자들이 예측 가능하고 갑작스런 보상보다는, 예측 불가능하고 계획적인 보상을 하는 것이 좋다.
- 코칭에서 피해야 할 위협, 강요, 감시, 공부에 대한 외재적 평가보다는 긍정적 칭찬과 적기성 있는 올바른 정보를 제공하며 코칭해야 한다.

2. 성취동기

미국의 저명한 철학자이자 교육자인 존 듀이는 인간의 가장 뿌리 깊은 행동은 "중요한 인물이 되고자 하는 욕구"라고 말했다. 링컨은 어느 편지에서 "인간은 누구나 칭찬받기를 좋아한다"라고 썼다. 심리학자 윌리엄 제임스는 "인간의 기본적인 성향 중에서 가장 강한 것은 다른 사람에게 인정받고자 하는 갈망이다"라고 말했다. 영어학습 코칭에서 학습동기와 더불어 성취동기가 매우 중요하다.

성취동기(Achievement Motivation)라는 개념은 '성취욕구(Need for achievement)'라는 개념으로 시작했다. Murray(1938)는 성취동기를 "어려운 일을 달성하려는 것, 숙달하려는 것, 탁월하려는 것, 다른 사람과 경쟁하고 이기려는 것, 장애물을 극복하고 높은 기준을 달성하려는 것에 대한 욕구"라고 정의했다. 영어학습 코칭에서 학생들에게 성취동기를 만들어 주기 위해서는 학생들이 어려운 영어과제를 달성하도록 돕기, 영어과제를 숙달하도록 돕기, 영어에서 탁월하도록 돕기, 다른 친구들과 선의의 경쟁에서 이기도록 돕기, 영어학습 중 발생하는 어려움을 극복하도록 도와야 할 것이다.

1) 성취동기가 높은 영어학습자의 특징

아킨슨(Atkinson, 1964)이라는 학자는 성공하려는 경향성(Tendency to success)은 성공하고 싶은 동기(Motivation), 성공확률(Probability of Success), 성공에 대한 인센티브(Incentive value of success)라는 세 가지 요인의 곱셈공식으로 제시한 바 있다.

$$T = M * P * I$$

T = 성공하려는 경향성(성취동기)

M = 성공하고 싶은 동기

P = 스스로 알고 있는 성공확률

I = 인센티브 = 1-P

위 공식을 영어학습에 적용해 보면 다음과 같은 공식이 나온다.

$$\langle ET = EM * EP * I \rangle$$

영어학습에서 성취동기를 얻기 위해서는 영어공부에서 무엇인가를 성공하고 싶은 동기(M)가 있어야 한다. 그것이 성적일 수 있고, 영어공부를 통해 대학을 진학하거나, 취직을 할 수 있는 등의 다양한 동기일 수 있다. 두 번째는 스스로 알고 있는 성공확률이다. 성공확률을 수치화하기는 어렵지만, 스스로 성공할 수 있다는 자신감으로 말하고 싶다. 코칭의 제1철학이 '모든 해답은 스스로에게 있다'는 말처럼, 자신감을 심어주어야 한다. I는 인센티브 혹인 유인가라고 한다. 때로는 적절한 인센티브도 성취동기에 영향을 줄 수 있다. 하지만 진정한 인센티브는 스스로의 만족감이다.

2) 성취동기가 높은 영어학습자의 특징

- 보상도 좋지만, 영어공부 자체를 좋아한다.
- 쉬운 영어과제보다는 도전할 수 있는 영어과제를 좋아한다.
- 긍정적인 자아개념이 있다.
- 올바른 인성을 가지며 책임감이 강하다.
- 장기적인 목표를 설정하고 과제수행능력이 높다.

3) 성취동기를 높이는 영어학습 코칭법

- 과업지향적 코칭
- 적절한 도전정신 부여

- 긍정적인 자신감 부여
- 책임감 있는 학습 활동 제시
- 수행한 일의 결과를 즉시 피드백해 준다.
- 미래지향성–장기적인 학습목표를 설정 및 과업수행능력에 대한 제안

일반적으로 성취동기를 형성하기 위해 가장 좋은 시기는 초등학교 때부터다. 다른 학생들과의 경쟁에 대한 의식을 느끼기 시작할 때다. 이때부터 다른 친구들보다 좋은 성적을 받지 못하면 의시소침해지고 동기가 없어지고, 다른 친구들과의 경쟁에서 이기면 동기가 생기기 때문이다. 그러므로 학생들이 어느 정도 성취동기를 경험할 수 있도록 긍정적인 코칭을 해 주어야 한다.

〈영어학습동기 체크리스트〉

·아래 문제를 읽고 자신의 솔직한 생각을 '예', '아니오'에 체크 하시오.
나는 영어공부를 어떻게 하고 있는가요? 대답해 봅시다. 〈이름: 〉

문항	영어학습활동	예	아니오
1	나는 어려운 영어문제일수록 더 풀고 싶다.		
2	나는 영어공부를 열심히 하고 있다고 생각한다.		
3	나는 영어실력을 다른 사람들에게 표현하고 싶다.		
4	나는 다른 학생들과 영어성적으로 겨루고 싶다.		
5	나는 다른 학생들보다 좋은 성적을 얻고 싶다.		
6	나는 노력만 하면 영어실력이 오를 수 있다고 생각한다.		
7	나는 다른 친구가 못 푸는 문제에 도전을 느낀다.		
8	나는 어려운 문제도 끝까지 풀려고 노력한다.		
9	나는 영어공부를 할 때 지치지 않는다.		
10	나는 모르는 부분을 거리낌 없이 물어본다.		
11	나는 영어시험 후 성적을 많이 궁금해 한다.		
12	나는 쉬운 영어문제가 너무 쉬우면 흥미가 없다.		
13	나는 영어공부를 계획한데로 공부하는 편이다.		
14	나는 '노력하면 성공할 수 있다.'고 믿는다.		
15	나는 시험 후 오답문제를 꼼꼼히 확인한다.		
16	나는 예습과 복습을 매일매일 꾸준히 한다.		
17	나는 계획한 학습과제는 미루지 않는다.		
18	나는 영어공부를 혼자 하는 것을 좋아한다.		
19	나는 영어수업시간에 선생님의 설명을 경청한다.		
20	나는 짧은 주어진 시간을 효율적이고 공부하고 싶다.		

〈채점표〉

·4점 문항과 2점 문항은 '예'라는 답에 점수를 주고, 5점 문항은 '아니오'라는 답에 점수를 주시오.

4점 문항					'예'라고 답한 문항에 점수를 주시오.	총점 ( )
2점 문항						
5점 문항					'아니오'라고 답한 문항에 점수를 주시오	

〈영어성취동기 체크리스트〉

·아래 문제를 읽고 자신의 솔직한 생각을 '예', '아니오'에 체크 하시오.

나는 영어공부를 어떻게 하고 있는가요? 대답해 봅시다. 〈이름:　　　　〉

문항	영어학습활동	예	아니오
1	나는 그날 영어수업시간에 배운 것은 그날 복습한다.		
2	나는 복습을 하는 날도 있고, 하지 않는 날도 종종 있다.		
3	나는 배울 영어학습내용을 꼭 예습한다.		
4	나는 예습을 하지만, 완벽하게 하지는 못하는 편이다.		
5	나는 영어수업시간에 선생님의 말씀을 집중해서 경청한다.		
6	나는 영어수업시간에 다른 생각을 자주 하는 편이다.		
7	나는 영어공부시간에 모르는 것을 자주 물어본다.		
8	나는 모르는 내용이 있어도, 자신 있게 물어보지 못한다.		
9	나는 영어 시험 후 틀린 문제를 꼭 점검한다.		
10	나는 영어 시험 후 틀린 문제에 관심이 없다.		
11	나는 영어시험 점수가 나쁘면 나의 노력부족이라 생각한다.		
12	나는 영어시험 점수가 나쁘면 문제가 어려웠다고 생각한다.		
13	나는 짧은 시간에 많은 양을 공부하려고 노력한다.		
14	나는 시간적 여유가 있어도 많은 양의 영어공부를 하지 못한다.		
15	나는 영어과제(숙제)를 혼자 힘으로 해결하려는 편이다.		
16	나는 영어과제(숙제)를 다른 사람의 도움으로 해결하는 편이다.		
17	나는 영어숙제를 자발적으로 하지 못하고, 어른들이 시키면 한다.		
18	나는 어려운 영어문제를 해결하려고 오래 생각하지 않는다.		
19	나는 영어시험 날짜가 발표되어도, 바로 공부를 하지 않는다.		
20	나는 부모님으로부터 '영어 좀 공부해라'라는 소리를 자주 듣는다.		

〈채점표〉

·4점 문항과 2점 문항은 '예'라는 답에 점수를 주고, 5점 문항은 '아니오'라는 답에 점수를 주시오.

4점 문항		'예'라고 답한	총점
2점 문항		문항에 점수를 주시오.	( )
5점 문항		'아니오'라고 답한 문항에 점수를 주시오	

3. 자기결정성이론(Self-Determination Theory)

"이번에 영어 90점 넘으면, 스마트폰 사 줄게, 이번에 영어성적 10점 오르면, 용돈 올려 줄께"라는 말을 해 보았고, 들어 보았을 것이다. 모든 학습이 그러하듯이 동기라는 것은 목표가 외부에 있는 외재적 동기와 스스로 만족하고 기뻐하는 내재적 동기가 있다. 영어학습을 잘하는 학생들은 당연히 내적 동기가 높을 것이다. 그럼에도 불구하고 인간은 100% 외재적 동기만으로 학습을 하지 않으며, 100% 내재적 동기만으로도 학습을 하지 않는다. 두 가지 마음이 항상 섞여 있는 것이 사람이다. 내적 동기를 향상시키기 위해 제일 좋은 수단은 칭찬이라고 하지만, 학생들의 성향에 따라 칭찬을 받아들이는 동기는 다를 수 있다. 감정적인 학생들은 칭찬 자체가 좋고 기분이 좋지만, 이성적인 학생들은 칭찬의 이유가 명확해야 칭찬받았다는 생각을 하게 될 것이다.

미국의 동기부여 전문가 데시와 라이언(Deci & Lion, 1985)은 '절감의 원리'를 말했다. 이는 학생들이 인센티브(보상) 때문에 학습을 했다고 생각하면 그 일을 하는 이유가 외부에 있다고 생각하기 때문에 그 일자체에 대한 관심과 흥미가 낮아질 수 있다는 것이다. 이와 마찬가지로 영어공부도 부모님의 선물이나 용돈 인상 때문에 공부했다면, 시간이 지날수록 관심과 흥미가 낮아질 수 있는 여지가 있다. 혹시 '칭찬시장'이라는 말을 들어 보았는가? 전문교육업체에서 학생들의 학습을 유지하고, 동기부여를 향상시키는 방안으로 진행하는 것인데, 초등학교 저학년이나 학습 초기에는 효과가 높을 수 있으나, 오랜 시간이 지나면 초기의 효과보다 감소하는 경우를 발견하게 된다.

데시와   라이언(1985)은   '자기결정성이론(Self-Determination Theory)'를 통해 무동기(동기 없음)와 내적 동기 사이에 자기결정이 어느 정도 개입되었는지에 따라 '외적 조절, 투입된 조절, 동일시된 조절, 통합된 조절' 등의 외적 동기들이 있다고 말했다. 이 동기이론은 아주 최근 이론으로서 학생들 스스로의 마음자세에 따라 다양한 동기가 있다는 것을 말한다.

① 외적 조절(external regulation)

이것은 영어공부에 대해 내적인 흥미가 전혀 없는 상태를 말한다. 때로는 공부할 생각을 전혀 하지 않는 상태다. 이런 경우에는 '상으로 칭찬 쿠폰을 받거나, 벌로 방청소와 심부름 등'을 시키면 영어공부를 시작하는 경우를 말한다. 동기의 초보수준을 말한다. 예를 들어, 커피숍에 방문했는데 점원이 쿠폰에 10개의 도장을 받으면, 무료 음료나 무료 커피를 준다는 말과 동일하다. 별로 가고 싶지 않았지만, 도장을 모으다 보니 목표가 생기게 되어 지속적인 행동을 옮기는 것을 말할 수 있다. 문제는 이러한 쿠폰 및 스티커를 활용한 학습동기부여는 학습 초기나 단기성과를 낼 수 있지만, 진정한 학습동기를 얻을 수는 없는 것이다.

② 투입된 조절(introjected regulation)

이것은 외적 조질에 비해 약간의 학습동기를 얻는 것을 말한디. 예를 들어, 영어공부를 하면 부모님이 기뻐하시네. 영어성적이 오르면 선생님

께서 칭찬을 해 주시네 등을 말하다. 영어공부를 하는 이유가 조금씩 내면화되기 시작하는 단계다. 이 상태에 있는 학생들은 꼭 인센티브(선물, 용돈, 쿠폰 등)나 혼나는 것(벌) 때문에 공부를 하지 않는 상태를 말한다. 이 상태에서 제일 좋은 방법은 긍정적 칭찬과 학생들에 대한 교사의 기대심리다. 특히, 부모님, 선생님으로부터 칭찬을 받고 잘 보이고 싶은 학생들에게 나타나는 현상이다.

③ 동일시된 조절(identified regulation)

좋은 영어성적을 받으면 좋은 직업을 선택할 수 있다. 영어공부를 하면 좋은 학교에 들어갈 수 있다 등 영어공부의 가치를 자신의 것으로 수용한 상태를 말한다. 영어공부를 자신의 신념으로 받아들이는 상태를 말한다. 그렇다고 해서 영어공부가 재미있거나 흥미로운 것은 아니다. 예를 들어, 운전면허증을 따기 위해 필기시험을 본다고 생각해 보라. 필기시험 공부를 하는 것이 기쁘고 행복한가? 그렇지 않다. 왜냐하면 필기시험은 운전면허 획득의 필수 과정이기 때문에 공부하는 것이다. 동일시된 조절은 진정한 동기부여가 아닐 것이다. 물론 영어학습자들이 이 상태까지 오기가 쉽지 않을 수도 있지만, 이것은 환경이 만들어 질 수 있다.

④ 통합된 조절(integration regulation)

통합된 조절은 'inter-'의 의미처럼, 영어공부행위, 영어공부의 가치를 자신의 것으로 받아들이는 것을 말한다. 쉽게 말하면 영어공부하는 것이 재미있고 흥미로운 상태를 말하는 것이다. 이 상태가 되면 영어공부가 내적 동기화되었다고 말할 수 있다. 영어학습자의 학습동기는 이처럼 외적 동기와 내적 동기의 연속선상의 어느 위치에 있을 것이다. 따라서 영어학습 코칭 전문가는 영어교육 초기에 학생들이 현재 영어학습에 대해 어떤 동기 상태를 가지고 있는지를 알아보고 그것에 맞게 코칭을 하는 것이 가장 좋을 것이다.

정리해 보면, 영어공부자체의 의미를 모르는 영어학습자라면 우선 외적 동기(인센티브, 스티커 등)를 활용하여 영어학습동기 코칭을 진행해 보면 좋을 것이다. 외적 동기가 생기기 시작하면 학생들은 서서히 투입된 조절, 동일시된 조절, 통합된 조절로 진화할 것이다. "저는 우리 아이가 싫어하는 것은 강요하지 않아요"라고 말하는 부모님들이 계실 것이다. 학습은 적절한 시기가 필요하며, 발달단계를 고려할 필요가 있다. 때로는 '강제성'도 동기부여 수단임을 기억하기 바란다.

4. 내재적 가치

동기 조절을 구성하는 또 하나의 요인은 내재적 가치이다. 내재적 가치란 과제에 대한 목적, 과제의 흥미, 중요성에 대한 신념을 말한다. 이는 자기결정성 이론에서 통합적가치라고 말할 수 있다. 내재적 가치를 내재적 동기라고 할 수 있는데 가장 핵심적인 키워드는 '흥미(interest)'라고 볼 수 있다. 예를 들어, 영어공부를 잘 못하는 이유는 영어에 흥미가 없기 때문이고, 수학공부를 잘 못하는 이유도 수학에 흥미가 없기 때문이다. 일반적으로 심리학에서는 '흥미'를 정서적인 측면과 인지적인 측면을 함께 포함시키고 있다(Krapp, 1999). 독일의 대표적인 심리학자 그라프(Krapp, 1992)는 흥미에 대해 세 가지 관점으로 접근하였다.

첫째, 개인의 기질적 흥미라고 하는데 사람들은 기질적으로 자신이 좋아하는 흥미 분야가 있다는 말이다. 수학을 잘하는 영재는 수학에 영재성을 타고났을 것이고, 영어를 잘하는 학생들은 영어에 대한 기질을 타고났다고 보는 것이다. 물론 언어라는 것이 후천적으로 습득되는 것이라는 측면에서는 설득력이 부족하겠지만 아무런 코칭 없이 특정 분야를 좋아하는 것은 분명 타고난 기질과 관련성이 높을 것이다.

둘째, 맥락적 측면의 흥미로서 지식적 측면에서 얻어지는 흥미로움이라 할 수 있다. 즉 영어공부를 하면서 공부에 흥미를 갖는 것을 말한다. 타고난 흥미보다 한 단계 성숙된 흥미라고 볼 수 있다.

셋째, 심리상태로서의 흥미를 말하며 영어공부를 하면 왠지 즐거운 마음이 드는 상황을 말할 수 있다.

　한국사회의 경제적 성장과 물질적 풍요로움으로 예전에는 공부를 생존의 도구로 생각했지만, 이제는 흥미가 있어야 공부를 더 잘할 수 있는 시대가 되었다. 영어학습 코칭에서 요구하는 것은 분명 성적 향상만 있는 것이 아니라 학생들이 흥미를 갖고 영어학습을 하도록 코칭하는 것이다. 학생들이 영어학습에 대한 흥미를 얻도록 도와주기 위해서는 지금까지 설명한 다양한 성격유형 검사, 학습유형 검사, 학습동기 검사, 성취동기 검사 등을 통해 영어공부 습관을 알아보고, 왜 영어공부를 싫어하는지 충분한 대화와 경청으로 문제를 해결해 나가야 할 것이다. 분명 부모들은 오랜 시간을 기다려 주지 않는다. 돈을 냈으니 당장에 성적이 오르길 원하며, 어떤 부모들은 한 달에 100만 원 줄터이니 우리아이 'A' 등급 만들어 달라고 한다. 그러나 영어학습 코칭의 방향은 당장의 성적 향상도 중요하지만 학생들이 영어학습에 내재적 가치를 부여할 수 있는 그런 학습자로 만드는 것이다.

5. 자기효능감(Self-efficacy)

캐나다 심리학자로서 스탠퍼드 대학교수를 역임한 엘버트 반두라 (Albert Bandura, 1977, 1986)는 그의 이론에서 자기효능감(Self-efficacy)을 다음과 같이 정의하였다.

어떤 주어진 과제를 해결하기 위해 자신이 가지고 있는 인지적, 사회적, 행동적 기능들을 통합하고 적용하는 기제로 구체적인 장면에서 과제를 일정 수준에서 수행할 수 있다는 자신의 능력에 대한 개인적 신념.

그의 주장을 영어학습에 적용해 보면,

주어진 영어과제를 해결하기 위해 학생들이 가지고 있는 인지력, 사회성, 실행능력을 통합하고 적용하는 기제로 영어시험시간에 일정 수준에서 시험을 볼 수 있다는 자신의 능력에 대한 신념.

이 말을 쉽게 말하면, 자신에 대한 확신이라고 할 수 있다.

<표 1-20> 자기효능감이 높은 학생 vs 자기효능감이 낮은 학생

	자기효능감 高	자기효능감 低
과제지향	도전감 있는 영어과제 선택	도전감 있는 영어과제 회피
노력	영어학습 시 노력	영어학습 시 덜 노력
인내심	실패 후 포기하지 않음	실패 후 포기함
믿음	성적향상에 대한 믿음	성적향상에 대한 믿음
전략	효율적인 전략 사용	비효율적인 전략 사용
수행	수행능력이 높음	수행능력이 낮음

※ 민철홍·김형엽

그렇다면, 영어공부를 하는 학생들의 자기효능감을 높이기 위해서는 어떤 코칭스킬이 좋을까?

첫째, 새로운 시도를 격려해 주는 것이다. 사람의 생각을 바꿀 수 있는 가장 좋은 도구는 언어라는 말이 있다. 진심으로 지속적으로 그들의 도전을 인정해 주고 지원해 주면 좋다. 예를 들어, 새로운 문법책에 도전을 했다. "진심으로 축하해, 너는 이 책을 잘 해낼 수 있을 거야. 선생님은 너를 믿는다"라는 격려가 필요하다.

둘째, 칭찬의 누적성이다. 칭찬은 자신감을 주는 에너지원이다. 좋은 칭찬은 구체적이어야 하고, 학생들이 이룬 작은 성공들을 지속적으로 인정해 주는 것이다. "지난 시험에서 80점이었는데 이번 시험에서 90점이 넘었네. 성적이 오른 가장 큰 이유는 네가 꾸준히 노력한 덕분이야. 이렇게 하나하나 성공하면, 네가 원하는 꿈을 꼭 이룰 거야"라는 긍정의 칭찬은 분명 학생들의 자기효능감 향상에 큰 도움이 될 것이다.

다음에 나오는 내용은 '자기효능감'을 강화하기 위한 방법으로써 사람들이 뇌를 사용하는 성향에 따라서 '우뇌 강화 코칭법', '좌뇌 강화 코칭법'으로 분류한 것이다.

〈우뇌 강화 코칭법〉

① 전화를 받을 때 왼쪽 귀를 사용해라.

② 낙서를 하듯이 늘 그림을 그려라. 특히 자기 사진을 거꾸로 놓고 그리면 좋다.

③ 항상 노래를 부르는 습관, 농담을 하는 버릇, 크게 웃는 습관을 들여라.

④ 산책을 자주하여 긴장을 풀어라.

⑤ 책상에 앉아 있을 때도 자주 몸을 뒤로 기대고 눈을 감고 명상하라.

⑥ 한가할 때 자주 눈을 감고 마음속으로 어렸을 때 살던 마을의 이모 저모, 옛날에 살던 집, 학교, 늘 다니던 길, 옛 친구들의 모습을 될 수 있으면 자세히 머릿속에 그려라.

⑦ 대화를 할 때는 상대방의 눈을 주시하며 마치 시험 직전에 선생님이 설명해 주는 문제를 들을 때처럼 상대방의 말에 주의를 기울여 그가 말하는 요점을 몸소 느껴 보는 습관을 들여라.

⑧ 과거에 알고 있는 일들, 사람들, 지식들을 서로 연결하여 맺어 보는 습관을 들여라.

⑨ 예술작품 감상, 유행하는 옷, 이성 친구의 옷차림 등을 유심히 보고 거기에 담겨 있는 멋을 찾아보는 습관을 들여라.

⑩ 주위에 있는 여러 가지 색깔, 향기, 소리, 여러 사람의 기분에 관심을 가지고 알려고 노력해라.

〈좌뇌 강화 코칭법〉

① 일상생활의 사소한 일들도 기록해 보는 습관을 길러라. (메모 습관 코칭)

② 기록된 사항들을 재조사해 보고 중요한 일, 급한 일 등을 가려내서 일을 조직적으로 처리하는 습관을 가져라.

③ 그날, 그달, 그해에 해야 할 목표를 미리 세워 그 목표달성에 노력해라.

④ 어떤 일을 시작할 때는 실험을 해 보고 결과를 검토하여 최선의 방법을 찾으려고 노력해라.

⑤ 모든 계산은 항상 정확하게 하는 습관을 가져라.

⑥ 모르는 일은 알 때까지 세심하게 파고드는 습관을 들여라. (모르면 물어보라)

⑦ 선생님과 친구들에게 말할 때는 순서에 따라 말하려는 노력이 필요하다.

⑧ 모든 일을 숫자로 표시하는 습관을 들여라. (예: 부산은 서울에서 멀리 있는 도시 → 부산은 서울에서 395km 떨어진 거리, 자동차로 4시간 46분 걸림)

⑨ 혼자 조용히 있는 습관을 가지고, 일기를 쓰는 습관을 들여라.

⑩ 매사에 차분하게 생각하는 습관을 들여라.

영어학습, 제2코칭: 인지를 조절하라

1. 습득과 학습의 이해

언어를 배우기 제일 좋은 것은 언어 습득 환경을 조성하는 것이다. 습득이 이상적이긴 하나 한국 학생들 입장에서는 영어 습득 환경을 조성하는 것이 생각처럼 쉽지가 않다. 부모의 적극적인 노력과 경제적 상황이 따라가야 하는 것도 현실적인 측면이다. 영어에 관심이 있거나 부모가 영어를 잘하는 경우 또는 학생들이 영어를 너무 좋아해서 스스로 공부한다면 얼마나 좋을까? 습득과 학습은 동전의 양면성이 있다. 즉 모두 중요한 것이다. 습득(習得)과 학습(學習)의 차이점을 알아보자.

영어를 공부하다 보면 "습득이 중요해요, 학습이 중요해요"라는 말을 들어본 적이 있을 것이다. 결론적으로 말하자면, 둘 다 중요하다. 언어학적 용어 중에서 '습득과 학습(acquisition and learning)'에서 습득은 하나의 언어를 능숙하게 사용할 수 있게 되는 현상으로 의식적인 노력이 아니라, 환경을 조성해 주면 자연스럽게 획득되는 것을 말한다. 최근 부모들은 자녀들에게 영어환경을 조성해 주기 위해서, 영어동화책 음원을 수시로 틀어 주는 경우가 많다. 영어를 자주 접하게 되면, 자연스럽게 언어가 습득된다는 원리다. 반면 학습이라는 것은 말 그대로 언어를 배우고 익히는 과정으로써 의식적인 노력이 필요한 작업이라 할 수 있으며, 협력자의 도움이 필요하다.

〈표 1-21〉 습득과 학습의 차이

학습	습득
의식적 과정	무의식적 과정
언어에 대해 알고 있음	언어를 알고 있음
의식적인 언어 지식 있음	무의식적인 언어지식을 갖고 있음
규칙을 의식적으로 알고 있음	규칙을 의식적으로 모르고 있으나, 어감이나 느낌으로 구분할 수 있음
공식적인 정시교육학습	자연적인 학습, 비공식적인 학습
환경, 경험적 영향이 중요	유전적, 생물학적 요소가 중요
내재적 언어 습득 장치가 꼭 있어야 할 필요성은 없음	내재적 언어 습득 장치가 있어야 함

※ 장대인·홍석욱(2012: 210)

다시 설명하면, 영어공부에서 '습득'은 영어가 계속 흘러나오는 환경속에서 학생들이 영어를 듣고, 말하기를 반복하면서 자연스럽게 영어를 구사하게 되는 것을 말한다. 인간의 뇌는 이러한 '언어 습득 프로그램'이 있어 아이들의 키가 지속적으로 자라지 않는 것처럼 멈추는 시기가 있다. 학자들의 일반적인 의견은 2, 3세부터 시작해서 12~14세 정도까지라고 한다.

반면 '학습'은 계획적이고 체계적인 훈련과 연습을 통해 영어를 획득하는 것을 말한다. 자주학은 학습에 해당되기 때문에 'Plan→Do→See'의 과정을 말한다. 영어학습 목표를 세우고, 실행하고, 점검하는 일련의 과정을 말하는 것이다.

2. 인지전략 코칭

인지전략은 영어를 이해하고 표현하기 위해서 사용하는 직접적인 전략으로 반복과 연습하기, 번역과 요약하기, 학습 내용에 대해 추론하기 등을 포함할 수 있다. Oxford(1990)는 인지전략은 외국어학습에서 가장 중요한 전략이라고 말하면서 4가지의 인지전략으로 구분했는데 '연습하기, 메시지 주고받기, 분석·추론하기, 체계적인 입·출력하기'이다. 영어를 잘하기 위한 코칭방법은 매우 다양하다. 학생들마다 성향이 다르고, 학습유형도 다르고, 지능도 다르기 때문일 것이다.

<표 1-22> Oxford(1990)의 인지전략

인지전략의 유형	활동
연습하기	반복하기
	소리·쓰기·체계를 정식으로 연습하기
	고정 표현·패턴을 인식하고 이용하기
	재구성하기
	자연스러운 상황에서 연습하기
메시지 주고받기	개념 파악하기
	메시지를 주고받는데 참고자료 이용하기
분석·추론하기	연역적으로 추론하기
	표현 분석하기
	(언어 간) 대조적으로 분석하기
	번역하기
	전이 시키기
체계적으로 입·출력하기	메모하기
	요약하기
	중요한 부분 강조하기

　영어를 학습할 때 연습이 제일 중요하다. Oxford의 주장에 따르면 제2외국어 연습에는 '반복하기, 소리와 체계를 정식으로 연습하기, 고정 언어 표현과 패턴을 인식하고 이용하기, 재구성하기, 자연스러운 상황에서 연습하기를 포함한다. 코칭을 할 때 적용할 수 있는 방법들은 다음과 같다.

　① 반복하기 전략은 영어공부를 할 때 제스쳐를 이용하여 반복하는 학습전략이다. 예를 들어, 영어회화를 말할 때 실제 그들이 사용하

는 언어의 몸동작을 따라 하면서 마치 내가 원어민이 된 듯한 느낌으로 영어를 말해보는 것이다.

② 소리·쓰기 체계를 연습하는 방법은 목표 단어, 목표 문장 등의 발음과 억양을 익히면서 쓰기를 진행하는 것이다. 예를 들어 'father[|fɑːðə(r)], mother[|mʌðə(r)]' 등을 학습할 때의 억양은 머릿속으로 생각하면서 적어 보는 것이다.

③ 고정 언어표현과 패턴을 인식하고 이용하기 전략은 일상생활에서 사용하는 관용적인 표현을 인식하면서 사용하는 것이다. 예를 들어 'It's a nice day, isn't it?' 같은 표현은 뜻을 분석하고 영어의 패턴을 학습하는 것이 좋다.

④ 재구성하기 학습전략은 문장에서 얻은 정보를 다시 조직하여 긴 표현으로 만드는 것이다. 예를 들어, 대화하기, 책 읽기, 영어라디오 듣기, 영어일기 쓰기, 영어편지 쓰기 등이 있다.

⑤ 메시지 주고받기는 신속하게 개념을 파악하는 방법과 상호 메시지를 주고받는 것이다.

⑥ 신속하게 개념 파악하기 전략은 훑어보기 활동을 통해 중심 내용이나 특정 관심사항을 찾아서 텍스트를 빨리 이해하는 전략이다.

⑦ 분석·추론하기 전략은 연역적으로 추론하기, 표현 분석하기, 대조적으로 분석하기, 번역하기, 전이 시키기가 있다.

⑧ 체계적으로 입력과 출력하기 전략은 메모하기, 요약하기, 중요한 부분을 강조하는 것이다. 메모하기 전략은 문장에 중심내용이나 특정사항을 적는 것이다.

⑨ 요약하기 전략은 문장의 전체 내용을 간략하게 요약으로 작성하는 것이다.

⑩ 중요한 부분을 강조하기 전략은 밑줄 긋기, 구별 색 쓰기 방법을 사용해서 중요한 내용을 표기하고 강조하는 것이다.

3. 영어필기법

교육학자 크로포드 박사에 따르면 수업시간에 필기를 하는 학생들이 필기를 하지 않는 학생들보다 성적이 우수했다는 연구결과를 발표했다. 그는 동일한 성적과 학습 능력을 가진 학생들을 두 그룹으로 나누어, 한 그룹은 필기를 하면서 수업을 듣게 하고, 다른 한 그룹은 필기 없이 수업을 듣게 했다. 강의 1주일 후 3차례 테스트를 실시했다. 시험문제는 주관식, 객관식, 서술형으로 나누어 보았다. 그 결과 수업시간에 필기를 하고 들은 학생들이 그렇지 않는 학생들보다 성적이 높았다.

영어학습 시 필기를 잘하기 위해서는 훈련이 필요하다.

첫째, 듣기 훈련이다.

둘째, 생각하는 훈련이다.

셋째, 요약하는 쓰는 능력이다.

첫 번째는, 선생님이 수업시간에 말하는 것을 잘 듣는 것이다. 두 번째는, 다른 사람의 말을 내 것으로 만들기 위해서는 나만의 것으로 만들기 위한 생각이 필요함을 가리킨다. 세 번째는, 필기를 하는 가장 큰 목적은 '복습'의 용도임을 가리킨다.

〈필기 요령〉

① 선생님이 수업 내용을 밑줄을 긋거나 표시를 한다.
② 책에 수업이 있더라도 자기가 직접 공책에 필기한다.
③ 시청각 자료를 보며 빠른 속도로 필기를 한다.
④ 다른 학생의 노트를 베끼는 방법

메모와 필기는 일반적으로 수업을 들으면서 떠오르는 생각과 아이디어를 빠르게 기록해야 하므로 순발력이 중요하고, 다른 사람이 알아볼 수 없는 경우가 많다. 하지만 노트 정리는 시간을 내어 기억할 수 있도록 정리해야 한다. 일반적으로 노트 필기는 24시간 이내에 하는 것이 효과적이다. 왜냐하면 수업 후 하루가 지나면 배운 내용의 70%는 잊어버리기 때문이다.

필기에서 전 세계적으로 가장 많이 활용되는 노트가 있는데, 그것은 바로 코넬 대학의 월터 포크 교수가 개발한 '코넬노트시스템(Cornell note-taking system)'다. 코넬노트시스템을 요약하면 다음과 같다.

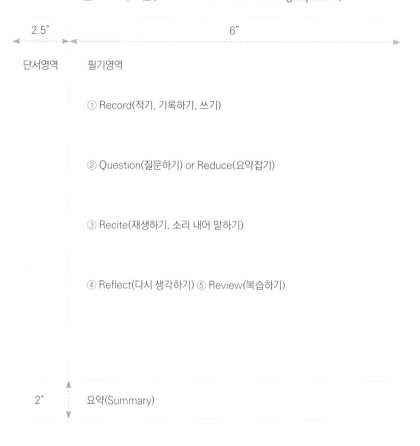

코넬 노트시스템(The Cornell Note-taking System)

2.5"　　　　　　　　　　　　　　　　6"

단서영역　　　필기영역

① Record(적기, 기록하기, 쓰기)

② Question(질문하기) or Reduce(요약잡기)

③ Recite(재생하기, 소리 내어 말하기)

④ Reflect(다시 생각하기) ⑤ Review(복습하기)

2"　　　　요약(Summary)

① Record(적기, 기록하기, 쓰기)

수업한 내용을 충실하게 적는 것이다. 예습을 한 학생의 경우나 수업 내용을 잘 들은 학생들에게 코칭하면 효과적이다. 특히, 영어의 완전학습에서 예습의 중요성이 매주 중요한데, 철저하게 예습한 학생들은 흥미를 느끼면서 할 수 있다.

② Question(질문하기) or Reduce(요약잡기)

영어 독해 수업 후 5분 정도 시간을 내어 적어 놓은 필기를 요약하는 것이다. 중요한 개념을 중요 단어 하나로 축소하면 좋다. 학생들이 학교 수업이나 학원 수업 후 필기를 하는 습관을 습관화하면 좋다. 영어를 잘하기 위해서는 근본적으로 기초 학력을 가지고 있어야 한다. 기초 학력인 듣기·말하기·읽기·쓰기 능력을 골고루 키우는 것이 중요하며, 가장 중요한 기능은 읽기 능력으로서 '요약 능력'이 제일 중요하다.

③ Recite(재생하기, 소리 내어 말하기)

모든 공부가 그러하듯 기본은 이해하기이다. 이해를 잘하는 것은 암기가 될 준비가 되었다는 말이다. 소리 내어 되풀이하기는 혼자 자신에게 가르치는 작업이다. 내가 나의 스승이 되어 Reduce(축소, 요약하기)된 단어들을 앞에 놓고 그 단어만 보고 수업 내용을 소리 내어 되풀이하는(암송) 단계이다. 학생들을 지도하다 보면, 이해 능력이 뛰어나고 선생님 말을 잘 알아듣는 데도 불구하고, 좋은 성적이 나오지 않는 경우가 있는데, 이들의 단점은 자신의 것으로 만드는 습(習)의 시간이 없기 때문이다. 습(習)의 기본은 재생하기 훈련이다.

④ Reflect(다시 생각하기)

Recite하면서 의식적이든 무의식적이든 학습내용에 대한 생각이나 경험이 떠오르게 된다. 이럴 때 생기는 새로운 생각을 색깔 펜으로 기록하는 것이다. 색을 달리하는 것은 원래의 내용과 혼동하지 않기 위해서다.

⑤ Review(복습하기)

복습하기는 매주 최소 10분 이상 노트 필기한 내용을 복습한다. 이렇게 하면 기억력 향상, 시험대비에 큰 도움이 될 수 있다.

코넬 노트 필기는 영어학습에서 문법 정리할 때 매우 유용하다. 문법의 개념을 정리하고 문법내용을 요약한 후, 소리 내어 자신에게 설명하는 훈련을 하다 보면 자연스럽게 새로운 아이디어가 떠오른다. 정기적으로 정리한 문법을 되풀이하다 보면, 자연스럽게 문법을 내 것으로 만드는 아주 좋은 필기 코칭법이다.

4. 영어완전학습

다른 과목과 마찬가지로 영어공부는 완전하게 학습하는 것이 중요하다. 최근 고등학교 6월, 9월 모의고사를 보면 1등급을 받기 위해선 100점을 받아야 한다. 하나라도 틀리면 1등급을 받을 수 없는 현실이다. 많은 방송에서는 '영어시험이 쉬워졌다', '물수능이다'라고 말하지만, 사실은 영어를 잘하는 학생들이 많아진 것이다. 10년 전과 비교하여 수능시험 지문이 상당히 길어졌으며, 한 번에 긴 지문을 읽고 영어문제를 풀어야 하므로 평소에 긴 지문에 대한 훈련과 평소에 완전학습을 하는 습관이 매우 중요하다.

불룸(Bloom, 1968)은 '완전학습'이란 학급 내 약 95% 학생들이 주어진 학습과제의 약 90% 이상을 완전히 학습해 내는 학습이라고 한다. 실질적으로 영어학습 현장에서는 100% 학습을 해 내야 경쟁력이 있다고 보아진다. 완전학습에 대한 학자들의 의견이 있으나, 블룸은 적성, 지구력, 학습 기회(학습에 허용된 시간), 수업의 질, 수업 이해력, 흥미, 동기 유발, 자아개념을 지적하고 있다. 이 중에서 영어학습에서 제일 중요한 것은 바로 '지구력'일 것이다. 지구력이란 학생들이 영어학습을 위해서 스스로 사용하려는 시간의 양을 말할 것이며, 일반적으로 지구력이 좋다는 말은 '학습문제를 해결하기 위해 장시간 시간을 사용할 수 있는 능력'을 말할 것이다.

가네(Gagne, 1974)는 다양한 학습 상황에서 의도한 학습 성과를 이루기 위해서는 학습의 내적/외적 조건이 충족되어야 한다. 그는 학생들이 정보를 처리하는 과정을 8개로 설명하고 있다. 동기형성 단계(기대), 주의집중 단계, 획득 단계(단기기억), 파지 단계(장기기억), 재생 단계(회상), 일반화 단계(전이), 성취 단계(반응), 그리고 피드백 단계다. 영어학습에서 완전학습은 시간이 중요하다. 영어시험 오답의 원인을 크게 분석해 보면, 4가지로 분류한다.

첫째, 이해력 부족으로 틀린 문제이다.

둘째, 실수로 틀린 문제들로서, 실수로 틀린 문제들은 평소에 영어시험 문제풀이 부족이라 볼 수 있다. 120% 문제풀이를 통해 오답노트를 철저하게 만들어 실수를 줄여야 한다.

셋째, 기억을 못해서 틀린 문제들, 특히 기억을 못한다는 것은 평소에 암기를 하지 않았기 때문이다. 수학공식처럼 영어 어휘나 중요한 지문을 암기하는 습관이 매우 중요하다.

넷째, 마지막은 지속적으로 틀리는 문제들인데 대부분 이러한 문제의 원인은 문제 자체를 이해하지 못하거나 어휘력과 배경지식 부족으로 평소에 영어단어 실력 향상에 노력해야 할 것이다.

〈표 1-23〉 영어완전학습 4단계

단계	집중 단계	획득 단계	파지 단계	재생 단계
학생의 행동	예습	수업	복습	시험(평가)
학습효과	흥미유발	단기기억(이해)	장기기억(이해+암기)	회상(완전학습)

영어를 공부하는 곳은 많다. 학교, 학원, 공부방, 교습소, 인강, 과외, 학부모 코칭 등 다양한 방법으로 학습한다. 배움의 시간이 많은데도 불구하고 좋은 성적을 얻지 못하는 경우가 있다. 아무리 좋은 선생님, 좋은 학원을 다녀도 효과가 없는 이유는 '영어완전학습프로그램'을 적용하지 못하기 때문이다. 영어완전학습 코칭프로그램을 도입하기 위해서는 학생들에게 예습 코칭, 수업 코칭, 복습 코칭, 시험 코칭을 통해 그들이 어떤 부분에서 취약한지를 철저히 확인해서 학습 코칭을 해 주어야 한다. 예를 들어, 영어수업시간에 탁월한 이해력을 보이지만 좋은 성적을 얻지 못하는 이유는 복습전략과 시험전략의 문제가 있을 것이고, 수업시간에 설명을 많이 해도 이해력이 떨어지고 수업의 집중력이 떨어지는 학생들에게는 '영어 예습 코칭'을 통해 수업시간의 이해력을 높이는 것이 효율적인 방법이다.

영어완전학습이란 '배운 내용을 완벽하게 이해하고 기억하여 학생들이 원할 때 언제든지 재생할 수 있는 능력'이라고 볼 수 있다. 즉, 영어를 잘하기 위해서는 잘 이해하고, 잘 암기하고, 잘 기억하고, 시험을 잘 치는 것이다.

영어학습, 제3코칭 -
행동조절: 시간활용이 답이다

1. 행동 전략-시간의 종류

　영어학습 코칭에서 '동기 코칭, 인지 코칭'과 더불어 '행동 코칭'이 매우 중요하다. 행동 코칭을 쉽게 표현하면 시간관리라 할 수 있다. 자주학에서 시간관리가 매우 중요한 요소를 차지하고 있다. 행동 전략 코칭은 시간관리를 말한다. 한 치과대학생들을 대상으로 성적을 잘 받기 위해 무엇이 필요한지 조사한 결과, '교재, 커리큘럼의 특성, 시간관리'가 성적을 좌우한다고 말했다. 영어학습에서 시간의 중요성은 누구나 잘 알고 있는 사항이다.

　시간을 코칭하기 위해서는 시간의 종류와 내용을 우선적으로 알고 있어야 한다. 우리나라 영이환경은 '습득'의 환경이기 보다는 '학습'의 환경이기 때문에 영어를 공부하기 위해서는 의도적인 시간세팅이 필요하다. 특히, 초등학생인 경우 시간의 여유가 많아 초등학생들에게 영어학습과 습득의 시간을 많이 배분해야 한다.

〈표 1-24〉 시간의 종류와 내용

시간의 종류	내용
고정시간	학교 수업, 시험, 보충 수업, 야간자율학습, 학원, 과외, 종교 활동, 학원·학교·교습소 이동시간 등
생활시간	기상시간, 수면시간, 수면시작시간, 세수 & 옷 입기, 식사시간
자유시간	약속, 운동, 취미생활
학습시간	평소 공부시간, 시험기간, 주말 공부시간, 숙제시간(과제수행시간) 등

영어학습시간을 코칭하기 위해서는 학생들의 시간을 분석할 수 있는 능력이 있어야 한다. 영어를 공부했다고 말하지만 실질적으로 영어를 공부한 시간이 부족하기 때문에 성적이 오르지 않는 경우가 많기 때문이다. 자주학시간을 늘리기 위해서는 학습시간을 늘려야 한다. 고정시간에서 학원 & 과외시간, 생활시간에서 지나친 수면시간, 학습시간에서 숙제시간이 많으면 자주학시간이 부족하기 마련이다.

2. 시간 코칭

시간은 양적관리보다 질적관리가 더욱 중요하다. 얼마나 공부한 것보다 어떻게 공부했는가가 더욱 중요할 것이다. 어떤 학자는 인간은 시간을 관리할 수 없다고 한다. 왜냐하면 시간은 누구나 동일하게 주어지기 때문이라는 것이다. 시간은 관리하는 것이 아니라 효율적으로 사용하는 것이라는 의미이다. 영어를 습득하기 위해서는 9,000시간이 필요하다는 언어학자 스미스의 말처럼, 절대적인 시간은 분명 필요하다. 하지만 단순한 노출만으로 영어공부를 잘하지는 못한다. 영어 자주학에서 말하는 진정한 시간관리는 시간 자체에 의미를 두는 것이 아니라, 영어 학습시간을 효율적으로 사용하여 자신의 꿈을 실현하고 목표를 달성하기 위한 것이다. 진정한 시간관리는 삶을 행복하게 살기 위한 것이다. 시간 코칭을 위해서는 학부모와 학습자, 교사와 학생들의 관계가 매우 중요하다. 학부모는 자녀들에게 영어에 대한 충분한 노출을 제공하기 위해 반복적이고 꾸준한 노력을 해야 한다. 영어학습 코치가 가져야 할 마인드가 있다.

첫째, 학생과 나는 동료 학습자다.

둘째, 학생들에게 코치는 자주학의 조력자다.

셋째, 코치는 학습의 계획자, 실행자, 평가자로서의 역할을 충실히 수행해야 한다는 것이다.

3. 영어자기주도학습 플래너

요일	월	화	수	목	금	토	일
날짜	/	/	/	/	/	/	/
6시							
7시							
8시							
9시							
10시							
11시							
12시							
13시							
14시							
15시							
16시							
17시							
18시							
19시							
20시							
21시							
22시							
23시							
24시							
고정시간							
생활시간							
자유시간							
영어학습시간							
영어 습득시간							

※ 영어공부를 잘하기 위해서는 영어습득시간과 엉어학습시간을 계산하라.

영어습득,
복습이 키(key)이다

1. 연습이론

학습에서 가장 중요한 것은 당연히 반복이다. 그중에서도 어휘학습은 반복을 통해서 습득된다는 것은 일반적인 상식이다. 어휘학습 코칭의 기본은 '연습(복습)이론'을 제대로 이해하는 것이다. 연습(복습)이 필요한 이유는 다음과 같다.

첫째, 학습이란 한 번에 성취되지 않기 때문에 오랜 시간에 걸친 반복 연습이 필요하기 때문이다.

둘째, 이전 과정의 학습이 완성된 후 다음 과정을 학습하는 것이 효과적이기 때문에 완전학습을 위해 복습을 해야 한다.

셋째, 연습은 모든 학습 능력과 운동 능력을 보다 쉽고 빠르고 정확하고 익숙하게 만드는 효과가 있기 때문이다.

영어학습 능력이 뛰어난 학생들은 평가 후 자신이 어떤 것이 틀렸는지 명확하게 알고 있지만, 학습 능력이 부족한 학생들은 평가 후 자신이 무엇을 틀렸는지 잘 모르는 경우가 있다. 단어암기도 마찬가지다 단어를 잘 암기하기 위해서는 암기한 것과 암기하지 못한 것을 잘 구분하고 정기적으로 연습하는 것이 필요하다.

1) 복습의 효과

복습의 효과는 다음과 같이 정리할 수 있다.

첫째, 복습(연습)을 하면 불필요한 행동이나 습관이 감소되고 정확성을 얻을 수 있다. 이것은 행동이 질적으로 향상되는 것을 의미한다.

둘째, 복습(연습) 초기에는 학습속도가 느리고 부정확하지만 지속적인 복습을 하면 학습속도가 빨라지고 정확성을 높일 수 있다. 이것을 '행동의 양적 변화'라고 한다.

영어 어휘학습도 마찬가지다. 처음에는 단어암기 속도도 느리고 힘들지만, 꾸준히 반복할수록 어휘 암기 속도도 빨라지고 정확해질 수 있다. 즉, '어휘의 양적변화'라고 부를 수 있는 것이다.

2) 복습방법

영어학습 코칭에서 중요한 것은 학습자의 학습동기, 학습성향, 학습방법 등을 고려한 것이다. A학생의 성공적인 암기방법이 B학생에게는 맞지가 않는 이유는 각자의 연령과 학습 능력 및 학습스타일이 다를 것이다. 영어학습 코칭전문가들은 어휘 코칭을 진행할 때 학생들의 성향을 잘 파악하고 복습방법을 활용하기 바란다.

3) 복습스킬

·집중법: 복습 도중에 휴식 없이 연속적으로 반복하는 것으로 학습내용이 쉽고 짧을 때 효과적 → 학습시간이 짧고, 영어 어휘학습량이 적을 때 활용하면 좋다. (예: 영어단어장을 처음부터 끝까지 쉬는 시간 없이 암기하는 법)

·분산법: 복습 도중에 휴식을 갖고 복습하는 것으로 학습내용이 길고 어려울 때 효과적 → 어휘량이 많고, 단어 난이도가 높을 때 활용하면 좋다. (예: 영어단어장을 학습내용을 구분하여 쉬는 시간을 두고 암기하는 법)

·전습법: 전체를 처음부터 끝까지 학습한 후 다시 복습하는 것 → 학습량이 비교적 적고 쉬우며, 고학년 및 학습 능력이 높은 학생들에게 좋다. (예: 영어단어장을 처음부터 끝까지 학습한 후, 다시 치음부터 끝까지 학습하는 법)

·분습법: 학습내용을 몇 개의 부분으로 나누어 조금씩 연습한 후 마지막에 함께 묶어 전체를 학습하는 방법으로 초등학생이나 학습 능력이 저조한 학생, 지구력이 부족한 학생들에게 유리하다 → 분습법을 진행하는 학생들은 자주학 능력이 저조하기 때문에 영어학습 코치들이 정확한 학습량, 날짜, 학습시간, 학습법을 알려 주는 것이 좋다. (예: 암기할 영어단어 수, 날짜, 암기시간, 암기방법을 구체적으로 기록하고 암기하는 방법)

위 4가지 복습법은 어휘학습에만 적용되는 것이 아니라 문법교재, 교과서, 각종 영어교재에 활용될 수 있는 점을 기억하고 각각의 학습영역에서 효율적으로 활용하기 바라며 특히, 자주학 능력이 부족한 학생들에게 영어학습 코칭이 절대적으로 필요하기 때문에 교사의 전문적이고 지속적인 도움이 필요하다.

2. 분산반복

분산반복을 활용한 어휘 암기법이 있다. 이것은 복습스킬에서 '분습법'을 활용한 것인데, 쉽게 말하자면 오늘 배운 것을 내일 복습하고, 다음에는 4일 뒤에 복습하고, 다음에는 10일 뒤에 복습하는 방식이다. 한번에 몰아서 10번 복습하는 것보다, 며칠씩 간격을 두고 5번 복습하는 것이 더 오래 기억에 남는다는 것이다.

분산반복은 에빙하우스(H. Ebbinghaus, 1850~1909)의 망각의 곡선을 바탕으로 만든 복습법이다. 에빙하우스는 인간의 기억 능력을 체계적으로 연구한 최초의 독일학자로서 그의 저서 『기억에 관하여』(1885)에서 '망각곡선이론'을 발표했다. 그는 의미 없는 알파벳을 나열하여 기억하게 한 후 시간이 지남에 따라 얼마나 기억하고 있는지를 실험했다. 실험에 따르면 참가자들은 20분 후에 42%, 1시간 후에 56%, 1일 후에 66%, 1주일 후에 75%, 그리고 한 달 후에 80%가량 기억할 수 없었다. 그러므로 기억을 유지하기 위해 가장 효과적인 방법은 복습이라는 것을 알게 되었다. 에빙하우스는 복습에서 그 주기가 매우 중요하다는 사실을 발견하였는데, 그것은 학습한 후 10분 후에 복습하면 1일 기억하고, 1일 후에 복습하면 1주일 기억하고, 1주일 후 복습하면 1달 기억하고, 1달 후에 복습하면 6개월을 기억할 수 있다고 하는 복습주기를 제시했다. 그의 복습이론을 활용한 것이 바로 '분산반복어휘복습법'이라고 할 수 있다.

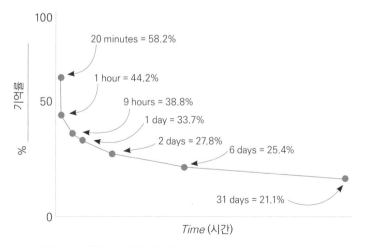

〈그림 1-3〉 에빙하우스의 망각의 곡선

영어학습과 습득:
온라인은 제2의 학습 코치다

1. 영어온라인학습의 강점

우리나라 영어교육환경은 EFL환경이기 때문에 영어에 노출시간이 부족할 뿐만 아니라 사회생활을 함에 있어서 영어가 없어도 전혀 불편함이 없다. 어쩌면 학생들이 영어가 사회생활에 필요 없기 때문에 영어학습에 대한 동기를 받지 않을 수도 있다. 그럼에도 불구하고 영어학습을 쉽고 재미있게 습득할 수 있는 방법이 있다. 그것이 바로 온라인을 활용한 방법이다. 우리가 흔히 말하는 인터넷 강의 혹은 온라인학습은 사이버가정학습이라고 생각하면 쉽다. 사이버가정학습이란 학생들이 가정 및 학교에서 인터넷을 활용하여 자기가 원하는 시간과 방법에 따라 학습할 수 있도록 1:1 학습관리 및 수준별 개별학습을 지원하는 인터넷 기반의 학습서비스(한국교육학술정보원, 2007)라고 정의할 수 있다.

특히 영어 노출이 부족한 초등학생에게 영어 노출 환경을 제공해주고, 이동시간으로 어려움이 있는 중·고등학생들에게는 인강(인터넷 강의)을 통해 영어 자주학을 할 수 있는 매우 효율적인 교육환경이다.

<온라인학습의 장점>

첫째, 시간과 공간의 제약이 없다. 학습자가 원하면 여러 번 복습해서 들을 수 있다. 학원과 과외는 시간을 지켜야 학습이 가능하지만, 인강은 학생들이 선호하는 공간과 시간에 학습할 수 있으며 최근에는 스마트폰을 활용하여 학습할 수 있다.

둘째, 학생들의 능동성을 향상시킨다. 학습시간, 학습내용, 학습횟수 등의 목표를 정하고 시청해야 하기 때문에 능동성이 높아진다. 자주학 능력이 높은 학생들은 매우 효과적이다. 그러나 조력자의 도움이 필요하다는 것도 기억해야 한다. 초등학생인 경우에는 자주학 능력이 부족하기 때문에 부모나 영어학습 코치의 도움이 필요하다.

셋째, 학습비용이 저렴하다. 온라인학습이나 인강은 대체로 부모의 경제력과 상관없이 모든 학생들이 저렴한 비용으로 동일한 학습내용을 제공하기 때문에 학습에 열정이 있는 학생이라면 쉽게 공부할 수 있다.

넷째, 완전학습의 도구로 활용할 수 있다. 완전학습은 '예습 – 수업 – 복습 – 시험'을 통해 만들어진다. 인터넷 강의를 학습할 때 어떤 부분에 목적을 두는가에 따라 학습방법이 달라질 수 있다. 학교예습을 위해서라면 수업준비를 위한 이해의 도구로, 복습 위주라면 학교 수업의 반복으로 통해 배운 지식을 장기기억에 저장하는 도구로, 시험준비를 위해서라면 문제풀이전략과 다양한 문제유형을 접하여 시험유형에 강해지는 능력을 얻을 것이다. 물론 인강의 효과를 보려면, 인강교재를 기준으로 목표를 설정하는 것이 좋다.

2. 인강 코칭법

학생들에게 온라인학습/인강을 권해 주거나, 인강학습을 코칭하기 위해서는 일정한 과정이 있다는 것을 설명해야 한다. 인강도 학교 수업과 동일하게 공부하는 것이 효율적이다.

〈표 1-25〉 효과적인 인강 코칭법

단계	영어학습코칭메뉴얼
선택단계	– 인강의 장점을 설명하라. – 인강을 공부하는 목적과 학습자에게 맞는 수준을 코칭하라. – 학생들에게 맞는 강사가 따로 있으니, 샘플 강의를 듣게 한다. – 샘플 강의를 들은 후, 강의 수준이 맞는지 코칭하라. 특히, 영어학습은 어휘, 문법실력에 따라 난이도가 다르다.
예습단계	– 강의에 집중할 수 있는 시간과 장소를 정하라. (습관) – 강의를 듣기 전에 교재예습을 권장하라. (학교 수업처럼 인강도 예습을 하면 흥미도가 높아진다.) – 예습 시 모르는 영어단어, 영어문법, 문제 등을 정리한다.
수업단계	– 메모와 중요 표시를 잘하라. (강사가 강조한 것) – 집중력이 떨어지면, 멈추고 진행하라. (경청, 집중력 강조) – 이해가 되지 않는 부분은 반복해서 시청하라. – 지나치게 쉬운 부분은 그냥 넘어가도 좋다.
복습단계	– 교재를 복습하라. – 노트필기와 중요 포인트를 정리하고 암기하라. – 암기시간을 배정하라. (영어어휘는 필수 암기시간을 정하라.) – 인강노트, 오답노트, 개념노트, 시험노트 등을 만들어 공부하라.

※ 민철홍·김형엽, 2015.

최근 온라인콘텐츠는 영어학습의 콘텐츠와 영어습득의 콘텐츠를 제공하고 있다. 자신에 맞는 온라인콘텐츠를 활용하는 것도 영어 자주학의 하나의 과정이며, 특히 영어 습득 환경을 자연스럽게 만들기 위해서는 온라인 환경으로 영어 노출 환경을 만드는 지혜가 필요한 시대다.

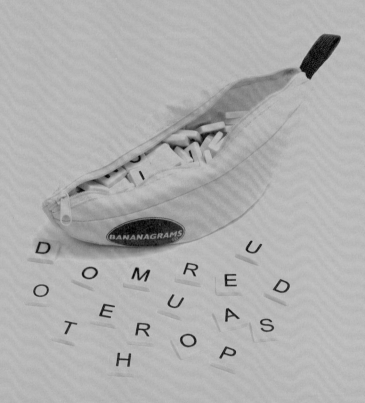

제2부

초등 영어학습
코칭법

Beyond Teaching

Toward Coaching

초등 어휘
학습 코칭

1. 초등 영어학습 코칭의 필요성

2009년 개정 교육과정에서는 초등학교 영어교육의 목표를 중학교 영어교육과 분리해서 제시하고 있다. 초등 영어교육은 초등학교 학생의 여러 가지 특성을 고려해야 하는데 초등학교 학생은 새로운 것에 흥미를 갖는 시기로 호기심이 왕성하며, 실제 생활에서 느끼고 보고 직접 겪는 감각과 경험이 사고와 행동에 깊이 작용한다. 그러므로 초등학교 영어교과에서의 교수·학습 활동은 학생들이 실생활에 밀접하게 연계된 감각과 놀이 활동, 찬트와 노래 부르기 등을 주로 하고, 체험학습을 통해 발견의 즐거움을 경험할 수 있는 것이 효과적이다.

초등학교 영어는 영어에 대한 흥미와 자신감을 가지고, 일상생활에서 사용되는 기초적인 영어를 이해하고 표현하는 능력을 기르는 것을 목표로 한다.

첫째, 영어에 대한 흥미와 기초적인 영어 사용에 대한 자신감을 갖는다.

둘째, 일상생활에서 영어로 기초적인 의사소통을 할 수 있는 능력을 기른다.

셋째, 영어학습을 통하여 다른 나라의 관습이나 문화를 이해한다.

초등학교 영어교육의 내용체계를 언어기능, 의사소통 활동, 언어재료에서 살펴보자.

첫째, 듣기, 말하기, 읽기, 쓰기의 언어 4기능을 점진적으로 함양할 수 있도록 하고 언어기능을 통합적으로 사용할 수 있는 능력을 기르도록 내용을 구성한다.

둘째, 의사소통 활동은 음성언어 활동과 문자 언어 활동을 구성한다.

셋째, 언어 재료는 자연스러운 의사소통 활동을 위하여 학생들의 흥미, 필요, 인지적 수준 등을 고려하여 학습동기를 유발할 수 있는 내용이어야 한다. 일상생활에서 많이 쓰이는 언어, 학생들의 인지발달 단계와 수준을 고려한 언어, 소리와 문자의 관계, 소리와 의미의 식별, 말의 연결, 말의 속도에 따른 음운변화, 상황에 따른 음운변화 및 자연스러운 발화 등의 학습에 도움이 되는 언어이어야 한다.

위 내용이 초등 영어교육과정의 목표다. 그러나 크게 세 가지 문제점을 지적하고 싶다.

① 초등 영어학습시간의 부족

학교 영어수업으로는 영어를 습득하고 학습할 수 없다는 것이다. 초등학교 3학년부터 일주일에 2시간씩 배당하여 영어교육을 공교육으로 시키고 있으며 학습자의 의사소통능력 향상을 위하여 초등학교 영어수업 시수를 4학년의 경우는 1시간에서 2시간으로 확대하고 5~6학년의 경우는 2시간에서 3시간으로 확대하여 운영하고 있다. 우리나라 영어교육환경은 EFL환경이다. EFL환경은 한국인이 한국에서 영어를 배우는 경우로 이때는 우리가 영어를 일상생활에서 사용하지 않는 환경이며, 영어를 사용하지 않아도 불편함이 없다. 만약 한국인이 미국, 영국, 호주와 같은 영어권 나라에 이민을 간다면 일상생활에서 영어를 필수적으로 사용해야 할 것이다.

② 초등 영어수업시간의 절대적 부족

초등 영어 학년 군에서 제시하는 영어 어휘 수는 3~4학년 군에서는 240낱말, 5~6학년 군에서는 260낱말을 내외로 한다. 단일 문장의 길이도 초등학교 3~4학년 군에서는 7낱말 이내로 하며, 초등학교 5~6학년 군은 9낱말 내외로 하고 있다. 쉽게 말하면 500낱말을 배운다는 것인데, 500낱말을 가지고 영어를 학습하기에는 실질적으로 많이 부족한 상황이다.

③ 영어학습환경 부족

초등학교에서 학교교육환경에서는 의사소통중심 위주의 교육으로 문법교육을 제대로 할 수 없는 환경이다. 물론 초등 영어교육이 강화되면 사교육비 증가와 국어교육에 대한 인식이 저하될 수 있으나, 핵심은 학교영어교육만으로 영어를 학습할 수가 없다는 것은 누구나 공감하고 있는 상황이다. 더불어 EFL환경으로는 영어학습에 대한 동기를 받지 못한다. 학교 밖에서는 영어가 필요 없기 때문이다.

이러한 동기부여 부족, 어휘 수 부족, 수업시간 부족 등으로 발생되는 영어공부에 대한 인식들을 바꾸어 주기 위해서는 ESL환경을 만들어 주는 것이 필요하다. ESL(English as Second Language Situation)환경이라는 것은 제2언어환경이라고 하는데 영어를 배우는 학생들에게 조금 더 많은 학습시간과 환경을 제공해야 한다. 영어는 입력도 중요하지만 출력의 기회도 중요하다.

영어를 공부하는 많은 학생들이 학교에서의 입력의 시간과 더불어 스스로 자신의 것으로 만들어 출력할 수 있는 환경을 제공해야 한다. 그러기 위해서는 배운 내용을 자신의 것으로 만들 수 있는 영어학습시간이 필요한 것이다. 이를 도와줄 수 있는 사람들이 영어학습 코칭전문가인 것이다. 영어학습 코칭전문가는 단순히 환경만 도와주는 사람이 아니다. 영어에 대한 전문적인 지식을 가지고 목표를 설정하고, 학습전략을 설정하고, 학습 시간관리를 도와주고, 스스로 학습한 내용을 문제풀이를 통해 완전학습을 하여 최종적으로 학교영어시험은 물론 수능 영어시험에서 좋은 성적으로 받고, 학교 외에서 공인시험 성적을 잘 받게 도움을 줄 수 있는 사람이 바로 '영어학습 코치'인 것이다. 또한 영어학습 코치는 영어에 대한 풍부한 지식과 자주학이론을 철저히 공부한 사람이 되어야 한다.

그렇다면 영어학습 코칭전문가가 주로 코칭해야 할 대상은 초등, 중·고등, 성인이 될 것이다. 초등학생을 대상으로 코칭할 경우에는 알파벳 코칭, 어휘 코칭, 듣기·말하기 코칭, 읽기 코칭, 문법 코칭 등이 있다.

미국의 언어학자 촘스키(Chomsky, 1965)에 따르면 인간은 언어습득 장치(LAD)를 가지고 태어나는데 보편적인 문법지식이 미리 프로그램되어 있어서, 충분한 언어입력이 주어졌을 때 자동적으로 단시일 내에 언어를 습득하게 된다고 주장한다. 아이들은 그들의 성숙도에 따라 LAD를 통해 말의 변형규칙을 습득하고 그 언어 속에 내포되어 있는 어떤 규칙을 직관적으로 알게 된다는 것이다. 그러나 한국에서의 영어는 습득의 개념을 넘어 학습의 개념으로 접근해야 한다. 즉, 습득과 학습의 병행이 중요하다. 그 이유는 원하는 영어성적이 나오기 위해서는 학습이 필수적이어야 하기 때문이다. 더불어 학습이라는 것은 배운 내용을 자신의 것으로 만드는 훈련이라 볼 수 있기 때문에 완전학습을 위해 절대적으로 필요하다. 이제는 교육, 습득, 배움의 시대가 아니라 학습의 시대, 코칭의 전문가가 필요한 것이다.

2. 알파벳 학습 코칭

알파벳 쓰기는 한글의 자음과 모음처럼 영어학습에서 가장 처음으로 배우는 문자학습이다. 알파벳을 익히는 방법은 다양하다. 특히 알파벳 쓰기 순서를 명확히 제시하는 곳은 어디에도 없다는 것이다. 알파벳 쓰기 순서는 실제 교육현장에서 교사의 재량에 따라 수업하라고 고시할 정도로 논란의 여지가 있는 것도 사실이다. 알파벳 쓰기 순서에 대해 원어민교사들의 자문결과로 보면 특정 알파벳의 경우, 영어 종주국에서도 쓰기에 대한 다양한 방법이 있음을 인정하고 있다. 그러므로 알파벳 코칭의 경우 〈그림 2-1〉의 방법을 추천하고 싶다. 여기에 사용되는 쓰기 순서는 미국 내 초등학교의 약 75%에서 사용되는 것이다.

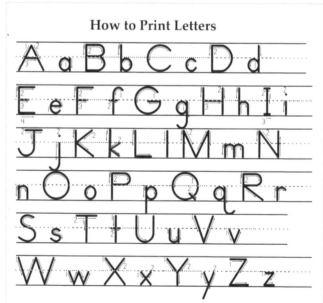

〈그림 2-1〉
Zaner-Bloser script에서
제안하는 알파벳 쓰기

3. 파닉스 학습 코칭

1) 파닉스

　파닉스(phonics)는 영어를 처음 접하는 학생들에게 읽는 법을 가르치기 위해 일반적으로 사용되는 읽기 스킬이다. 파닉스를 이용해 영어읽기를 가르치기 위해서는 우선 알파벳 학습을 마스터하는 것이 좋다. 실질적으로 원어민 아이들도 파닉스 학습을 통해 읽기를 가르치고 있으며, 우리나라 초등 영어 3~4학년에서도 파닉스 학습(분철법)을 통해 영어수업을 진행하고 있다. 어릴 적부터 영어에 노출이 많이 된 학습자들은 파닉스를 꼭 배우지 않고도 통문자 학습으로 단어를 읽게 되지만, 영어 노출이 부족한 학생들은 읽기의 어려움으로 영어학습을 힘들어하기 때문에 학년을 떠나서 읽기기술이 필요하다면 파닉스를 활용해서 코칭을 진행하면 유익하다. 특히 영어성적이 저조한 학생들의 경우 가장 큰 문제는 어휘력일 것이다. 문제는 기초적인 어휘를 읽지 못하는 학생들은 영어공부를 포기하는 경우가 발생된다. 이때 파닉스를 활용해도 도움이 된다. 그러나 파닉스는 '읽기의 수단'이지 '읽기의 목적'이 아니다. 파닉스를 지나치게 의존하거나 맹신할 필요는 없다. 중요한 것은 필요할 때 적절하게 활용할 수 있는 능력이다.

〈표 2-1〉 파닉스 코칭법

이름	소리	단어	코칭법
t/t/	트	ten, tiger, taxi	혀끝을 윗니 뒤쪽의 잇몸에 대었다가 떼면서 성대를 울리지 않고 발음한다.
p/p/	프	pig, piano, pizza	입술을 붙였다고 공기를 내뿜듯이 떼면서 성대를 울리지 않고 발음한다.
s/s/	쓰	sun, six, school	혀끝을 윗니 뒤쪽의 잇몸에 대고 공기를 내뿜으면서 성대를 울리지 않고 발음한다.
m/m/	므	mom, mouse, man	입을 다물었다가 떼면서 공기가 코를 통해 빠져나가게 하며 성대를 울려 발음한다.
c/k/	크	cat, cow, cap	혀의 뒷부분을 입천장 안쪽에 붙이고 성대를 울리지 않고 발음한다.
d/d/	드	dog, dress, door	혀끝을 윗니 뒤쪽의 잇몸에 대었다가 떼면서 성대를 울려 발음한다.
g/g/	그	gum, green, grapes	혀의 뒷부분을 입천장 안쪽에 붙이고 성대를 울려 발음한다.
b/b/	브	bus, bear, box	입술을 붙였다가 공기를 내뿜듯이 성대를 울려 발음한다.
r/r/	르	red, ribbon, rain	혀를 구부리고 입술을 약간 앞으로 내밀면서 성대를 울려 발음한다.
h/h/	흐	happy, house, ham	입을 벌린 채 성대를 울리지 않고 입김을 내듯이 발음한다.
n/n/	(은)느	net, nest, nine	혀끝을 윗니 뒤쪽의 잇몸에 대었다가 떼면서 코로 공기를 내보내며 성대를 울려 발음한다.
l/l/	(을)르	lion, lake, lunch	혀끝을 윗니 뒤쪽의 잇몸에 대었다가 떼면서 성대를 울려 발음한다.
k/k/	크	king, kite, kettle	혀의 뒤쪽의 잇몸에 대었다가 떼면서 성대를 울려 발음한다.
f/f/	프	five, fin, fix	윗니로 아랫입술을 살짝 끌고 성대를 울리지 않고 발음한다.
j/dʒ/	즈	jump, jelly, july	입술을 내밀었다가 다시 들이면서 성대를 울려 발음한다.
a/æ/	애	ant, apple, animal	윗니와 아랫니 사이를 벌리고 입술을 양쪽으로 당기면서 앞부분을 아랫니 안쪽에 대고 턱을 내리고 발음한다.
i/i/	이	ill, in, pin	입술을 양쪽으로 당기고 혀끝은 아랫니 뒤쪽에 대고 혀의 중간 부분은 입천장 가까이 울리고 발음한다.
u/ʌ/	어	cup, bus, hug	입을 벌리고 혀의 중간 부분을 조금 올리고 발음한다.

o/a/	아	hot, mom, box	입을 벌리고 혀를 아래로 내리고 발음한다.
e/e/	에	pen, hen, leg	입을 약간 벌리고 혀의 뒷부분이 윗어금니에 살짝 닿도록 혀를 울려 발음한다.
v/v/	브	violin, van, vest	윗니로 아랫입술을 살짝 물로 성대를 울려 발음한다.
w/w/	우	window, wig, watch	입술을 동그랗게 해서 앞으로 쑥 내밀면서 성대를 울리며 발음한다.
y/j/	이(여)	yes, yellow, you	입술을 최대한 옆으로 넓게 벌리면서 성대를 울려 발음한다.
z/z/	즈	zoo, zipper, zebra	혀끝을 윗니 뒤쪽의 잇몸에 대고 공기를 내뿜으며 성대를 울려 발음한다.
qu/kw/	쿠(어)	queen, quiz, quick	입술을 동그랗게 해서 앞으로 쭉 내밀었다가, 입술에 힘을 빼면서 발음한다.
x/ks/	크스	ox, box, ax	혀의 뒷부분을 입천장에 붙였다 내리면서 발음한다.

※ (주)대교, 『매직파닉스』, 파닉스 코칭법 참조.

2) 파닉스 코칭프로그램(예: cvc코칭)[1]

〈표 2-2〉 파닉스 코칭

순서	목표문장	학습목표	세부사항
1		Building Background knowledge	문장이나 스토리를 통한 배경지식 설명
2	1) My cat likes the cake. 2) I like the cap.	phonemic awareness 〈음소인식〉	문자를 가르치기 전 소리에 의존하여 소리가 다름을 구별하고, 비교하는 능력
3		phonics 1	/c/ - c+at, c+ap
4		phonics 2	/c/ - c+ake, c+ape
5		vocabulary	c+a+t, c+a+p, c+a+k+e, c+a+p+e
6		fluency	My _____ likes the _____. I like the _____.
7		comprehension	My cat likes the cake. I like the cap.

최근 파닉스가 보편화되었기 때문에 파닉스를 학습할 수 있는 곳은 너무나 많다. 인터넷 강의, 영어학습지, 영어학원, 서점 등을 통해 파닉스를 습득하기가 너무 쉬워졌다. 파닉스를 코칭하는 방법은 교육업체의 프로그램이나 교사들마다 차이가 있지만, 분명한 것은 암기식보다는 쉽게 이해할 수 있는 방법으로 지도하는 것이 바람직하다. 최근에는 스토리를 통해 파닉스를 학습하는 방법(픽토리오 타이오그라피)이 가장 일반적이고, 이렇게 지도했을 때 흥미를 갖고 오래 기억할 수 있다는 것이 정설이다.

3) 파닉스(phonics)의 2가지 코칭법[2)

 파닉스는 소리 'phone'와 학문 '-ics'이라는 요소들이 합쳐진 말로, 언어에서 발음과 표기법 사이의 관계를 말하며 이를 가르치는 수업을 파닉스교수법(phonics approach)이라고 한다. 영어학습자들이 알파벳을 익힌 후, 소리, 단어, 문장으로 읽기의 폭을 넓히고, 그런 다음 담화 수준의 동요, 동화 등으로 학습의 폭을 확장해 나간다. 최종적으로는 정음법을 통해 문자와 소리를 조합하는 방법을 배움으로써 새로운 단어를 읽을 수 있는 것이다(김경한, 2013). 앞에서 말했듯이 파닉스를 코칭하는 방법은 교사들마다 다르고, 영어전문회사의 프로그램마다 다를 수 있다.

① 분석적 파닉스 코칭(analytic phonics coaching)

 분석적 파닉스 코칭법은 암시적 방법(implicit method)으로 음소와 문자소의 관계를 지도하는 방법이다. 이 방법은 학생들이 이미 알고 있는 단어를 활용하는 것이다. 알고 있는 어휘를 해독하는 전략을 말하는 것이다. 특히, 학습 초기에 통문자 학습을 통해 습득된 어휘는 스펠링이 바뀌면 학생들이 읽기를 어려워하는 경우가 많기 때문이다. 즉, 알고 있는 단어를 활용하여 읽기 스킬을 습득한 후, 새로운 단어를 읽을 수 있는 능력을 배우는 것을 말한다. 예를 들어, t/트/를 학습한 후, 'tiger, table, taxi, ten, tower, tug, talent' 등으로 't'의 발음을 습득한다. 다양한 단어에 적용하는 방법을 말한다. 일반적으로 파닉스 학습 초기에 많이 쓰이는 방법이다. 이 학습법은 학생들이 원어민 발음을 많이 들을 수 있는 환경을 조성해 주는 것이 매우 좋다.

② 종합적 파닉스 코칭(synthetic phonics coaching)

종합적 파닉스 학습법은 명시적 방법(explicit method)으로 음소와 문자와의 관계를 학습하는 방법이다. 일반적으로 단어를 구성하는 각각의 문자를 소리와 연관 지어서 단어를 읽게 만드는 방법을 말한다. 예를 들어, cat이라는 단어를 읽기 위해 '씨, 에이, 티'로 소문자를 읽게 하고, 음가인 '크, 애, 트'로 말하게 한 후, 3개의 소리를 연결시켜서 읽게 하는 방법이다. 이렇게 파닉스를 활용하면 한 번에 40개 이상의 단어를 읽게 만드는 능력을 얻게 된다.

예시) 다음 단어를 파닉스를 이용해서 명시적 방법으로 코칭해 보시오.

① cap: '씨+에이+피' → '크+애+프' → '크애프' → "캪"

② cape: '씨+에이+피+이' → '크+에이+프' → '크에이프' → "케이프"

③ pin: '피+아이+엔' → '프+이+은' → '프이은' → "핀"

④ pine: '피+아이+엔+이' → '프+아이+은' → '프아이은' → "파인"

⑤ hit: '에이치+아이+티' → '흐+이+트' → '흐이트' → "히트"

⑥ hite: '에이치+아이+티+이' → '흐+아이+트' → '흐아이트' → "하이트"

⑦ pen: '피+이+엔' → '프+에+은' → '프에은' → "펜"

⑧ he: '에에치+이' → '흐+아이' → "하이"

⑨ cut: '씨+유+티' → '크+어+트' → '크어트' → "컷"

⑩ cute: '씨+유+티+이' → '크+유+트' → '크유트' → "큐트"

4. 외래어의 발음 코칭

학생들에게 영어읽기 코칭을 하다 보면, 음원을 많이 들은 학생들과 듣기를 많이 하지 않는 학생들의 발음은 확연히 차이를 보인다. 영어학습에서 정확한 발음을 습득하는 것은 각종 듣기평가에서 유사발음(예: coffee, copy)을 구분하는 데 큰 도움이 된다. 특히, 자신의 의사를 전달하기 위한 영어말하기에 큰 도움이 된다. 제일 좋은 것은 원어민 발음을 많이 들어보는 환경이 좋을 것이다. 듣기 습관이 안 되는 학생들은 자신의 발음으로 말하는 습관보다 각종 포털사이트의 영어사전을 이용해서 따라 해 볼 수 있도록 코칭해 주길 바란다. 특히, 원어민들과 대화할 때 외래어의 정확한 발음을 습득하는 것은 의사소통에서 매우 중요하다.

<표 2-3> 외래어 발음 코칭

	외래어	발음	발음기호
신문·방송	아나운서	어나운서	announcer [ənaʊnsə(r)]
	매스컴	매스 커뮤니케이션	communication [kəmjuːnɪkeɪʃn]
	코메디	카머디	comedy [ˈkɑːmədi]
	골든타임	프라임 타임	prime time [praɪm taɪm]
	보이코트	보이캇	boycott [bɔɪkɑːt]
학문	아카데미	어캐더미	academy [əkædəmi]
	알파벳	앨퍼빗	alphabet [ælfəbet]
	카다로그	캐털로그	catalog [kǽtəlɔːg,-lɑg]
	레포트	리포트	report [rɪpɔːrt]
	니힐리즘	나일얼리즘	nihilism [naɪɪlɪzəm]
	오메가	오우메거	omega [oʊmegə]
	레포트	텀 페이퍼	term [tɜːrm peɪpə(r)]
	호치케스	스태이플러	stapler [steɪplə(r)]
예술	발레	밸레이	ballet [bæleɪ]
	클래식	캘린더	calender [kǽləndər]
	크레용	크레이언	crayon [kreɪən]
	모델	마들	model [mɑːdl]
	오페라	아퍼러	opera [ɑːprə]
	오케스트라	아키스트러	orchestra [ɔːrkɪstrə]
	실리폰	자일러포운	xylophone [zaɪləfoʊn]
	네온	니-안	neon [niːɑːn]
전기·전자제품	라디오	레이디오우	radio [reɪdioʊ]
	안테나	앤테너	antenna [æntenə]
	밧데리	배러리	battery [bætri;/bætəri]
	후라시	플래쉬라잇	flashlight [flǽʃlàit]
	로케트	라킷	rocket [rɑːkɪt]
	아이롱	아이언	iron[aɪərn]
	믹써	블렌더	blender [blendə(r)]
	카메라	캐머러	camera [kæmərə]
	필름	피옴	film [fɪlm]

※ 발음기호 참조: 네이버 영어사전

〈표 2-3〉에서 제시한 외래어 단어 외에도 많은 단어들이 있다. 외래 발음은 한 번 굳어지면 정확한 발음을 습득하기 어렵다. 평소에 영어사전을 찾아 발음을 익히는 습관이 매우 중요하다.

5. Sight words(일견 어휘) 코칭

영어 어휘를 습득하기 위한 방법은 여러 가지가 있다. 그중에서도 영어 동화책을 잘 읽기 위해 습득해야 할 단어를 'sight words'라고 한다. 저학년용 영어 동화책 대부분이 sight words로 구성되어 있기 때문에 문장학습 이전에 익히면 도움이 된다. sight words를 다른 말로 하면 '문장 속에서 빈도수가 높은 어휘'라고 생각하면 이해가 쉬울 것이다. 미국에서는 2년(유치원과 1학년) 동안 약 200여 개의 sight words를 학습한다고 한다. sight words는 우리말로 '일견 어휘'라고도 하고, 영어 읽기에서 리더(Reader)들은 보는 즉시 읽을 수 있는 단어를 말하기도 한다.

sight words는 일반적으로 flash cards로 연습하면 매우 효과적이며 2개의 종류 즉, 내용어(content sight words)와 구조어(structure words)가 있다고 한다(송순호, 2006).

내용어: sister, brother, mother, father, red, white 등처럼 문장 속에서 가장 중요한 의미를 전달하는 어휘를 말한다.

구조어: in, into, from, under 등처럼 문장 속에서 단어와 단어를 연결해 주는 역할을 하는 것을 말한다.

sight words는 문장 속에서 매우 자주 등장하기 때문에 학습자의 뇌의 저장창고(vocabulary words database bank)에 잘 저장되어 있어 훈련만 하면 쉽게 꺼낼 수 있는 단어들을 말한다. sight word를 확장시키려면 영어학습 코치들이 학생들의 수준에 맞게 적절하게 만들 수 있기 때문에 반드시 몇 개를 외워야 한다는 기준은 없다.[3]

미국의 에드워드 돌치(Edward Dolch, 1889~1961) 교수는 어휘 빈도수 연구로 유명하다. 그가 1936년에 발표한 빈도수는 당시 어린이 리딩(Reading)을 기초로 하고 있는 독해문장에서 뽑은 단어들이다. 그는 명사를 제외한 별도목록을 만들었는데, 보는 즉시 알아야 하는 어휘들이라고 하여 sight words라 불렀다. 반면, Oxford사전은 영어의 변천과 발달을 위주로 TOP 100어휘를 선정했다. 이용한 자료도 매우 방대하다. 신문, 잡지, 소설, 전문 서적, 채팅, 블로그, 이메일 등 자료의 종류를 가리지 않았고, 미국, 영국, 호주, 캐나다, 남아프리카 등 모든 영어권에서 사용하는 어휘를 총망라해서 연구했다. 이러한 방대한 자료를 바탕으로 수십억 개의 어휘를 분석해보니 그중 25%는 기초 어휘인 the, be, of, and, a, in, that, have, I 등이었고, 나머지 50%는 가장 잘 쓰이는 100단어로 이루어져 있었다. 이들 기본 어휘는 대부분 기능어(function words, service words)로 쓰인다고 한다.

1) Sight words 특징

① 문장, 스토리 등에 빈번하게 등장하는 단어들이다.

② 그림으로 쉽게 표현하기가 어려운 어휘들인 경우가 많다.

③ 파닉스를 활용해서 읽기가 어려운 단어들이 많다. 즉, 문자규칙에 따라 발음되지 않는다.

④ 단어와 단어 사이에 들어가 문장구성의 기본을 잡아 주는 역할을 한다.

⑤ 기초문장에서 활용하면 효과적이며, 글쓰기의 기본을 이루는 데 도움이 된다.

2) Sight words 코칭법(Johnson & Pearson, 1984)

① 영어코치는 flash cards에 적인 단어를 보여 준다. (단어를 보여 주면서 소리 내어 읽어 준다. 그림도 함께 보여 주면 좋다.)

② 영어학습 코치는 카드 위의 단어에 대해 학생과 이야기를 나눈다. (예: apple이 나오면 사과를 먹었던 경험, 맛, 느낌, 색깔 등을 얘기한다.)

③ sight words를 활용해 구와 문장을 만들어 본다. (예: apple → an apple → This is an apple)

④ 학생들이 단어의 정확한 개념을 정리하도록 말해 보게 한다.

⑤ 단어 쓰기를 연습한다. (노트나 연습장에 배운 어휘를 쓰면서 익히도록 한다.)

〈SIGHT WORDS 리스트〉

the	down	blue	yellow	write	under
to	do	red	five	always	read
and	can	from	six	drink	why
he	could	good	walk	once	own
a	when	any	two	soon	found
I	did	about	or	made	wash
you	what	around	before	run	slow
it	so	want	eat	gave	hot
of	see	don't	again	open	because
in	not	how	play	has	far
was	were	know	who	find	live
said	get	right	been	only	draw
his	them	put	may	us	clean
that	like	too	stop	three	grow
she	one	got	off	our	best
for	this	take	never	better	upon
on	my	where	seven	hold	these
they	would	every	eight	buy	sing
but	me	pretty	cold	funny	together
had	will	jump	today	warm	please
at	yes	green	fly	ate	thank
him	big	four	myself	full	wish
with	went	away	round	those	many
up	are	old	tell	done	shall
all	come	by	much	use	laugh
look	if	their	keep	fast	
is	now	here	give	say	
her	long	saw	work	light	
there	no	call	first	pick	

some	came	after	try	hurt
out	ask	well	new	pull
as	very	think	must	cut
be	an	ran	start	kind
have	over	let	black	both
go	yours	help	white	sit
we	its	make	ten	which
am	ride	going	does	fall
then	into	sleep	bring	carry
little	just	brown	goes	small

6. 초등 어휘학습의 중요성

　외국어학습이론에서 행동주의(Behaviorism)라는 것이 있다. 언어를 잘 습득하기 위해서는 모방(imitation), 연습(practice), 강화(reinforcement), 언어습득을 위한 습관형성(habit formation)과 밀접한 관련이 있다. 행동주의자들의 핵심은 학생들이 주변 환경에서 언어정보(linguistic input)를 받아서 그 대상 또는 사건들을 연합(association)시킨다. 이러한 결합은 반복된 경험이 있으면 더욱 강해진다. 영어학습 코칭전문가는 학생들에게 정확한 모방에 대해서는 격려해 주고, 실수에 대해서는 교정해 줄 의무가 있다. 행동주의에서 언어발달은 '학습 습관 형성'이 시작점이기 때문에 제2언어를 배우는 초등학생들에게 가장 중요한 것은 영어학습 습관을 가질 수 있도록 도와주는 것이다.

7. 초등 영어 어휘 수

영어를 잘하기 위해서 가장 기본은 단어를 많이 알고 있어야 한다. 그렇다면 몇 개를 알아야 할까? 미국 대학교 1학년 학생들이 알고 있는 영어 어휘 수가 7만 단어라고 한다. 그러면 한국의 대학교 1학년 학생들이 7만 단어를 꼭 알아야 하는가라는 의문이 생긴다. 정답은 영어를 학습하는 목표에 따라 달라질 수 있다는 것이다. 영어를 공부해서 미국 대학에 입학하려면 당연히 7만 단어를 알고 있어야 한다. 그러나 한국에서 대학에 들어가려면 그렇게 많은 어휘를 요구하지는 않는다. 1만 단어를 암기하면 수능 어휘 암기가 끝난다고 하지만, 3만 단어를 암기하면 더욱 강력한 실력을 가질 수 있는 것이다. 현재 우리나라 초등학교에서 요구하는 낱말 수는 그다지 많지 않다. 대한민국 초등학생들은 기본적으로 500낱말 내외(±)[4]를 암기해야 한다. 초등학교 3~4학년 군에서는 240 낱말 내외(±), 5~6학년 군에서는 260낱말 내외(±)를 제시하고 있다. 통상적으로 초등학교 6학년이 되면 약 800단어를 알고 있어야 한다는 말이다. 초등 낱말 수가 많고 적음을 말하고자 하는 것이 아니라, 교육부에서 제시하는 낱말 수라는 것만 알아두자. 가장 중요한 것은 약 800개 낱말을 활용해서 '학생들의 학습과 일상생활에 필요한 기초 능력 배양과 기본 생활습관을 습득'한다는 것이 초등 영어교육의 목표라는 것이다.

8. 테마퍼즐을 활용한 어휘학습 코칭

〈MY BODY〉

C	C	G	E	D	K	G	H	V	A	I	Z	Z	G
A	I	E	K	C	K	S	Q	G	L	D	D	T	R
M	F	I	E	D	G	V	C	I	S	Q	X	S	F
C	I	N	K	W	L	L	D	N	H	S	D	I	A
H	J	E	Z	R	K	F	S	Q	O	Z	C	A	H
F	N	D	M	I	Y	D	H	H	U	O	L	W	E
V	Z	E	L	S	I	I	A	T	L	E	F	M	A
I	O	R	M	T	P	I	Y	U	D	U	X	Y	D
P	H	W	E	T	X	G	F	E	E	A	K	X	S
S	A	T	B	M	B	X	F	O	R	C	A	R	M
N	I	R	L	H	H	S	V	Y	A	A	X	K	E
W	R	Y	R	W	G	M	U	B	D	Z	P	O	T
M	K	P	P	A	O	R	R	Z	V	U	T	W	Z
C	S	L	C	R	E	M	U	K	D	H	Z	F	U

☐ hair ☐ head ☐ ear ☐ neck ☐ shoulder ☐ back ☐ arm ☐ waist ☐ wrist ☐ hip

기초 어휘를 습득하는 방법은 매우 다양하다. 가장 기본적인 방법은 주제별, 속성별 낱말을 학습하는 것이다. 학습에서 범주화라는 말이 있다. 같은 범주를 묶어서 학습하면 연관성이 높을 뿐만 아니라 암기하기가 매우 쉬워진다. 예를 들어 나라와 사람, 물고기 종류, 악기, 학용품, 운동 동작, 태양계, 동물, 새, 야채, 몸, 색깔, 요일, 컴퓨터 등으로 분류해서 암기하는 것이 효율적이다.

9. 마인드맵을 활용한 어휘학습 코칭

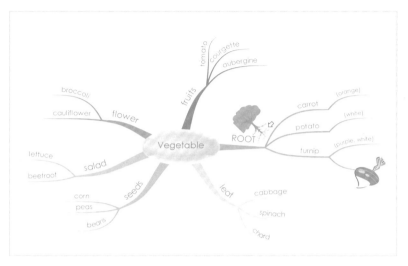

〈그림 2-2〉

영어학습에서 두뇌의 여러 부위의 역할을 이해하는 것이 큰 도움이
된다. 두뇌의 활동에서 '의미형성'이 있는데, 이것은 수동적인 정보수용
보다 더 중요하다(Politano & Paquin, 2000). 이러한 맥락에서 우리
의 뇌는 한꺼번에 입력되는 모든 학습내용에 반응하는 것이 아니라 의
미 있는 내용들을 해결해 나간다는 것이다. 젠슨(Jenson, 1998)은 '독
해를 하는 동안 어떤 학습내용이 의미 있을 때, 왼쪽 전두엽, 측두엽 또
는 두정엽이 활성화된다'라고 말했다. 의미를 형성하는 요소는 관련성,
정서 및 상황과 패턴, 그로 인해 유도되는 직극적 치리가 동시에 이루어
질 수 있는 학습방법 중 한 가지가 마인드맵이다.[5] 마인드맵은 영국의 심

리학자 부잔(Buzan, 1994)이 두뇌를 기반으로 만든 노트방법으로 중심이미지(central image), 핵심어(key words), 색, 부호, 상징기호 등을 사용하여 사람의 머릿속에 지도를 그리듯이 노트를 하는 방법이다. 영어단어와 아이디어 및 그림을 따로 암기하는 것보다 연상하여 암기하면 기억력이 높아지고, 회상하기가 쉽다. 초등 어휘 코칭은 단순한 방법으로 접근하기보다는 학습자들의 학습 성향에 따라 적절한 코칭법을 구사해야 한다. 어휘학습에서는 주제별 어휘를 정리하고 암기하기에 매우 유용하며, 어휘에서 효과를 본 학생들에게는 문법 개념정리에 활용해도 큰 도움을 얻을 것이다.

〈연습문제〉

·다음 주제별 어휘를 활용하여 마인드맵으로 만들어 보시오.

Theme	words
Nationalities (나라 사람)	☐ American ☐ Australian ☐ Canadian ☐ Chinese ☐ English ☐ French ☐ German ☐ Italian ☐ Japanese ☐ Korean ☐ Russian
Fish & Sea Animals (물고기)	☐ crab ☐ dolphin ☐ jellyfish ☐ lobster ☐ octopus ☐ salmon ☐ sea horse ☐ shark ☐ shrimp ☐ squid ☐ starfish ☐ whale
Musical Instruments (악기)	☐ violin ☐ guitar ☐ flute ☐ saxophone ☐ trumpet ☐ tuba ☐ drum ☐ piano ☐ organ ☐ xylophone ☐ harmonica ☐ harp ☐ trombone
Containers (물건)	☐ bag ☐ bar ☐ bottle ☐ box ☐ bunch ☐ can ☐ carton ☐ container ☐ dozen ☐ jar
Exercise Actions 1 (운동 동작 1)	☐ bend ☐ catch ☐ dribble ☐ hit ☐ hop ☐ jump ☐ kick ☐ pass ☐ run ☐ shoot ☐ stretch ☐ throw ☐ walk
Animals1 (동물1)	☐ bat ☐ camel ☐ deer ☐ donkey ☐ fox ☐ horse ☐ kangaroo ☐ leopard ☐ mouse ☐ rabbit ☐ squirrel ☐ wolf
Birds (새)	☐ crow ☐ duck ☐ eagle ☐ goose ☐ hawk ☐ ostrich ☐ owl ☐ parrot ☐ peacock ☐ pigeon ☐ seagull ☐ sparrow ☐ swallow ☐ swan
Vegetables (야채)	☐ bean ☐ cabbage ☐ carrot ☐ corn ☐ cucumber ☐ lettuce ☐ mushroom ☐ onion ☐ pea ☐ pepper ☐ potato ☐ radish ☐ spinach
Body parts (신체부위)	☐ hair ☐ head ☐ ear ☐ neck ☐ shoulder ☐ back ☐ arm ☐ waist ☐ wrist ☐ hip
Animals2 (동물2)	☐ giraffe ☐ elephant ☐ tiger ☐ lion ☐ hyena ☐ zebra ☐ bear ☐ monkey ☐ cat ☐ dog ☐ worm ☐ puppy ☐ kitten
Colors (색깔)	☐ beige ☐ black ☐ blue ☐ brown ☐ gray ☐ green ☐ pink ☐ purple ☐ red ☐ white ☐ yellowbeige ☐ beige ☐ black ☐ blue ☐ brown ☐ gray ☐ green ☐ pink ☐ purple ☐ red ☐ white ☐ yellow black ☐ blue ☐ brown ☐ gray ☐ green ☐ pink ☐ purple ☐ red ☐ white ☐ yellow
Days (요일)	☐ Monday ☐ Tuesday ☐ Wednesday ☐ Thursday ☐ Friday ☐ Saturday ☐ Sunday
Exercise Actions 2 (운동 동작 2)	☐ handstand ☐ kneel ☐ lie down ☐ lift ☐ pull ☐ push ☐ push up ☐ reach ☐ sit ☐ sit up ☐ swing ☐ swim ☐ dive
Computer (컴퓨터)	☐ mouse ☐ monitor ☐ printer ☐ scanner ☐ diskette ☐ key board ☐ drive ☐ speaker ☐ laptop computer

*모르는 어휘는 ☐ 에 V표시를 한 후, 영어사전을 찾아보시오.

〈마인드맵을 활용한 어휘 코칭법〉

① A3용지나 그보다 큰 백지를 준비시킨다. 백지는 두뇌의 표현 능력을 종이 위에 360도 돌아가며 표현하는 데 도움이 된다.

② 풍경화를 그릴 때처럼, 백지 표면의 전체 공간을 자유롭게 사용한다.

③ 지면의 중심에서 시작하고 종이는 가로로 길게 펼쳐 놓게 한다.

④ 영어 주제어휘에 대한 핵심 이미지를 정하도록 한다. (예: color, birds 등)

⑤ 주된 이미지와 연관된 핵심단어는 책의 각 장과 유사하다. 예를 들어, 'vegetables'에 대해 쓴다고 가정해 보자. 핵심단어의 하나는 leaf가 될 수 있을 것이다(잎이 있는 야채, 꽃이 피는 야채 등으로 나눌 수 있다). 주된 주제는 주요 가지 위에 쓰여지고, 핵심 이미지와 연결되어 서로 간의 관련성을 나타내 준다.

⑥ 다른 장의 제목을 상상하여 나머지 주 테마의 가지를 만들어 본다. 자신이 표현하고자 하는 모든 주제를 명확히 표시함으로써 다음에 오게 될 아이디어를 유도한다.

⑦ 두 번째 단계는 생각을 해 본다. 이 단어들과 이미지들은 주 가지와 연결되어야 한다.

⑧ 이어서 세 번째, 네 번째 단어들과 이미지를 계속해서 만들어 간다.

⑨ 자신의 마인드맵에 새로운 차원의 요소들을 활용해 본다. 단어나 이미지에 상자를 만들거나 명암을 넣어도 좋다.

⑩ 마인드맵의 가지를 분리하기 위해 색으로 테두리를 표시한다.

⑪ 마인드맵의 각 부분을 좀 더 다듬어 준다. 이미지 감각을 살리고 색감을 넣고 상상력을 최대한 활용하고 특이한 요소를 넣어서 자신만의 영어 어휘 마인드맵을 그려 본다.

⑫ 마인드맵을 하는 과정을 즐기도록 코칭한다. 사람이 두뇌는 마인드맵을 하는 중에 해당 주제에 대해 흥미를 느끼고 의미형성이 잘될 것이다. 이 과정을 촉진하는 방법 한 가지는 마인드맵을 하는 것이 즐겁고 학습에도 도움이 될 것이라는 긍정적인 생각을 하게 도와준다.

※ 한국부잔센터, 1994.

10. 해마학습법

어릴 적 한문을 암기했던 기억이 나는가? 매일매일 공책에 일정한 한자를 쓰고, 외우고, 시험을 보았던 기억이 있을 것이다. 현재 성인들이 활용하는 한자의 대부분은 아마 중·고등학교 때 암기했던 한자가 대부분일 것이다. 사실 암기를 잘하는 방법은 행동주의이론처럼 모방, 연습, 반복, 강화 등일 것이다. 그러나 단순한 반복과 활동으로 영어를 학습하는 것이 꼭 올바른 것은 아닐 것이다. 학습에는 효율성이 필요하다. 동일한 시간을 투자했을 때, 얼마나 흥미롭게 오래 기억하는 것도 학습 코칭에서 다루어야 할 문제인 것이다. 21세기에 들어와 뇌에 대한 연구가 더욱 강화되었다. 특히 최근에는 해마학습법이라는 것이 일반화되었다.

뇌에서 해마는 단기기억을 장기기억으로 가게 하는 역할을 수행하는 역할을 수행한다. 특히 해마는 흥미로운 것, 중요한 것, 새로운 것, 오감을 통한 것 중에서 시각을 활용한 것, 새로운 의미를 부여해 연상을 하는 것 등에 가장 민감하게 반응을 한다. 따라서 어휘를 단기기억에서 장기기억으로 오래 기억할 수 있게 공부하는 영어학습법이다.

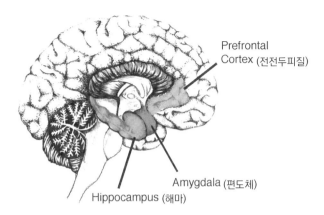

Prefrontal Cortex (전전두피질)

Amygdala (편도체)

Hippocampus (해마)

〈그림 2-3〉 두뇌의 해마(hippocampus)

※ 출처: http://guardianlv.com/wp-content/uploads/2013/10

〈해마를 활용한 어휘학습법〉

① 어근과 관계없는 어휘 암기법

cuisine
요리법, 요리

♣ 퀴진→귀진
  요리하다 솥을 옮긴 후 뜨거워 귀를 쥔 모습 연상

예) That restaurant is renowned for its cuisine.
   저 식당은 그것의 요리법으로 유명하다.

② 접두어와 관계된 어휘들: 접두어(암기) + 연상법

inter
묻다, 매장하다

♣ in('~안에'를 뜻하는 어근) + ter(터): 터(땅) 안에 묻다.

예) Many civilians were interred in unmarked graves.
　　많은 시민들은 푯말이 없는 무덤에 묻혔다.

③ 주요 어근과 관련된 어휘들: 어근(암기) + 연상법

어근 AM, AMOR
어근 am, amor는 love(사랑)의 의미로 쓰인다.

amiable ┃ 귀염성 있는, 상냥한
· 에이 미워블: 귀여운 애기에게 "에이 미워라" 하며 귀여워하는 모습을 연상.

amicable ┃ 호의적인, 우호적인, 온화한
· 애미 꺼 불: 애미가 누워있는 자식에게 이불을 씌어주고 불을 끄고 나가는
　　　　　　 온화하고 호의적인 분위기를 연상.

amity ┃ 친목, 친선
· 애미 티: 친목회에서 모두 맞춰 입은 애미의 티(티셔츠)를 연상.

amorous ┃ 사랑이 넘치는, 다정스러운
· amor(love) + ous(형용사형 어미): 사랑스러운

11. 연어(collocation)학습

어휘만 외웠다고 문장의 독해에 바로 활용할 수 있는 것은 아니다. 어휘란 문장에서 쓰임이 있고, 글의 맥락에서 그 해석이 달라질 수 있다. 그렇다면 어휘와 관련하여 다양한 정보를 함께 학습하면서 강화할 수 있는 효과적인 단어 학습법은 없을까? 그것은 바로 '연어(collocation)'를 활용한 어휘학습법이다.

'연어'는 두 개 이상의 단어가 함께 의미를 전달하기 위해 사용되는 단어들의 덩어리이다. 1957년 영국의 언어학자인 Firth가 의미론의 중심 개념으로 소개한 이래 어휘학습 분야에서 그 중요성이 점차 증가하는 개념이다. 영어 또한 우리말과 같이 특정 단어와 함께 나타날 확률이 높은 단어가 존재하며, 의미적으로 유사한 단어 간에도 원어민이 듣기에 어색하지 않은 자연스러운 단어들의 조합이 존재하면 그것이 바로 연어이다. 예를 들어 snow는 road, fall, winter, cold와 함께 나타날 확률은 높지만 apple, dog과는 함께 나타날 확률은 낮다. 또한 soft, mild, gentle은 voice, soap과는 함께 쓰일 수 있지만 water, drink는 soft하고만 함께 쓰이고, steel, beer는 mild하고만 함께 쓰인다.

영어학습자는 단어를 다양한 맥락에서 사용하는 기회가 적기 때문에 의미적으로 관련된 어휘와 함께 단어를 학습하는 것이 효율적이다. 의미적으로 관련된 어휘를 함께 학습하면 두 어휘 간의 의미적 연결이 활성화되어 깊은 처리가 일어나게 되고 의미 있는 내용으로 덩어리화될 가능성도 높아지게 된다. 실제로 여러 연구들(박선미, 1997; 이지은,

1998)에서 단어를 학습할 때 의미단서를 함께 제시하면 학습자의 단어 기억을 촉진시킬 수 있다는 결과를 보여 주었다. 이렇게 관계어와 같은 의미단서를 통한 학습은 학습의 양을 줄이고 기억에서 연관단어들을 인출하기 쉬우며 정보가 두뇌 속에 저장된 방식을 반영하기 때문에 기억에 효율적이며, 단어의 의미를 구조화함으로써 다른 단어와의 유사성과 차이점을 쉽게 인식하여 단어를 정확하게 사용하는 능력을 키워준다(Nation, 2000).

언어학자 네이션(Nation, 2001)은 '연어지식'이 바로 언어지식이라고 주장하였다. 즉, 언어의 습득과 사용은 기저의 문법규칙을 의식하지 않더라도 다양한 연어를 chunk로 장기기억에 저장하고 회상할 수 있기 때문에 가능하다. 모국어 사용자처럼 말하기 위해서는 빈번하고 친숙한 연어를 사용하여 숙어적으로 말할 수 있어야 하며, 언어 학습자는 이러한 친숙한 단어 연쇄인 연어(collocation)를 학습하는 것이다(Ellis, 1997).

연어를 활용한 어휘학습의 장점을 소개하면 다음과 같다.

① 연어를 활용하여 단어를 학습하면 많은 단어나 문장을 따로 외우지 않더라도 문맥이 의미단서 역할을 하므로 기억하기가 용이하다.
② 동의어나 반의어, 상위어, 하위어와 같이 품사가 같은 관계어 중심 단어학습에서 나타날 수 있는 단어 간 간섭을 최소화하여 기억을 쉽게 하고, 단어의 의미뿐 아니라 문법이나 문장구조에 대한 이해가 촉진될 수 있다.

③ 모국어 간섭현상을 피할 수 있다. 외국어 교육에서 최근 강조되고 있는 말하기 쓰기의 지도에서 가장 큰 장애물은 모국어의 간섭현상이다. 학생들이 외국어로 의사소통을 하거나 자기 생각을 글로 표현할 때 모국어의 문장에 알고 있는 외국어 단어를 대치하는 경향이 있는데 이것은 외국어학습에서 가장 극복하기 어려운 문제이다. 그렇기 때문에 'watch the movie' 대신 'see the movie'라는 표현을 사용하는 경우를 자주 보게 된다. 만일 처음 배울 때 'watch the movie'를 연어로 학습한다면 이러한 모국어 간섭현상을 크게 감소시킬 수 있다.

④ 연어는 모국어 사용자들이 사용하고 있는 표현이므로 연어를 통해 단어를 학습하면 사전에 만들어진 의미단위로 문장을 조립하는 것만으로도 일상생활에서 더 빠르고 정확한 표현을 사용할 수 있다.

⑤ 자칫 지루해지기 쉬운 어휘학습을 더 쉽고 재미있게 할 수 있도록 하기 때문에 학습동기를 유지시킬 수 있다. 특히 어휘학습에 적극적이지 않은 낮은 언어 능력자들에게 연어중심학습이 더 효과적이다.

최근 연어 학습법의 효과를 알아볼 수 있는 것은 2009년 개정 교육과정 초등검정교과서다. 효과적인 영어학습법은 바로 학교 영어교과서에 반영되어 학교 수업에 활용하는 것이 최신 트렌드인데, 일반적으로 초등 4학년 영어수업시간에 많이 접하는 것이 바로 '어휘 덩어리(chunk)학습법'이다. 우리말로 '청그'라고 부르는데 단어를 암기한 학생들이 문장학습을 바로 시작하는 것이 아니라, 다양한 어휘 확장을 연습하게 된다.

책상을 'desk'라고 하지 않고, 'a desk', 비행기를 'an airplane'이라고 암기하는 것이다. 단순 단어만 암기하는 것만이 영어를 잘하는 비법은 아닐 것이다. 단어는 실용영어 속에서 살아 숨 쉬어야 한다. 그러기 위해서는 '어휘 덩어리(chunk)'를 활용한 어휘학습법이 매우 효율적이다.

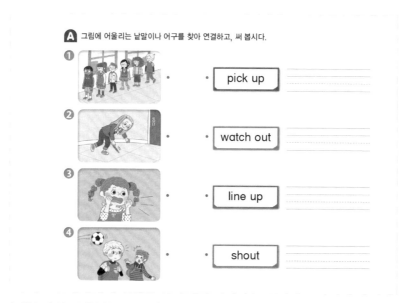

〈그림 2-4〉 어구를 활용한 어휘학습법(대교교과서 초등 4학년, 이재근 외)

12. 카드를 활용한 어휘학습 코칭

인간의 두뇌는 7가지 정보를 고작 30초 정도밖에 유지할 수 없다고 한다. 이 말은 우리 두뇌는 7자리 숫자로 된 전화번호를 외울 수 있다는 것이다. 어휘학습도 마찬가지이다 한 번 암기한 것이 오래가려면 가장 쉬운 방법은 바로 반복하는 것이다. 미국의 분자 생물학자이나 신경공학자인 조 메디나 박사는 그의 저서 『브레인 룰스』에서 장기기억 인출모형을 설명했다. 그의 설명은 다음과 같다.

첫째, 장기기억은 기억이 여러 번 복원된 결과 대뇌피질에 시냅스의 변화가 축적되어 생긴다.

둘째, 이러한 복원은 해마가 지배하는데, 그 기간이 몇 년이 될 수도 있다.

셋째, 결국 그 기억은 중뇌 측두엽에서 벗어나 새롭고 좀 더 안정된 기억 흔적이 되어 대뇌피질에 영원히 저장된다.

넷째, 기억인출은 학습이 처음 이루어진 순간에 동원했던 원래 모습을 재구성하는 것일 수도 있다.

암기를 하는 목적은 기억하기 위해서다. 영어 어휘를 암기하는 목적도 학생들이 원할 때 인출하는 것이 가장 큰 목적이다. 다양한 어휘 암기 학습법 중에 최근 실생활에서 가장 검증되고, 실질적으로 학생들이 가장 많이 하고 있는 방법은 바로 '카드 암기법'이다. 영어는 습득이 매우 중요하지만, 우리나라 학생들이 영어를 습득하기에는 환경적인 제약이 있다고 했다. 그래서 자기주도력을 발휘해서 영어를 학습하는 것이 매우 중요하다.

카드 암기법이 성공사례는 매우 다양하다. 그중에서도 뉴질랜드 고등학교를 수석 졸업하고 IB(국제수능)에서 만점을 받고 예일대에 합격한 박승아 씨가 쓴 『월드클래스 공부법』이라는 책에 그녀가 '3,500단어'를 암기한 비법이 소개되어 있다. 그녀는 빈 단어 카드를 구입해서 앞면에 영어단어를 적고 뒷면에는 뜻풀이를 3개까지 적었다. 연상되는 그림이 있으면 재빨리 그린 후, 중요한 어휘에는 형광펜으로 표시했다. 이렇게 '3,500단어'를 모두 만든 뒤, 100장씩 35묶음으로 나누었다. 그리고 한 묶음씩 암기했다.

① 묶음 1의 단어 카드를 들고 앞뒤를 완벽하게 외운 후, 한 장씩 옆에 쌓는다. 100장이 쌓이면 반복해서 한 번씩 더 외우고 다 되었다고 생각되면 책상 가장자리에 밀어 놓는다.

② 묶음 2의 100장을 ①번과 같은 방법으로 암기한 후, 묶음 1번과 합쳐 200장을 같은 방법으로 반복한 후, 책상 가장자리에 밀어 놓는다.

③ 묶음 3의 100장을 ①번과 같은 방법으로 암기한 후, 묶음 1과 2를 합쳐 300장을 다시 한 번 암기한 후, 책상 가장자리에 밀어 놓는다. 이렇게 500장을 합쳐 암기가 완료되면 책상 밑에 500장을 내려놓는다. (TIP: 500장의 묶음을 책상 밑으로 내려놓는 이유는 성취감을 느끼기 위함이다.)

④ 위의 ①에서 ③까지를 일곱 번 실행하면 카드 서른다섯 묶음이 모

두 책상 밑으로 내려간다.

⑤ 35묶음의 카드를 다시 책상 위에 올려놓고 재점검을 한다. 단어의 뜻이 생각나면 왼쪽에, 단어의 뜻이 생각나지 않으면 오른쪽에 놓는다. 처음에 700개의 카드가 오른쪽에 쌓였다.

⑥ 왼쪽의 카드들은 상자에 집어넣고 남은 700장을 100장씩 묶어 일곱 묶음으로 나눈다. 그리고 다시 ①에서 ③까지 700장이 쌓일 때까지 반복한다.

⑦ 책상 밑으로 700장이 내려가면 다시 올려놓고 한 묶음씩 점검에 들어간다. 단어의 뜻이 생각나면 왼쪽에, 기억나지 않으면 오른쪽에 놓는다. 오른쪽에 120장이 남았다. 왼쪽의 카드들은 역시 상자에 넣는다.

⑧ 남은 단어 카드를 위와 같은 방법으로 외우고 반복한 다음 다시 점검한다. 이때는 카드가 많지 않기 때문에 책상 밑으로 내려놓지 않는다. 왼쪽의 카드는 상자 속에 넣고 오른쪽에 남은 카드들은 다시 동일한 방법으로 반복한다.

이와 같은 방법으로 '3,500단어'를 암기하는데 꼬박 28시간이 지났다고 한다. 박승아 씨의 사례에서 가장 중요한 것은 어쩌면 분명한 목표 의식, 실행 능력, 지구력일 것이다. 또한 자신에 맞는 어휘 암기법을 활용하여 목표 단어를 암기했다는 것 또한 배울 점이라 볼 수 있다.

최근에는 스미트폰앱의 활용으로 어휘를 따로 저을 필요가 없는 경우도 많고, 다양한 온라인 콘텐츠로 단어를 암기하기가 쉬워진 것은 사실이다. 심지어는 스마트폰 어플(APP)에서 오답 어휘를 집중 반복하는 것도 큰 도움이 된다. 활용도구가 무엇인가도 중요하지만, 어휘학습 코칭에서 제일 중요한 것은 기억력 훈련이다. 즉, 기억한 어휘와 기억나지 않는 어휘를 잘 구분해서 반복하는 것이 무엇보다도 중요한 것이다.

스마트폰으로 인해 영어학습에 도움이 되지만, 오히려 게임과 SNS활용으로 인해 집중력이 저하되고, 시간낭비를 한다면 스마트폰은 학습에 도움이 되지 않을 것이다. 이럴 경우에 원시적인 방법일 수 있지만, 카드를 만들어서 단어를 암기하는 방법을 코칭해 주기 바란다.

〈어휘 카드 암기 팁〉

1. 한 장의 카드에 하나의 단어만을 적는다. 가능하면 크게 잘 보이는 색으로 쓴다.
2. 카드암기의 핵심은 암기한 어휘와, 미암기한 어휘를 구분하는 능력이다.
3. 항상 휴대할 수 있도록 고리(RING)를 만들어 가지고 다닌다.
4. 카드의 뒷면에 암기상태를 확인할 수 있는 표시를 하면 좋다.
5. 앞면을 보고 암기했으면 동일한 방법으로 뒷면을 보고 암기한다.

영어학습 카드는 양면에 공부할 내용을 간단히 적어 놓은 카드다. 한쪽은 질문이고, 다른 쪽은 답이 된다. 앞에는 사과 그림이 있고, 뒤에는 'Apple'이라고 적혀 있는 낱말 카드가 전형적인 학습 카드다. 한자 공부

책을 사면 부록으로 주는 '암기 카드'도 같은 것이다. 이밖에도 의학·법률·역사 등 암기가 필요한 여러 분야에 활용할 수 있다. 영어로는 '플래시카드(flashcard)'라고 한다.

학습 카드의 특징은 단순함이다. 질문과 답을 작은 카드 안에 담아야 하니까, 영어단어나 한자처럼 긴 설명 필요 없이 딱 떨어지는 내용에 학습 카드를 많이 사용한다.

카드는 단순해야 한다. 카드 하나에는 질문을 하나만 담아야 하고, 카드끼리 서로 답이 헷갈려서는 안 된다. 또 답이 맞았는지 틀렸는지 바로 확인할 수 있는 단답형이 좋고, 복잡하고 긴 내용은 짧게 끊어서 여러 카드에 담아야 한다.

〈어휘학습 카드 장점〉

1. 모르는 내용만 집중: 카드 하나에 공부거리 하나만 담기 때문에 모르는 내용과 아는 내용을 구분하기 쉽다. 정답을 맞힌 카드는 제쳐놓고, 모르는 것만 집중할 수 있어서 시간을 절약할 수 있다.

2. 능동적 회상(Active Recall): 학습 카드는 하나하나가 작은 퀴즈와 같다. 같은 내용을 복습하더라도, 책을 그냥 한 번 더 읽는 것보다, 퀴즈 형식으로 답을 떠올려가면서 복습하는 쪽이 더 강하게 기억에 남는다.

13. 독서를 활용한 어휘학습 코칭

영어단어를 암기하는 방법은 단순 암기방법부터 학생들의 유형을 활용한 다양한 암기법들이 있다. 문제는 단어를 쉽게 암기했더라고 문장과 함께 암기하지 않으면 문장해석이 어려울 수 있다. 사실 가장 효과적인 방법은 문장과 함께 암기하는 방법일 것이다. 최근에는 다독에 대한 중요성이 강조되면서 미국교과서는 물론 매우 훌륭한 영어책들이 많다. 파닉스를 학습한 학생들이 어휘를 쉽게 읽을 수 있고, 연어를 활용해서 덩어리로 어휘를 암기하는 것도 좋지만, 가장 좋은 것은 독서/독해 중에 생기는 어휘를 스스로 정리해서 암기하는 것이다.

어휘를 암기하는 목적도 궁극적으로 듣기, 말하기(디베이트)는 물론 읽기, 쓰기(서술형/논술형 평가)까지 잘하기 위함일 것이다. 그동안 어휘학습법은 단어장이나 어휘 카드를 구입해서 활용하는 방법이다. 시험 성적 향상을 위한 방법으로는 방학이나 자투리 시간을 활용해서 어휘를 암기하는 것이 좋다. 문제는 이러한 것은 자신이 만든 단어장이 아니라 출판사나 다른 사람이 만든 어휘가 대부분일 것이다.

제일 좋은 것은 스스로 어휘를 만들어 보는 것이다. 동화책, 잡지, 영자신문을 읽으면서 스스로 영어단어장을 만들어 보는 방법이 있다. 영어독서에 대한 부분은 뒤에서 다루겠지만 영어 리딩을 하면서 단어장을 만들어 보자. 방법은 독서 중에 모르는 어휘가 있으면 해당 문장을 밑줄 치고, 독서가 끝난 후에 단어와 활용문장을 기록하는 것이다. 이때 영어 사전이나 포털사이트 사전을 활용한다. 문장을 더 익히고 싶으면 영어사전과 온라인 사전에서 제시된 예문을 써도 좋다.

〈표 2-4〉 나의 어휘 장(예시)

날짜(Date)	어휘(Vocabulary)	예문(Usage)
8월 1일	1. summer 2. grasshopper 3. 4.	"In the summer, the grasshopper played."
8월 5일	1. 2. 3. 4.	

초등 영문법 코칭은
어떻게...

1. 문법학습법

학습의 기본원리는 간단하다. 이해를 잘하고 암기를 통해 기억을 잘하는 것이다. 특히, 문법학습은 더욱더 그러하다. 문법의 개념을 잘 이해하고 필요할 때 잘 꺼내어 활용할 수 있는 능력이 중요하다. 영어학습에서 어휘와 더불어 가장 중요한 능력이 문법 능력이다. 초등학생들에게 문법을 지도하는 것은 쉽지 않다. 왜냐하면 초등학교에서는 문법교육이 없기 때문이다. 그럼에도 불구하고 문법 능력이 있어야만 5, 6학년 수업을 따라가거나 시험을 볼 수 있기 때문에 고학년이 되면 문법은 반드시 학습해야 일기 쓰기, 편지 쓰기를 할 수 있기 때문이며, 궁극적으로 중학교 준비를 잘할 수 있다.

〈문법 코칭 왜 필요한가?〉

최근 널리 활용되고 있는 의사소통교수법은 의사소통 능력이 언어교육의 목표라 볼 수 있다. Krasen(1985)의 주장에 의해 이해 가능한 입력을 충분히 제공하고, 실제적인 의사소통 환경을 제공하면 언어습득이 충분히 이루어진다고 기대하였고, 언어 형태와 오류에 대한 논의는 관심을 두지 않았다.[6] 해외유학을 다녀온 리터니(Returnee)학생들의 사례로 볼 수 있듯이 충분한 이해 가능한 학습량을 제고받았음에도 불구하고 수준 높은 듣기 능력과 의소소통 능력은 습득하였으나 문법적으로 정확성이 떨어지는 것을 주위에서 발견할 수 있다. Brown(2001)은 학생들이 언어의 형태와 구조에 지나치게 집착하면 유창성을 향상시키는 데 어려움을 겪을 수 있지만 이것이 문법학습이 해롭다는 것을 의미하는 것은 아니라고 말했다. 셀스-무르시아(Celce-Murcia, 1991)에 의하면 문법학습을 하지 않는 경우, 목표어가 비문법적인 피진화(pidginization)[7]된 형태로 발달되어 학생들의 언어 능력이 더 이상 향상될 수 없다고 밝혔다. 즉, 영어공부에서 습득과 학습의 차원에서 문법교육은 학습의 차원이라 볼 수 있다. 의식적이고 의도적인 노력으로 문법학습을 하면 정확한 의사소통 능력 완성을 통해 학교시험은 물론 수능 영어도 완벽하게 준비할 수 있을 것이다.

2. 문법학습 코칭

    현장에서 문법을 코칭해 보면 학생들은 성격, 학습유형, 학력수준에 따라 문법에 대한 다양한 이해력을 보이고 있다. 어떤 학생들은 문법 개념을 이해를 어려워하는 경우도 있고, 어떤 학생들은 문법을 이해하는 수준이 다른 경우가 있다. 또한 문법을 잘 이해했다고 하나 실질적으로 말로 표현하거나 설명할 수 없는 경우가 많다. 마지막으로 이해와 표현은 잘하나 시험에서 좋은 결과를 얻지 못하는 경우가 많다. 문법학습 코칭의 기본은 '입력, 저장, 출력, 시험 코칭'으로 구분하여 활용하면 좋다. 이번 장에서는 시험 코칭보다는 입력, 저장, 출력 코칭 위주로 다루고자 한다. 시험 코칭은 중·고등학교 영어학습에서 다루고자 한다.

1) 예시문 해석

주부(주어)	술부(동사)
My father	is a teacher.
They	study English.

2) 문법 개념 이해

① 문장은 '누가(주어) 무엇을 했는지(동사)'를 말한다. 즉, 문장은 기본적으로 주어와 동사가 있어야 한다.

The birds+fly. 새가 날아간다.

Tigers+run. 호랑이들이 달려간다.

② 문장은 주어를 먼저 해석하고 동사를 마지막에 해석한다.

I am an engineer. 나는 기술자이다.

She is a dentist. 그녀는 치과의사이다.

③ 문장의 첫 글자는 항상 대문자를 써야 한다.

He is a firefighter. 그는 소방관이다.

She is a professor. 그녀는 교수님이다.

④ 문장 끝에는 마침표(period)를 붙인다.

This is a turkey. 이것은 칠면조이다.

That is a pumpkin. 저것은 호박이다.

⑤ 의문문은 문장 끝에 물음표(Question-mark)를 붙인다.

Is this a zoo? 이곳은 동물원입니까?

Is this a radio? 이것은 라디오입니까?

3) 우리말 해석

A. 다음 문장에서 목적어를 찾아 밑줄 긋고 우리말로 나타내시오.

1. She really like apples.

_____

2. I want to take a rest.

_____

3. We need two computers.

_____

4. My sister met her friend at the restaurant.

_____

5. He love to wear jeans.

_____

6. My mom makes a cake.

_____

7. They bought a pencil.

_____

B. 다음 문장에서 보어를 찾아 밑줄 긋고 우리말로 나타내시오.

1. I am a dancer.

___

2. They are hungry.

___

3. My baby looks very happy.

___

4. Cookies smells good.

___

5. He became a great singer.

___

6. My sister feels cold.

___

7. This food tastes sweet.

___

4) 어휘/문법을 활용한 문장 완성

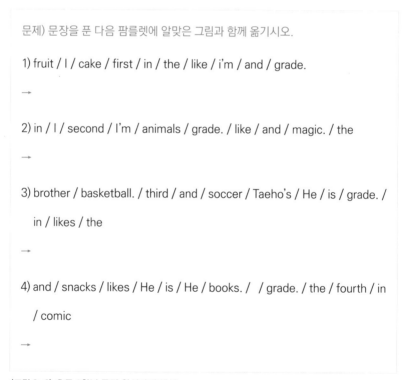

5) in / airplanes. / grade. / She / is / the / She / kites / fifth / and / likes

→

6) grade. / We / We / sixth / the / movies / are / / music / in / and / like

→

〈그림 2-5〉 초등 5학년 문장 완성과정 예시

문제) 문장을 푼 다음 팜플렛에 알맞은 그림과 함께 옮기시오.

1) fruit / I / cake / first / in / the / like / i'm / and / grade.

→

2) in / I / second / I'm / animals / grade. / like / and / magic. / the

→

3) brother / basketball. / third / and / soccer / Taeho's / He / is / grade. / in / likes / the

→

4) and / snacks / likes / He / is / He / books. / / grade. / the / fourth / in / comic

→

〈그림 2-6〉 초등 6학년 문장 완성과정 예시

5) 어휘/문법을 활용한 서술형(초등 5학년)

⊙ 다음 그림일기를 읽고 물음에 답하시오. [6점]

(1) 〈보기〉의 낱말을 이용하여 피터(Peter)의 가족이 좋아하는 활동에 대해 말하시오. [3점]

┌─ 〈 보기 〉 ──────────────────
│
│ climb watch cook draw swim study
│ play soccer play the violin sing teach
│
└────────────────────────────

(2) 자기 가족 또는 친구에 대해 소개하는 말을 하시오. [3점]

┌─ 〈 보기 〉 ──────────────────
│
│ Let me introduce my _____
│
│ _____
│
└────────────────────────────

〈그림 2-7〉 초등 5학년 서술형 평가(경기도교육청)

6) 독해력과 문법을 활용한 서술형(초등 6학년)

⊙ 다음 물음에 답하시오. [6점]

> (Cindy가 가진 돈 : $10)
>
> Clerk: May I help you?
> Cindy: Yes, How much is this tomato?
> Clerk: It's $9
> Cindy: It's too expensive. Hmm... Then, I'll take an orange, an apple and a tomato. (Cindy gives $10 to the clerk.)
> Clerk: Thanks. Here's your change.

(1) 밑줄 친 부분의 내용이 어색한 이유와 이를 바르게 고친 문장을 말하시오. [4점]
　　· 어색한 이유(한글): _____
　　· 바르게 고친 문장 (영어): I'll take _____, _____ and _____.

(2) 신디(Cindy)가 받은 잔돈은 얼마인지 말하고, 계산과정을 설명하시오. [2점]
　　(단, $10로 <u>최대한 여러 종류의 과일을 사야 함</u>)
　　· 잔돈 : Hete's your change $ _____.
　　· 계산과정(한글): _____

〈그림 2-8〉 초등 6학년 서술형 평가(경기도교육청)

3. 영어 쓰기 코칭

쓰기란 단순한 문자 기호만을 조합하는 것이 아니며, 또한 임의적으로 아무런 의미 없이 배열되어 있는 것을 말하는 것도 아닐 것이다. 즉, 한 두 단어나 문장 등 문자 기호배열의 조합이 아무리 짧더라도 일관성 있는 하나의 글로 이루어질 때 이것을 쓰기라고 말한다(Byrne, 1988; Oxford, 1992). 그는 네 가지 유형으로 쓰기 능력을 구분했다.

첫째, 문법적(grammatical) 능력으로서 문법의 규칙, 형태, 철자, 구문, 구두점 등을 잘 활용하는 능력을 말한다.

둘째, 사회 언어학적(sociolinguistic) 능력으로서 필자가 글의 주제, 목적, 독자에 따라 내용의 표현과 능력을 다양하게 구사하는 것을 말한다.

셋째, 담화(discourse) 능력으로서 생략과 지시어, 반복표현의 삭제와 같은 방법으로 글을 결합성을 갖고 일관성 있게 꾸미는 것이다.

넷째는 전략적 능력(strategic competence)으로서 토의를 통해 의견 정리하기, 원고 쓰기, 수정하기와 같은 쓰기를 말한다.[8]

브라운(Brown, 2001)은 쓰기에 대한 7가지 기술을 아래와 같이 정리했다.

① 영어철자법 패턴 익히기

② 목적에 적당한 속도로 쓰기

③ 적당한 핵심단어 익히기와 적절한 단어의 순서패턴 사용하기

④ 적절한 문법체계(시제, 일치, 복수형), 패턴과 규칙 사용하기

⑤ 다른 문법적 형태에서는 특별한 의미로 표현하기

⑥ 담화 쓰기에 있어서 결합적 장치 사용하기

⑦ 수사학적 형태와 담화쓰기의 관습대로 쓰기

⑧ 글의 형태와 목적에 따라 텍스트의 의사소통기능을 적절히 사용하기

⑨ 연결어와 사건들 사이의 관계 그리고 주요 생각, 뒷받침 생각, 새로운 정보, 주어진 정보와 같은 의사소통적 관계들을 전달하기

⑩ 쓰기 할 때 직유와 은유 구분하기

⑪ 쓰기 구문에서 문화적으로 특별한 언급을 정확히 나열하기

⑫ 청중의 해석을 명확히 평가하기, 쓰기 전 장치 사용하기

4. 점수별 문법학습 코칭

　문법을 제대로 학습한다는 것은 쉽지 않다. 분명한 것은 왜 공부하는 가가 중요하다. 최근 변별력을 위해 문법은 필수 학습요소일 것이다. 문법을 제대로 학습법과 코칭법을 알아보자.

1) 점수대별 문법 코칭법

(1) 50점대 코칭법 – 어휘 암기

　영어학습의 기본은 읽기 능력이다. 아무리 훌륭한 영어교사, 학원교사, 과외교사가 영어를 지도하더라도 읽기 능력이 없으면 문법을 학습할 수 없다. 특히, 평균적으로 60점 이하의 점수가 나오는 학생들의 경우는 문법이 문제가 아니라, 어휘력의 문제다. 그러므로 문법을 가르치기 전에 어휘력 향상을 통해 문장을 읽고 이해할 수 있는 능력이 있어야 한다.

(2) 60점대 코칭법 – 문장을 해석하고 암기

　어휘학습이 끝나면 문장을 이해할 수 있는 능력이 있어야 한다. 문법적으로 분석할 수 없더라도 무엇을 의미하는지 감을 잡아야 한다. 특히, chunk학습을 통해서라도 문장을 이해하고 암기한 후 문법을 지도하는 것도 좋다.

(3) 70점대 코칭법 1 – 문법 개념 이해

학습에서 개념 이해가 매우 중요하다. 특히, 문법은 한자용어가 많아 개념을 이해하기가 쉽지 않지만 개념 이해를 위한 노력이 필요하다. 그러기 위해서는 해당 개념을 3번 이상 읽어 보면 개념 이해에 도움이 된다.

(4) 70점대 코칭법 2 – 문법 개념 정리

노트 필기법이 있다. 특히, 가장 많이 활용되는 코넬 노트 필기법을 활용해서 문법의 개념을 정리하도록 해라. 이해만 해서는 절대 자신의 것으로 만들 수 없으니, 쓰면서 문법내용을 정리할 수 있도록 코칭해라.

(5) 80점대 코칭법 – 타인에게 설명

문법의 개념을 이해하고 정리했다. 그럼에도 불구하고 아직 자신의 문법으로 완성된 것이 아니다. 문법 완성도가 90%가 되지 않는 학생들에게는 친구들이나 선생님에게 직접 설명할 기회를 가져야 한다. 즉, 말하면서 자신의 것으로 만드는 좋은 기회가 된다.

(6) 90대 초반 코칭법 – 오답노트

90점대 초반의 학생들에게는 오답노트를 만들어 보는 것이 제일 좋다. 문법의 점수보다는 틀린 문제를 다시는 틀리지 않도록 오답노트를 활용하여 교정하도록 해라.

(7) 95점대 후반 – 문법 문제 120%

문법을 활용한 완성도는 많은 문제풀이를 통해 완성된다. 특히, 오답이 많이 나오는 문제를 많이 풀어보는 것이 100점을 가는 지름길이다.

2) 다양한 문법 코칭법

(1) 영어일기 쓰기를 해라

자신이 배운 문법을 활용해서 일기 쓰기를 해 보는 것도 좋다. 물론 영어일기 쓰기는 동사의 과거형이 많이 나오므로 동사를 활용하여 일기 쓰기를 하는 것이 좋다.

(2) 영어편지 쓰기를 해라

영어공부의 목적은 실생활에 활용하는 것이다. 친구들이나 외국학생들과 SNS를 한다는 마음으로 편지 쓰기를 하면 문법 활용도가 높아질 것이다. 특히 편지 쓰기는 조동사 미래형이 많이 나오므로 동사를 학습한 학생들은 편지 쓰기를 통해 문법실력을 강화시켜라.

(3) 서술형 문제 풀기

문법을 공부하면 제대로 된 영작을 할 수 있다는 것이다. 초등학교 6학년이 되면 서술형 평가에 익숙해져야 한다. 제시된 문법을 활용해서 영작을 해 보라.

영어 디베이트는 영어를 가장 잘하는 학생들이 하는 방법이다. 주어진 논제를 활용해서 자신의 주장을 타인에게 설득해 보는 것이다. 언뜻 보면 말하기 시험이지만 사실 글쓰기 능력이 바탕이 되지 않으면 불가능하다. 문법학습의 최고 단계는 영어 디베이트이다. 능력이 되는 학생들끼리 디베이트를 시켜보는 것도 도움이 된다.

이렇듯 문법학습을 완성하는 방법은 다양하다. 영어학습 코치들은 다양한 방법을 통해 학생들의 문법을 완성하도록 노력해야 한다.

5. 영어그림일기 코칭

영어 글쓰기의 기초가 되는 것은 영어일기 쓰기다. 수능 영어 만점자는 물론 토플, 텝스에서 좋은 성적을 거둔 학생들의 대부분은 어릴 적부터 꾸준히 영어일기 쓰기를 한 경우가 많다. 많은 학부모들은 스스로가 영어일기 쓰기가 좋은 것은 알고 있지만, 영어일기 쓰기 코칭을 하는 것이 어렵다고 생각한다. 영어일기 쓰기 코칭 어떻게 하는지 알아보자. 우선 영어일기 쓰기의 장점이 무엇인지 알아보자.

첫째, 매일 영어로 일기를 쓰면 그날 배운 것을 복습하고 활용할 수 있기 때문에 기억을 더 잘한다.

둘째, 영어에 대한 자신감이 향상된다. 영어일기를 쓰고 자신이 쓴 것을 읽어보면서 영어에 대한 자신감을 느끼게 된다.

셋째, 영어로 일기를 쓰면 어휘력 향상은 물론 영어말하기 능력 향상에 도움이 될 수 있다.

1) 영어그림일기

특히, 영어그림일기는 우뇌형 학습자들에게 영어와 그림을 활용하여 영어 글쓰기 실력 향상에 큰 도움이 된다. 영어그림일기의 좋은 점을 알아보자.

첫째, 우리말 일기 쓰기처럼 제목을 정하고 쉬운 것은 영어로 어려운 것은 우리말로 써 본다. 제목을 정하는 것은 어렵지 않다. 하루에 있었던 일 중심으로 제목을 정하고 그림을 그린 후 쉬운 영어문장으로 써 보도록 하자.

둘째, 영어단어를 모르면 우리말로 써보고, 나중에 사전을 찾아 영어로 바꿔본다. 우선, 영어로 글을 쓴다는 것이 중요하다. 영어로 쓰다보면 모르는 영어단어가 있을 것이고 우선 우리말로 쓰고 영어로 번역하면서 사전을 찾는 훈련을 통해 영어 자기주도학습이 가능한 것이다.

셋째, 문장은 짧고 간단하게 쓴다. 우선 쓰는 것 자체가 중요하다. 잘 쓰는 것이 중요한 것이 아니라 글을 쓰는 훈련을 하는 것이 중요하다. 길게 쓰지 말고 배운 문장을 활용하여 쉽게 쓰도록 코칭한다.

넷째, 가능하면 영어책에 있는 문장을 그대로 모방해도 좋다. 창조라는 것은 기본실력이 있을 때 가능하다. 우선 좋은 문장을 선택하여 그대로 따라 쓰는 훈련도 좋다.

다섯째, 영어일기 쓰기 책을 사서 읽어 보면, 다른 사람의 글을 배울수 있다. 또한 독서가 영어일기 쓰기에 큰 도움이 된다. 영어를 지도하는 코치들은 초등학생들에게 영어일기 쓰기를 권장하며 일기를 첨삭해 주면서 서로 영어로 발표하는 기회를 갖도록 하는 것도 좋다. 그림일기 주제는 초등 영어교과서를 활용하면 좋다.

2) 영어그림일기 쓰기 주제

실제로 영어그림일기 쓰기를 활용한 초등학생들의 반응을 보면,

"영어단어를 많이 알게 되었어요."
"영어를 문장으로 써 볼 수 있어서 좋아요."
"읽기 실력도 늘었어요."

영어그림일기를 잘 쓰려면 무엇보다도 주제선정이 중요하다. 영어그림일기 코칭 실제 학생들의 생활 속에서 겪은 내용 중심으로 진행하면 좋다. 특히, 초등 영어교과서에서 나오는 주제를 활용하면 매우 유용하다.

3) 영어일기 쓰기

최근 영어 서술형 평가의 강세와 영어 변별력의 필요성으로 쓰기에 대해 강조되고 있다. 영어공부를 잘하는 학생들도 영어 쓰기를 하면 힘들어하는 경우가 많다. 영어과외를 하는 학생들이 선생님들에게 가장 많이 의뢰하는 것이 바로 영작이다. 영작은 평소에 하는 것이 좋은데, 가장 좋은 방법이 바로 영어일기 쓰기다. 톰킨스(Tompkins, 2012)는 영어일기 쓰기의 장점을 다음과 같이 말했다.

첫째, 영어일기 쓰는 학생들이 쓰고 싶은 내용을 쓰기 때문에 다양성이 있어서 좋다.

둘째, 영어 쓰기의 유창성 발달에 좋다.

셋째, 개인적으로 일기를 쓰면 쓰기를 싫어하는 학생들에게 적합하다라고 말한다. 영어일기 쓰기 꾸준히 하다 보면 쓰기 능력 향상은 물론 말하기 능력 향상까지 도움이 되는 아주 좋은 방법이다.

브라운(Brown, 2001)도 쓰기유형을 4가지로 분류했는데, 학생들의 일기 쓰기 코칭에 활용하면 좋을 듯싶다.

① 모방작문(imitative, writing down)

영어쓰기 초반에 활용할 수 있는 알파벳 쓰기, 받아쓰기, 베껴 쓰기 등을 활용하면 좋다. 교육현장에서는 '보고 쓰기, 따라 쓰기, 베껴 쓰기'라고 말하며, 모방이 영작의 시작이라는 뜻이다. 좋은 일기를 선정해 똑같이 써 보게 하는 것이다.

② 통제 또는 유도 작문(controlled/guided writing)

문법학습이나 평가를 위한 통제 연습문제라고 한다. 주어진 지시에 따라 글을 변화시키고 통제나 유도 작문들을 하는 것이다. 이 부분은 우리가 일반적으로 서술형 평가라 불리는 항목이다.

③ 학생 스스로를 위한 작문(self-writing)

수업노트를 작성하는 것이다. 학생들의 자신이 느낀 점이나 생각나는 점을 쓰면 교사들이 피드백을 하거나 학생들의 글에 응답해 주는 형태이다.

④ 전시용 작문(display writing)

정보를 필요로 하는 사람들에게 정보전달의 목적으로 글 쓰는 행위이다.

영어일기 쓰기는 언제부터 쓰면 좋은 가에 대한 질문을 할 것이다. 학생들마다 차이가 있고 실력의 차이는 있으나 초등 고학년(4~6학년) 정도가 적당하다고 볼 수 있다. 왜냐하면 청크학습을 통해 영어문장 읽기와 쓰기의 기본이 갖춰지는 시기이기 때문이다.

6. 영어일기 쓰기 코칭

1) 년월일

·연월일(年月日) 쓰기

2015년 2월 12일 → February 12, 2015

2016년 9월 4일 → September 4, 2016

·연월일(年月日)을 길게 쓰는 경우

2014년 10월 11일 → the eleventh of October, 2014

2015년 1월 29일 → the twenty-ninth of January, 2015

·월(月) 쓰기

1월 January(Jan.)	2월 February(Feb.)
3월 March(Mar.)	4월 April(Apr.)
5월 May	6월 June(Jun.)
7월 July(Jul.)	8월 August(Aug.)
9월 September(Sep.)	10월 October(Oct.)
11월 November(Nov.)	12월(Dec.)

·요일 쓰기

2015년 2월 12일 토요일 → Saturday, February 12. 2015

2016년 1월 6일 일요일 → Sunday, January 6, 2016

·요일 축약형

일요일 Sunday(Sun.)

월요일 Monday(Mon.)

화요일 Tuesday(Tue./Tues.)

수요일 Wednesday(Wed.)

목요일 Thursday(Thu./Thurs.)

금요일 Friday(Fri.)

토요일 Saturday(Sat.)

2) 일기 쓰기 할 때 대문자 활용법

·문장의 시작

This is a story about my younger sister, Yeoung-hee. She is 10 years old.

·사람의 이름

This is Cheol-soo. He is good at singing a song.

·언어

English, Korean, Spanish, Japanese

·대학, 회사

Korea University, Seoul National University, Samsung, Apple

·나라 및 국민 이름

I am Korean.

Japan is famous for hot spring(spa).

·가족이나 친척의 명칭을 홀로 쓰거나 이름을 같이 쓸 때

Are you cleaning, Mom?

Where's Grandpa?

I am going to shopping with Sister.

Aunt Sara is young.

가족이나 친척 명칭 앞에 인칭대명사 소유격이나 관사가 있는 경우는

소문자로.

  예) my grandma, my mother, my uncle

3) 문장부호사용

·마침표 – 긍정문, 부정문, 명령문으로 끝날 때

There is a pencil on the desk.

We could't find the bus station.

Please close the door.

·물음표 - 의문문으로 끝날 때

Are you waiting for me?

·콤마 사용

① 같은 사람이나 사물을 반복할 때

　I'd like introduce my sister, Su-mi.

　I wanted to meet my friend, Cheol-su.

② 접속사(when, after, before, because)로 시작하는 문장 끝에

　When I was 10 years old, I was good at singing a song.

　Before you go to school, you must check your backpacks.

③ 같은 내용을 계속 쓸 때

　I like apple, banana, pineapple and kiwi.

　Baseball, soccer, badminton and tennis are popular

　　sports in Korea.

④ so, but 앞에서

　I am full, so I can't take a walk.

　He is handsome, but my classmates don't like him.

4) 접속사

·시간접속사(when, after, before, while 등)

When I am sad. I listen to music.

After I graduate from primary school, I go to famous
  middle school.
Before I go to school, I have breakfast.
While I stay at home, I study English and Math.

·이유, 조건접속사(because, as/if 등)
Because I got up late, I was late.
As she is honest, I love her.
If I get up early, I can have breakfast.

·등위접속사(and, but, or 등)
I like apple and pear.
I want to watch TV, but my brother want to go out.
Study hard, or you will fail the exam.

 영어일기 쓰기의 초반에는 모방해서 쓰는 것이 좋다. 하지만 일기란 자
신이 원하는 것을 쓰는 것이다. 그러기 위해서는 영어일기 쓰기에 필요
한 영문법 교육이 필요하다. 영어일기를 쓰면서 적절한 문법을 활용하도
록 코칭하기 바란다.

초등 영어독서/
독해 코칭은
이렇게...

1. 영어독서 코칭

초등학교 영어읽기 성취기준을 알아보자. 초등 영어의 핵심은 기초 학력이다. 기초 학력이라는 것은 언어의 4대 영역인 듣기, 말하기, 읽기, 쓰기 능력을 고루 갖추는 것이다. 그중에서도 가장 핵심적인 내용은 영어읽기 능력이다. 영어읽기의 핵심은 정독과 다독을 통해 다양한 글에 대한 적응력을 키우는 것이다. 국어독해력의 중요성에 대한 인식이 영어독서로 전이되었다. 최근 이슈가 되는 독서 키워드는 '자율독서'이다. 다른 말로 하면 '자발적 독서'라고 할 수 있다. 영어의 기초 학력과 더불어 '자율독서'를 통해 독서 능력을 향상시켜야 한다. 특히, 매년 수능지문의 길이가 길어짐에 따라 지문을 제대로 읽지 못하고 문제를 푸는 학생들이 많다. 이유는 초등학교 때부터 독서에 대한 활동이 제대로 이루어지지 않았기 때문이다.

<표 2-5> 정독과 다독의 비교

독해유형	정독(intensive reading)	다독(extensive reading)
목표	정확하게 읽기	능숙하게 읽기/자연스럽게
목적	번역/질문에 답하기	정보습득
핵심	단어와 발음	의미
자료	교사가 선택한 교재	학생이 선택한 교재
양	적음	많음
속도	조금 천천히	보다 빠르게
방법	사전 활용하기(처음부터 끝까지 읽기)	사전 활용하지 않음(선택적 읽기)

※ Bamford & Day, 1998.

1) 다독의 효과

최근 독서의 트렌드는 정독과 다독을 병행하는 것이다. 정보습득을 위해서는 다독 향상으로 정확한 문법이해와 내용파악을 위해서는 정독이 필수적이다. 특히, 학교시험을 대비하거나 수능 영어를 준비하는 학생들은 정독을 통해 문법과 내용을 분석하고 다독을 통해 독해속도를 향상시켜야 좋은 성적을 얻을 수 있다. 다독의 여러 가지 효과 중 가장 큰 3가지 효과에 대해 알아보자.

첫째, 크라센(Krasen, 1982)은 다독은 '이해 가능한 입력'을 제공한다고 말하며 학생들에게 언어적 요소, 흥미로운 내용, 긴장을 풀어 주는 학습환경을 조성해 준다면 다독이 영어습득을 주도할 것이라고 말했다.

그레이브(Grabe, 1991)는 다독을 하면 학생들이 자동적으로 단어인식의 연습과 인쇄된 페이지의 상징들을 해독할 수 있다고 말했다. 학생들이 좋아하는 동화책을 1년 동안 읽게 되면 단어 능력과 독해력을 향상시킬 수 있다. 2년이 지나면 말하기 능력과 쓰기 능력까지 폭넓은 향상을 보인다는 주장도 있다(Elley, 1983). 다독은 학습자의 언어의 경험을 증가시킨다. 다독을 하면 언어의 접촉량이 증가하게 되어 아이들이 다양한 언어적 경험을 갖게 된다는 것이다. 특히, 다양한 장르의 책을 통해 간접경험의 효과를 맛볼 수 있게 된다.

둘째, 다독은 어휘의 지식을 증가시킨다. 영어동화책을 많이 읽은 학생들은 어휘 암기에 있어서 기존에 제시되었던 방법(마인드맵, 해마학습법, 파닉스어휘 등)으로 암기하는 것보다 더욱 많은 어휘를 습득할 수 있게 되는데 이유는 동일한 어휘들이 동화책에 반복되어 나오기 때문에 자연스럽게 어휘를 습득하게 되는 것이다.

셋째, 다독은 쓰기 능력을 향상시킨다. 크라센은 대학입학 전까지 독서를 많이 한 학생들이 여러 과목의 쓰기 능력에 읽기 능력이 매우 큰 영향을 준다고 주장했다. 즉, 책을 많이 읽은 학생들이 쓰기를 잘할 수 있다는 말이다.

다독의 중요성과 효과성은 이미 검증되어 있다. 다독의 중요한 것은 일반적인 상식이 되었다. 그러나 현장에서 만나 본 학부모, 학원원장, 선생님들은 아이들에게 맞는 책을 고르는 방법을 고민한다. 이들에게 권해주고 싶은 것은 바로 '렉사일 지수'를 활용한 도서 선정이다.

"영어책은 어떻게 선택하나요?"

"우리아이는 영어독해도 편식을 해요."

"우리아이는 읽는 것을 싫어해요."

"우리아이는 책상에 앉아서 꾸준히 읽지 못하고 집중력이 약해요."

위와 같은 질문을 듣는다면 렉사일 지수를 검색해서 내 아이의 독해 수준에 맞는 책을 골라 주어야 한다. 눈에 시력이 있듯이 아이들의 독서에도 시력이 있다는 말이다.

2) 개인별, 수준별로 선택하라

크라센은 학생들의 현재 수준이 i라고 하면, 그 보다 '한 단계 더 높은 i+1' 수준의 입력자료가 효과적이라고 하면서, 학생들의 현재 수준보다 너무 높거나 낮으면 입력의 의미가 사라진다고 말했다. 그렇다면 여러분들은 높은 수준의 동화책이 효과적이라고 생각하는가, 낮은 수준의 동화책이 효과적이라고 생각하는가. 쉽게 말하면 다독에서는 학생들의 수준보다 낮은 i+1으로 낮추었을 때, 학생들은 사전을 찾지 않고 자신감을 갖고 책을 빠르게 읽을 수 있고 동기를 가질 수 있다. 그렇다면 다독을 위해 제시해 줄 수 있는 자료는 동화책뿐인가? 그렇지 않다. 다양한 자료가 다독에 활용될 수 있다는 것을 명심해야 한다.

데이 & 뱀포드(Day & Bamford, 1998)의 '다독을 위해 효과적인 자료 10가지'를 활용하여 우리나라 현실에 맞는 영어자료 유형을 제시해 본다.

자료유형	특징
언어학습자문학	영어학습지 독해교재, 영어학원 독해교재, 시중에 있는 영어독해교재 → 원작을 학습자 수준에 맞춰 단순화시켜 개발된 교재
아동문고	삽화가 있는 단순한 이야기책, 삽화가 많이 들어있고, 내용 파악이 쉬우며 짧은 시간에 읽을 수 있는 이야기책 → 온라인 서점, 국내 서점 이용
학생들이 만든 이야기	학생들이 만든 일기, 학생들이 만든 영어스토리 등 → 수준이 낮은 아이들끼리 함께할 수 있는 내용
영자신문	영어 중급이나 상급학생들이 다양한 주제를 접할 수 있음 → 온라인 영자신문, 스마트폰 영자신문, 페이퍼 영자신문
어린이 잡지	어려운 주간지를 읽지 못하는 학생들에게 유용함. 읽기의 동기 유발
유명하고 쉬운 문학작품	영어소설이나 비소설이 대표적임. 중급 이상의 학생들에게 유리함
청소년 문학작품	상대적으로 짧고 간단한 스토리, 청소년들을 위한 문학작품
영어만화책	그림이 함께 묘사되어 이해하기 매우 쉬운 장르, 학생들이 매우 좋아함
번역물	서점에 가면 영어와 번역이 함께 나온 작품. 영어 초급자들이 영어독해가 어렵기 때문에 번역내용을 먼저 읽어봐도 좋은 것들
잡지	중급 이상 학생들이 특정 전문분야를 읽는 내용

3) 다독 코칭

독서의 무엇을 읽는가에서 시작되는데, 문제는 독서를 어떻게 읽을 것인가이다. 최근 국내에는 학습지, 학원, 방과 후 수업 등 효과적이고 다양한 독서프로그램이 도입되어 있다. 각 업체에서 제공하는 동화책을 꾸준히 읽고, CD와 온라인 시스템을 잘 따라 하면 독서효과가 높은 것은 사실이다. 그러나 앞에서 설명했듯이 자주학에서 강조하는 것은 '자율독서'이기에 스스로 독서를 할 수 있는 '자발적 독서습관'을 형성하기 위한 코칭이 필요하다. 다독 코칭에서 가장 많이 활용할 수 있는 것 두 가지를 소개한다.

(1) 묵독(silent reading)

최근 많은 부모들은 아이들을 도서관에 데리고 간다. 그러나 그들이 읽을 책은 강요하지 않는다. 아이들이 읽을 책은 스스로 선택하게 한다. 묵독은 학생들이 스스로 선택한 영어책을 꾸준히 묵독하도록 하는 코칭법이다. 읽을 책을 혼자서 선택하고, 시간의 제한도 두지 않고, 읽고 난 후 영어독후감도 없도록 하는 것이다. 여기서 중요한 것은 영어학습 코치의 관찰이다. 학생들의 독서활동을 관찰하여 그들의 문제점을 파악한 후 대안을 마련해 주는 것이다. 예를 들면, 하나의 동화책을 꾸준히 읽지 못하고 여러 가지 책을 보는 아이, 어느 동화책을 선택할지 몰라 힘들어하는 아이, 선택한 책을 한 장도 못 읽는 아이 등으로 나누어 분석해 보면 추후 그 학생에 맞는 독서 코칭이 나온다. '독서 코칭의 시작은 묵독을 활용한 관찰'이다.

(2) 교사가 읽어 주기(teacher read aloud to students)

묵독 하는 학생들에게 교사가 영어동화책을 소리 내어 읽어 주는 것이다. 영어 어휘력이 약한 학생들의 경우는 듣기를 하면서 읽기 능력을 키울 수 있기 때문에 도움이 되며, 글자로 쓰여 있는 책을 규칙적으로 크게 읽어 주는 활동은 영어를 배우는 초보 학생들에게 소리와 글자의 상응을 이해하는 데 큰 도움이 된다.

영(Young, 1997)은 교사가 크게 읽어 주는 활동이 싱가포르 초등학생들에게 언어숙달의 효과를 가져왔다고 말했다. 그러나 우리나라 현실에서 교사나 학부모들이 영어를 읽어 주는 것이 쉬운 일이 아니다. 영어 실력의 문제뿐만 아니라 발음의 문제로 정확한 발음을 들을 수 없게 되는 경우가 있다. 그래서 가장 중요한 것은 '음원을 틀어 주는 것'이다. 음원을 틀어주고, 온라인 학습을 통해 영어에 대해 노출량을 증가시키는 것이다. 초등학교 시절 토익 만점자 학생들의 경우는 모두 부모나 선생님들이 영어 테이프나 CD를 지속적으로 틀어 주는 것이다. 최근에는 스마트폰 기능이 좋아졌기 때문에 스마트폰에 음원을 탑재하여 크게 영어동화책 원음을 틀어 주면 매우 큰 도움이 된다. 즉, 다독 촉진의 두 번째는 원어민 발음을 듣는 것이다. 다독의 목적은 '능숙하게 읽기, 자연스럽게 읽기'라는 것을 기억해 두기 바란다.

4) 정독의 효과

그렇다면, 다독만 하면 영어성적이 향상되는가에 대한 질문을 할 수 있다. 현장에 많은 학부모들은 책을 많이 읽으면 독해력이 향상된다고 믿는다. '속독'이라는 말을 들어 보았는가? 오래전에 속독이라는 개념이 유행한 적이 있었다. 빠르게 책을 읽는 기술을 말한다. 필자는 초등학교 시절에 속독훈련을 받은 적이 있다. 당시 담임선생님은 책을 가장 빨리 읽은 학생들에게 선물을 주었던 기억이 난다. 문제는 당시 어떤 책을 읽었는지에 전혀 기억이 나지 않는다는 것이다. 당시 학생들은 책의 키워드, 중심문장, 요약, 주제 찾기의 중요성을 모르고 그냥 많이 읽기만 하면 국어성적이 오른다고 믿었다. 그러나 빠른 독서의 문제점은 많은 책의 제목은 기억하지만 실질적으로 내용을 이해하지 못하여 문제풀이에 큰 도움이 되지 못했던 점이었다. 한국의 영어교육의 현실상 무조건 많이 읽으면 영어가 된다고 해서 꾸준히 자발적으로 영어독서를 하는 학생들은 많지가 않다. 영어독서는 국어독서와 마찬가지로 습관을 만들기 위해서는 학생, 학부모, 교사의 꾸준한 노력이 필요하다. 그러므로 최근에는 다독과 더불어 정독의 중요성을 강조한 '영어독서프로그램'이 개발되어야 한다는 것이 일반적인 견해다. 쉽게 말하면 학생들에게 맞는 올바른 영어독서프로그램을 만드는 것이다. '정독+다독+속독'을 적절히 활용하는 것이 진정한 독서 코칭이라 할 수 있다.

〈독서기록장(Reading Log)을 만들어라〉

최근 시중 서점이나 온라인 서점에 가면 다양한 동화책을 싸게 구입할 수 있다. 최근에는 중고 영어동화책 사이트들도 등장해서 값싼 영어동화책을 구입할 수 있는 시대가 되었다. 아이들에 맞는 영어동화책을 고른 뒤에는 '독서기록장'을 만들어 보는 것이 좋다. 최근 한국 입시제도에서도 '독서활동'이 중요시되기 때문에 영어도 우리말 독서활동과 같이 생각하면 쉽다. 독서기록장을 만드는 방법은 정해진 것이 없다. 코칭하는 교사들이 알아서 만들면 되는데 포함되어야 할 내용은 '책 제목과 저자, 읽은 날짜는 필수 기입 사항이고, 읽고 난 후에 느낀 점과 기억나는 부분 몇 줄을 적게 하면 된다.

Reading Log
Name

Books I have read		
DATE	TITLE	WHAT I LIKE ABOUT IT
8/1		

2. 상향식, 하향식 독해 코칭

초등학생들은 영어읽기에서 언어적인 선험적 지식의 부족과 사고의 깊이와 영역이 좁기 때문에 영어로 된 글을 읽는다는 것이 의미 파악과 별도로 문자와 단어를 소리 내어 읽는 경우가 많다. 즉, 문장과 단어를 소리 내어 읽는 것을 보고 아이들이 글을 이해했다고는 할 수 없는 것이다.

초등학생들에게 접근할 수 있는 읽기의 개념은 크게 구조언어학적인 입장인지 또는 심리언어학적 입장인지에 따라 다를 수 있다.

브름필드(Bloomfield, 1961)는 읽기의 초기 단계를 시각기호에서 청각기호로 바꾸는 과정이라고 생각했다. 그는 읽기 초기에는 의미 파악이 중요하지 않다고 생각했다. 이 방법은 영어독서 코칭 전문가들이 영어독서 코칭 시 많이 활용하는 방법이다. 쉽게 말하면 습득의 개념이라고 볼 수 있는데, 영어에 노출이 많아지면 자연스럽게 영어독서를 할 수 있는 기초를 만든다는 개념이다. 그와 반대로 굿맨(Goodman, 1970)은 심리언어학적 입장으로 읽기에 접근했다. 그는 '읽기를 음성이 아닌 의미의 내용을 이해하는 것'으로 보았다.

영어교육현장에서 활용할 수 있는 적절한 방법은 '구조언어학과 심리언어학의 적절한 균형'이다. 초등 저학년(1~4학년) 아이들에게 맞는 방법은 시각과 청각을 활용한 영어 노출 환경 제공이 적절할 것이고, 초등 고학년(5~6학년)에게는 노출을 기본으로 심리언어학적인 방법으로의 접근이 효율적이라 생각한다.

1) 상향식 읽기 코칭

레이버그 & 사무엘(Laberge & Samuel, 1974~1977)이라는 학자는 '읽기 과정은 시각적, 의미론적, 음운론적인 개념'인 3단계로 이루어진다고 말했다. 상향식 읽기 코칭법은 영어학습교재에서 일반적으로 활용하는 방법으로 영어의 작은 단위에서 큰 단위로 학습하는 것을 말한다. '단어→어구→문장→지문'으로 학습을 진행하는 것을 말한다.

(1) 어휘학습

글을 읽기 전에 그 글에 나오는 주요 어휘들을 암기하는 방법이다. 이것은 글의 맥락에서 배우는 것이 아니기 때문에 상향적 어휘 코칭인 '의도된 어휘학습'이라고 볼 수 있다. 특히 독해 수준이 낮고 학년이 낮은 초등학생들에게 활용할 수 있는 방법이다.

(2) 어구 학습

글을 읽기 전에 어휘와 더불어 숙어를 많이 외우는 학습법이다. 어구(chunk)가 만나 문장을 만들기 때문에 많은 어구를 암기하면 문장 학습에 큰 도움이 된다.

(3) 문장구조학습

목표문장(Target sentences)을 이해하기 위해서는 문법학습이 이루어져야 한다. 전문용어로 '통사구조의 이해'라고 하는데, 가장 효과적인 방법은 문형연습(pattern drills)으로 문형 바꾸는 것을 많이 연습해야 한다.

(4) 지칭어학습

'지시대명사, 인칭대명사'를 말하는 것으로 영어의 특성은 같은 단어나 문장을 반복하지 않기 때문에 'it, this, that, these, those' 등의 지칭어를 학습하는 것이 좋다.

(5) 의미단위로 끊어 읽기

(2)의 어구 학습을 확장시킨 방법을 말하는 것으로 단어와 문법을 공부한 학생들은 글을 읽는 속도가 느릴 수 있다. 읽기 속도를 높이려면 끊어 읽는 훈련을 많이 해야 한다.

"어디서 끊어 읽어야 하나요?"

"끊어 읽기를 하려면, 8가지 필수사항을 기억해야 해요."

① 길이가 긴 주어 뒤 (예: My younger brother, Tom, is/ at home.)

② 구나 절의 앞이나 뒤

  (예: After my sister finished the homework,/ ...)

③ 접속사의 앞 (예: I likes grapes./ but my mother...)

④ 삽입 어구의 앞과 뒤

  (예: I met Riley,/ John's daughtor, in the office.)

⑤ 어구가 생략된 자리

  (My father is a teacher; my elder sister/ nurse.)

⑥ 어떤 말의 나열, 동격 또는 부연 설명하는 경우

  (a book,/ a notebook,/ a bag......)

⑦ 진주어나 진목적어 앞 (예: It is difficult/ to solve the problem.)

⑧ 도치된 부분 뒤 (Not a word/ did she say)

2) 하향식 읽기 코칭

하향식 읽기의 핵심은 학생들의 선험적 기술을 활용하는 것이다. 즉, 독해에서 학생들의 배경지식과 경험을 기본으로 글의 전체 의미를 파악하는 읽기전략이다. 하향식 독해 코칭의 핵심은 '학생들의 선험적 지식과 글의 논리전개구조 파악 그리고 구조화 능력'이다.

(1) 글의 구조 파악

메이어 & 프리들(Meyer & Freedle, 1984)은 글의 유형을 크게 5가지를 구분했다.

수집(collection)
기술(description)
인과관계(causation)
문제/해결(problem/solution)
비교(comparison)

영어독해준이 낮은 학생들이나 초등 저학년들이 하향식으로 읽기를 하기는 매우 어렵다. 우리나라 영어학습 특성상 초등 고학년부터 진행하면 좋은 학습법이다.

(2) 스키밍

독해 훈련기술 중에 훑어 읽기라는 것이 있다. 이것은 아주 빠른 속도로 읽는 기술을 말한다. 독해기술에서는 가장 난이도 높은 기술로서 학습 능력이 뛰어난 학생들이 많이 활용하는 독해전략이다.

(3) 주제문 찾기 훈련

글은 잘 해석하지만, 주제를 찾기 어려워하는 학생들이 상당히 많다. 주제문이란 글쓴이가 말하고자 하는 중심생각(main idea)이다. 주제문 찾기 훈련을 하게 되면 글의 주제를 잘 파악하게 된다.

(4) 어휘학습

상향식 어휘학습은 독해 전 어휘학습을 말한다. 하향식 어휘학습은 독해 후 어휘학습을 말한다. 독해 후 새롭게 익힌 어휘들을 문장과 함께 정리하여 암기하도록 정리해 놓는다.

(5) 요약하기

데이(Day, 1981)는 '요약이란 지문에서 가장 중요한 세부사항이 집약된 형태'라고 말했다. 따라서 요약을 쉽게 설명하면, '중심생각과 중요한 뒷받침 내용을 바탕으로 요점을 정리한 것'이라고 생각하면 된다. 요약을 잘하기 위해서는 독해 중에서 중심문장에 밑줄을 치면 좋다.

초등 영어 듣기 코칭은
이렇게...

1. 영어 듣기 코칭

영어 듣기 코칭은 그 무엇보다도 조력자의 도움이 필요한 영역이다. 어휘, 리딩, 문법, 쓰기 등은 기본적인 방법을 습득하면 자기주도학습이 가능하지만, 듣기의 핵심은 듣기환경을 조성해 주고, 일정한 시간의 듣기가 이루어져야 효과를 볼 수 있다. 독서활동에서도 '독서 전·중·후 활동'이 중요하듯이 듣기활동에서도 '듣기 전·중·후 활동'이 중요하다는 견지에서 포드 & 오피츠(Ford & Opitz, 2002)의 듣기방법을 제안하고자 한다. 그들이 주장하는 내용은 테이프를 활용한 방법이다. 최근에는 테이프를 활용하는 학생들이 거의 없고, CD, MP3, 스마트폰 등을 활용해서 듣지만 같은 방법을 CD나 온라인 음원을 활용하면 좋다.

1) 듣기 활동 코칭법

듣기의 핵심은 반복연습이다. 스토리를 혼자 듣는 경우도 있다. 친구들과 함께 듣는 경우가 있을 것이다. 혼자 활용해도 좋고, 팀 코칭을 할 때 활용하면 좋다.

① 스토리를 듣고 혼자 따라 하기

　　Listen to the story on CD and follow along.

② 스토리를 듣고 혼자 읽어 보기

　　Listen to the story on CD and read along.

③ CD를 끄고 함께 읽어 보기(동료들이 있는 경우)

　　Turn off the CD and read together.

④ CD를 끄고 1명의 친구와 함께 읽어 보기

　　Turn off the CD and read with a partner.

⑤ CD를 끄고 혼자 읽어 보기

　　Turn off the CD and read on your own.

⑥ CD를 들으며 혼자 읽어 보기

　　Listen to the story on CD AND read along again.

⑦ 향상된 점에 대해 말하기

　　Talk about your improvement.

⑧ 다른 사람들에게 스토리 말하기를 준비하기

　　Be ready to share the story with the class.

2) 발견하여 듣기 코칭법

최근 교육과정은 전체적인 뜻을 파악하는 것에 중점을 두고 있다. 원어민이 말하면 세부적인 단어가 들리지 않아도 무엇을 말하는지 파악하면 된다는 것이다. 이러한 듣기방법을 하향식 듣기라고 한다. 반대로 소리와 단어인식부터 듣는 방식을 상향식 듣기라고 한다.

윌슨(Wilson, 2003)은 상향식 듣기방법을 활용하여 중심내용을 찾는 방법을 발견하여 듣기(discovering listening)교수법을 제안했다. 이 방법의 장점은 원문과 학생들이 듣는 문장을 비교하여 교정해 나가는 형태라고 할 수 있으며 최근 영어듣기평가를 학습하는 학생들이 가장 많이 연습하는 방법이라고 할 수 있다.

〈발견하여 듣기〉

① 첫 번째 듣기-들은 내용을 얼마나 이해했나요? 이해한 것이 거의 없음 / 40% 이하 / 50% 정도 / 60% 이상 / 거의 모두 이해

② 두 번째 듣기-키워드를 적어 보기

③ 세 번째 듣기-단어를 첨가하기(add more notes)

④ (그룹수업 시)-그룹수업 시 함께 문장을 완성하기. 완벽해질 필요는 없으나 원문과 유사하게 만들어 보고 오류를 수정해 보기

⑤ 나의 문제점 발견하기-틀린 단어 위에 동그라미 한 후 a, b, c, d, e, f라고 옆에 쓰기

[a] 내가 듣기 못한 소리(음가)

[b] 내가 들은 소리를 단어에 접목시키지 못하는지

[c] I heard the words but could't remember their meaning quickly enough.

[d] 이 단어가 나에게 새롭다면

[e] 단어의 발음과 의미를 알았지만, 문장 속에서의 의미 파악이 안 되는 경우

[f] 다른 문제점들(write on the back)

⑥ 어떤 단어와 구가 문장 전체의 의미를 어렵게 만들었는가?

⑦ 원문을 읽었을 때 문장을 이해하는 데 어려움이 있는지? 네 / 아니오

⑧ 마지막 듣기 - 명확하게 들리고 이해하는지? 이해한 것이 거의 없음 / 40% 이하 / 50% 정도 / 60% 이상 / 거의 모두 이해

3) 동음이의어(homonym), 동음이철어(homophone), 동형이의어(homograph)

듣기평가에서 학생들이 가장 어려워하는 부분이 동음이의어다. 비슷한 발음이 나지만 뜻이 전혀 다른 발음을 의미한다. 듣기를 처음 하는 학생들의 경우에 coffee와 copy가 같은 발음으로 들리는 경우가 있다. 이는 문장의 의미를 파악하지 못하기 때문에 들리는 어휘로 문제를 푸는 학생들의 경우가 그러하다. 야콥슨(Jacobson), 랩(Lapp)과 프러드(Flood, 2007)는 혼동하기 쉬운 단어를 다양한 활동을 통해 올바로 이해할 수 있는 교수법을 제안했다.

〈혼동하기 쉬운 단어 6단계 듣기 코칭법〉

① 동음이의어(소리는 같고 뜻이 다른 어휘), 동음이철어(소리는 같고 철자가 다른 단어), 동형이의어(철자는 같고 의미가 다른 어휘)로 스토리를 읽고 들어 본다.

Read or listen to a story with homonyms, homophones, or homographs.

② 그림으로 단어를 구별하고 시각화시킨다.

Define and visualize the words through illustrations.

③ 각 어휘의 문법적 구조를 구별한다.

identify the grammatical structure of each word.

④ 어휘를 문법적으로 목록화시켜라.

Categorize words grammatically.

⑤ 빈칸 완성 활동을 통해 문장을 완성을 위해 단어의 의미를 분석하는 방법

Analyze word meanings to complete sentences through the completion of a cloze activity.

⑥ 어휘의 뜻을 결정한다.

Determine word meaning.

위 듣기방법은 일반적으로 상위권 학생들이나 중학교 학생들이 듣기 평가를 준비하기 위한 듣기전략으로 많이 활용되는 방법이다.

2. 초등 영어 교육과정 이해

영어학습 코칭을 하기 위해서는 기준이 필요하다. 가장 좋은 코칭은 학습자의 능력에 맞는 코칭일 것이다. 그럼에도 불구하고 기준이 필요할 때가 있다. 현장에서 가장 많이 활용하는 기준인 바로 초등 영어 교육과정에 대한 이해를 바탕으로 하는 것이 효과적이다. 초등 영어 교육과정을 올바로 이해하고 성취기준에 맞는 학습 코칭을 한 후, 학생들의 실력이 좋으면 심화 코칭을 하는 것이 도움이 될 것이다.

초등학교 영어는 영어 대한 흥미와 관심을 가지고, 일상생활에서 사용되는 기초적인 영어를 이해하고 표현하는 능력을 기르는 것을 목표로 한다. 그러므로 영어학습 코칭의 목표는 3가지로 볼 수 있다.

첫째, 학생들이 영어에 대한 흥미와 자신감을 갖도록 도와주어야 한다.

둘째, 일상생활에서 영어로 기초적인 의사소통을 할 수 있는 능력을 키우도록 도와주어야 한다. 기초적인 능력이 바로 영어의 기초 학력인 것이다.

셋째, 영어권 국가의 관습이나 문화를 이해하도록 도와야 한다. 즉, 단순히 영어만 지도하는 것이 아니라 문화를 함께 설명해주어서 아이들이 영어권 문화에 대한 해박한 지식을 갖고 수업을 들을 수 있도록 도와주어야 한다.

1) 초등 3~4학년 군 듣기, 말하기

1	소리를 식별한다. ① 알파벳과 낱말의 소리를 듣고 식별한다. ② 영어의 소리와 강세, 리듬, 억양을 듣고 식별한다. 소리를 따라 말한다. ① 알파벳이나 낱말의 소리를 듣고 따라 말한다. (따라 말하기 훈련) ② 영어의 강세, 리듬, 억양에 맞게 따라 말한다.
2	낱말이나 대화 내용을 이해한다. ① 주변의 친숙한 낱말을 듣고 의미를 이해한다. ② 일상생활에 사용되는 쉽고 친숙한 표현을 듣고 이해한다. ③ 일상생활에 관한 간단한 대화를 듣고 이해한다. ④ 주변의 사물과 사람에 관한 쉽고 간단한 말을 듣고 이해한다. ⑤ 지나간 일에 관한 간단한 말을 듣고 이해한다. 낱말이나 문장을 말한다. (영어로 말하기) ① 실물이나 그림을 보고 낱말이나 한 문장으로 말한다. ② 주변의 사물이나 사람에 관해 한두 문장으로 말한다. ③ 한두 문장으로 지시하거나 명령한다. ④ 쉽고 친숙한 일상표현을 한다.
3	찬트, 노래, 게임의 중심표현을 이해한다. ① 쉽고 간단한 찬트나 노래를 듣고 중심표현을 이해한다. ② 쉽고 간단한 게임이나 노래를 통해 중심표현을 이해한다. 말하거나 묻고 답한다. (즉문즉답 코칭) ① 한두 문장으로 자신으로 소개한다. ② 일상생활에 관해 쉽고 간단한 표현으로 묻고 답한다.
4	과업을 수행한다. ① 쉽고 간단한 지시, 명령을 듣고 행동한다. ② 쉽고 간단한 말을 듣고 단순한 과업을 수행한다. 찬트나 노래, 게임들을 한다. (영어노래 부르기, 쉬운 팝송 따라 하기) ① 쉽고 간단한 게임이나 놀이에 참여하여 말한다. ② 쉽고 간단한 찬트나 노래를 강세, 리듬, 억양에 맞게 부른다.

2) 초등 5~6학년 군 듣기, 말하기

1	중심내용을 이해한다. (키워드, 중심문장 찾기) ① 실물이나 그림에 관한 내용을 듣고 이해한다. ② 앞으로 일어날 일에 관한 간단한 말이나 대화를 듣고 세부내용을 이해한다. ③ 대상을 비교하는 쉬운 말이나 대화를 듣고 이해한다. ④ 간단한 말이나 대화를 듣고 의도나 목적을 이해한다. 중심내용을 말한다. ① 주변의 친숙한 대상에 관해 간단히 말한다. ② 단순한 그림이나 상황을 보고 간단히 말한다. ③ 일상생활에 관한 간단한 말이나 대화를 듣고 중심내용을 묻고 답한다.
2	세부내용을 이해한다. ① 그림이나 도표에 관한 쉽고 간단한 말이나 대화를 듣고 세부내용을 이해한다. ② 일상생활에 관한 간단한 말이나 대화를 듣고 세부내용을 이해한다. 세부내용을 묻고 말한다. ① 일상생활에 관한 간단한 이유를 묻고 말한다. ② 앞으로 일어날 일에 관해 간단히 묻고 답한다. (미래형 문장 만들기) ③ 일상생활에 관한 간단한 말이나 대화를 듣고 세부내용을 묻고 답한다.
3	전화대화를 이해한다. ① 전화대화에 필요한 기초적인 표현을 듣고 이해한다. ② 간단한 전화대화를 듣고 이해한다. 전화대화를 한다. (전화영어학습, 화상영어학습 코칭) ① 전화대화에 필요한 기초적인 표현을 한다. ② 간단한 전화대화를 한다.
4	과업을 수행한다. ① 간단한 묘사나 설명을 듣고 과업을 수행한다. ② 일상생활에 관한 간단한 말이나 대화를 듣고 과업을 수행한다. 지시하거나 요청한다. ① 두 개의 연속된 문장으로 지시하거나 명령한다. ② 쉽고 간단한 표현을 사용하여 상황에 맞게 요청한다.

3) 초등 3~4학년 군 읽기, 쓰기

1	알파벳을 읽는다. ① 알파벳 인쇄체 대·소문자를 식별하여 읽는다. 알파벳을 쓴다. ① 알파벳 인쇄체 대·소문자를 쓴다.
2	소리와 철자의 관계를 이해하고 낱말을 읽는다. ① 소리와 철자의 관계를 이해한다. (파닉스 학습) ② 소리와 철자의 관계를 바탕으로 쉬운 낱말을 읽는다. (CVC, CVCe) 낱말이나 어구를 쓴다. ① 구두로 익힌 낱말을 따라 쓴다. ② 짧고 쉬운 낱말이나 어구를 따라 쓰고, 보고 쓴다. ③ 그림, 실물, 동작 등을 나타내는 낱말이나 어구를 완성하여 쓴다.
3	어구나 문장을 읽는다. ① 쉽고 간단한 낱말이나 어구를 따라 읽는다. ② 들은 것과 일치하는 낱말이나 어구를 찾아 읽는다. ③ 쉽고 간단한 문장을 따라 읽는다. ④ 쉽고 간단한 낱말이나 어구를 소리 내어 읽는다.
4	낱말이나 어구의 의미를 이해한다. ① 그림, 실물, 동작 등을 통해 쉽고 간단한 낱말을 읽고 의미를 이해한다. ② 쉽고 간단한 낱말이나 어구를 읽고 의미를 이해한다.

영어학습, 코칭이 답이다

4) 초등 5~6학년 군 읽기, 쓰기

1	읽기	소리 내어 읽는다. (낭독훈련 코칭) ① 쉽고 간단한 문장을 강세, 리듬, 억양에 맞게 소리 내어 읽는다. ② 일상생활에 관한 짧고 쉬운 글을 소리 내어 읽는다.
	쓰기	철자법에 맞게 쓴다. ① 문장 안에 인쇄체 대·소문자를 쓴다. ② 문장 안에서 구두점을 바르게 쓴다. (구두점 코칭)
2	읽기	문장을 읽고 이해한다. ① 주변의 친숙한 대상의 이름이나 표지판 등을 읽고 이해한다. ③ 쉽고 간단한 문장을 읽고 이해한다.
	쓰기	낱말이나 어구를 쓴다. ① 소리와 철자의 관계(파닉스)를 바탕으로 쉬운 낱말을 듣고 쓴다. ② 실물, 그림, 도표를 보고 쉽고 간단한 낱말이나 어구를 쓴다. (chunk 코칭) ③ 주어진 낱말이나 어구를 넣어 기초문장을 완성한다. (기초문장 코칭)
3	읽기	글의 내용을 이해한다. (독해력) ① 그림이나 도표가 포함된 쉽고 간단한 글을 읽고 이해한다. ② 일상생활에 관한 짧고 쉬운 글을 읽고 이해한다. ③ 개인생활을 소개하는 짧고 쉬운 글을 읽고 이해한다. ④ 쉬운 이야기를 읽고 줄거리를 이해한다. (요점정리, 주제 파악)
	쓰기	문장이나 짧은 글을 쓴다. (영작 코칭) ① 실물, 그림, 도표를 보고 한두 문장으로 쓴다. (문장생성능력) ② 예시문을 참고하여 간단한 초대, 감사, 축하 등의 짧은 글을 쓴다. ③ 자신이나 가족 등에 관해 짧고 간단하게 쓴다. (그림일기·일기 쓰기, 　　편지 쓰기 코칭법)

중·고등
영어학습
코칭법

Beyond Teaching

Toward Coaching

중등 영어학습 코칭의
답을 찾아라

1. 중등 영어교육과정 이해

영어는 교과서 중심의 내신성적 학습법과 교과서 외 실용영어 중심의 학습이 있을 것이다. 중학 영어시험에서 좋은 성적을 얻는다는 것은 추후 고등학교 입학에 유리한 점이 있을 뿐만 아니라 장기적으로 수능시험에 좋은 성적을 얻을 수 있는 가교라 할 수 있다. 그렇다면 중학 영어는 무엇이고 어떻게 학습하는 것이 좋은지에 대해 알아보기로 하자.

1) 중학 1~3학년 군 영어 성취 기준

① 일상생활이나 친숙한 일반적인 주제에 관한 말이나 대화를 듣고 주요 내용과 흐름을 파악한다.

② 일상생활이나 친숙한 일반적인 주제에 관하여 주요 내용과 자신의
의견을 말하며, 주변의 대상을 묘사·설명한다.

③ 일상생활이나 친숙한 주제에 관한 글을 읽고 주요 내용과 흐름을
파악한다.

④ 일상생활이나 친숙한 일반적인 주제에 관하여 주요 내용과 자신의
의견을 글로 쓰며, 주변의 대상을 묘사·설명한다.

성취기준을 보면 '일상생활, 주제, 주요 내용' 등의 단어가 많이 등장
한다. 이는 영어를 학습하는 목적이 실용영어 중심으로 되어 있다는 의
미일 것이다. 그런데 실질적으로 초등학교영어에서 기본적으로 완성되
어야 하는 것이 있다. 바로 '기초 독해력, 기초 문법, 기초 어휘' 능력이
다. 현장에서 많은 학부모들에게 "기초 독해력이 무엇이라 생각하나
요?"라는 질문을 하면, "줄거리를 말하는 것이에요."라고 말하거나 "시
험을 보면 독해력을 알 수 있어요."라고 말한다. 그러나 영어시험을 잘 보
기 위해서는 4가지를 잘 알아야 한다.

〈그림 3-1〉 영어시험 잘 보는 4가지 기법

이들 요건들은 또한 영어를 잘하기 위한 비법들이다. 4가지 사항은 저절로 이루어지는 것이 아니라 철저한 훈련을 통해 완성되므로 영어교과서를 학습하는 학생들이 문장이나 글에서 '핵심단어' 또는 '중심문장'을 찾기 못하거나, '요약 능력'이 없거나, '주제 찾기'를 하지 못하면 검증된 영어학습지와 문제지로 충분한 연습을 해야 한다. 특히 실력이 저조한 학생들의 경우에는 핵심키워드를 찾지 못하는 경우가 많은데 이는 독해력과 어휘력이 부족이므로 이 부분에 대한 집중적인 훈련을 해야 한다.

2) 중학 영어의 4대 영역의 이해

영어를 잘 지도하기 위해서는 기준이 있어야 할 것이다. 앞에서 설명했듯이 영어학습이란 교과서 중심의 학습과 교과서 이외의 학습이 있을 것이다. 가장 기본적인 것은 영어교과서를 잘 이해하고 내신성적을 잘 보기 위한 코칭법을 습득하는 것이니 중학 영어의 4대 영역에 대한 기본을 이해해 보자.

(1) 중학 영어 듣기·말하기 코칭 기준

1	듣기	**〈1〉 중심내용 파악하기** ① 일상생활이나 친숙한 일반적인 주제에 관한 말이나 대화를 듣고 줄거리를 파악함. ② 일상생활이나 친숙한 일반적인 주제에 관한 말이나 대화를 듣고 주제 및 요지를 파악함. ③ 일상생활이나 친숙한 일반적인 주제에 관한 말이나 대화를 듣고 의도나 목적을 파악함.
	말하기	**〈1〉 중심내용을 말하기** ① 일상생활이나 친숙한 일반적인 주제에 관하여 주요 내용을 묻고 답한다. ② 일상생활이나 친숙한 일반적인 주제에 관한 글의 주제 및 요지를 말한다.
2	듣기	**〈2〉 세부내용을 파악하기** ① 그림이나 도표에 관한 짧은 말이나 대화를 듣고 세부내용을 파악한다. ② 일상생활이나 친숙한 일반적 주제에 관한 말이나 대화를 듣고 세부내용을 파악한다.
	말하기	**〈2〉 세부내용을 말하기** ① 일상생활이나 친숙한 일반적인 주제에 관한 말이나 글의 세부내용을 묻고 답한다. ② 일상생활이나 친숙한 일반적인 주제에 관한 서로 다른 입장을 나타내는 짧은 글을 읽고 차이점을 말한다.
3	듣기	**〈3〉 흐름을 파악하기** ① 일상생활이나 친숙한 일반적인 주제에 관한 말이나 대화를 듣고 화자의 심정이나 태도를 파악한다. ② 일상생활이나 친숙한 일반적인 주제에 관한 대화를 듣고 일어난 사건의 전후관계를 파악한다. ③ 일상생활이나 친숙한 일반적인 주제에 관한 대화를 듣고 일어난 사건의 원인과 결과를 파악한다.
	말하기	**〈3〉 대상이나 자료를 묘사하거나 설명하기** ① 주변의 친숙한 대상을 간단히 묘사한다. ② 주변의 친숙한 대상에 대하여 좋아하거나 싫어하는 이유를 설명한다. ③ 간단한 일상용품의 사용법 등을 순서에 맞게 설명한다. ④ 일상생활이나 친숙한 일반적인 주제에 관한 실물, 도표, 그림 등의 자료를 간단히 설명하다. ⑤ 일상생활에 관련된 간단한 문제를 해결하기 위하여 절차나 방법을 묻고 답한다.
4	듣기	**〈4〉 과업 수행하기** ① 일상생활이나 친숙한 일반적 주제에 관한 말이나 대화를 듣고 과업을 수행한다.
	말하기	**〈4〉 흐름 말하기** ① 일상생활에 관한 짧은 글을 읽고 이어질 내용을 추측하여 말한다. ② 일상생활이나 친숙한 일반적 주제에 관한 일이나 사건의 원인과 결과를 묻고 답한다.
5	말하기	**〈5〉 경험이나 의견 말하기** ① 일상생활에 관한 경험이나 계획에 대해 간단히 말한다. ② 일상생활에 관한 느낌이나 의견을 묻고 답한다. ③ 일상생활이나 친숙한 일반적인 주제에 관한 글이나 대화문을 활용하여 간단한 역할극을 수행한다.

(2) 중학 영어 읽기·쓰기 코칭 기준

1	**읽기**	〈1〉소리내어 읽고 의미 파악 ① 일상생활이나 친숙한 일반적인 주제한 짧은 글을 소리 내어 읽고 의미를 파악한다. (소리내어 읽기) ② 일상생활이나 친숙한 일반적인 짧은 글을 듣고 따라 읽으면서 의미를 파악한다. (소리내어 따라 하기)
	쓰기	〈1〉글을 완성 ① 주어진 낱말이나 어구를 활용하여 문장을 완성한다. ② 주변의 실물, 그림, 사진, 도표 등을 보고 문장을 완성한다. ③ 일상생활이나 친숙한 일반적 주제에 관한 글을 읽고 결말을 완성한다.
2	**읽기**	〈2〉중심내용 파악 ① 일상생활이나 친숙한 주제에 관한 글을 읽고 줄거리를 파악한다. ② 일상생활이나 친숙한 주제에 관한 글을 읽고 주제 및 요지를 파악한다. ③ 일상생활이나 친숙한 주제에 관한 글을 읽고 글쓴이의 의도나 목적을 파악한다.
	쓰기	〈2〉중심내용 쓰기 ① 일상생활이나 친숙한 주제에 관한 말이나 글의 주요 내용을 쓴다. ② 일상생활이나 친숙한 주제에 관한 글을 읽고 요지를 쓴다.
3	**읽기**	〈3〉세부내용 파악 ① 그림이나 도표가 포함된 짧은 글을 읽고 세부내용을 파악 ② 일상생활이나 친숙한 일반적인 주제에 관한 글을 읽고 세부내용 파악
	쓰기	〈3〉세부내용 쓰기 ① 일상생활이나 친숙한 일반적인 주제에 관한 말이나 글의 세부내용 쓰기
4	**읽기**	〈4〉글의 흐름 파악 ① 일상생활이나 친숙한 일반적인 주제에 관한 글을 읽고 낱말이나 어구를 문맥으로 추측한다. ② 사건의 전후 관계를 파악 / 글의 연결 관계 파악 / 사건의 원인과 결과 파악 / 이어질 내용 추측하기
	쓰기	〈4〉묘사하거나 설명하는 글을 쓴다. ① 주변의 사람, 대상 등을 묘사하는 간단한 문장이나 글을 쓴다. ② 일상생활인 친숙한 일반적인 주제에 관한 그림, 사진, 도표 등을 설명하는 간단한 문장이나 글을 쓴다. 〈5〉경험이나 의견을 쓴다. (영어일기 쓰기 코칭) ① 일상생활에 대한 경험이나 계획에 대해 쓴다. ② 글을 읽고 느낌이나 의견을 간단히 쓴다. 〈6〉실용문을 쓴다. ① 초대, 감사, 축하, 위로 등의 짧은 글올 쓴다.

2. 어휘 코칭법

현행 교육과정에서 요구하는 중학교 1~3학년 군 어휘는 약 750낱말 내외라고 한다. 750낱말을 암기하고 있으면, 중학교 영어교과서를 학습하는 데 도움이 될지 모르지만 영어실력 향상을 위해서는 중학교 졸업까지 그 이상의 어휘를 강조하고 싶다. 능력이 된다면 22,000어휘도 도전해 보는 것도 좋다. 어휘는 많이 알면 알수록 영어학습에 도움이 되기 때문에 자투리 시간이나 방학을 활용해서 어휘를 집중해서 학습하는 것도 큰 도움이 될 것이다.

초등 어휘학습 코칭에서 다루었던 방법 기억나는가? ① 파닉스를 활용한 어휘 코칭, ② 주제별 어휘 코칭, ③ Sight words(일견 어휘)를 활용한 어휘 코칭, ④ 마인드맵을 활용한 어휘 코칭, ⑤ 퍼즐을 활용한 어휘 코칭, ⑥ 말뭉치(chunk)를 활용한 어휘 확장, ⑦ 해마학습 어휘 코칭, ⑧ 카드를 활용한 어휘 코칭, 문장과 문단 내에서 어휘학습 코칭으로서는 ⑩ 의미 유추를 활용한 어휘 코칭, ⑪ 구문 유추 어휘 코칭법, ⑫ 구조 분석을 통한 어휘 코칭법, ⑬ 문맥상 단서를 활용한 어휘 코치법을 설명했다. 마지막으로 에빙하우스의 망각의 곡선을 활용해서 어휘를 잘 암기하고 기억하는 기간을 설명했다.

중학 영어 어휘 코칭법은 학생들의 성향과 수준에 따라 초등 영어 어휘 코칭법을 활용해도 아무런 문제가 없을 것이다. 요지는 학생들의 성향과 수준이기 때문이다.

이번에는 중학생들에게 도움이 되는 어휘 코칭법을 설명해 보겠다. 우선 우리나라 중학생들에게 어울리는 어휘학습법은 다음과 같다.

첫째, 어휘는 개별적 의미보다는 말이나 글의 맥락을 통하여 다양한 의미와 활용법을 학습한다.

둘째, 어휘는 가급적 문맥 속에서 뜻을 유추할 수 있도록 지도하되, 사전 등을 이용하여 뜻을 찾는 방법으로 학습한다.

셋째, 두 개 이상 단어가 조합된 연어의 의미와 활용법도 지도한다.

넷째, 다양한 어휘자료를 활용하여 어휘에 대한 흥미도를 높이고 어휘 사용 능력을 신장할 수 있도록 한다.

1) 의미 유추 어휘학습법

독서(Reading)를 할 때 90% 이상 어휘의 뜻을 알고 있으면, 모르는 10%의 어휘가 있더라도 내용을 파악하는 데 어려움이 전혀 없을 것이다. 일반적으로 80~90% 정도의 단어를 아는 경우에는 읽고 배우기는 가능하나 영어사전이나 조력자가 필요하다. 그러나 상위권 학생들은 배우고, 가르칠 수 있는 실력이 있기 때문에 '지도 가능한 수준'이라고 말한다. 60~80%의 어휘를 모르는 학생들은 교사의 지도가 있더라도 읽는 것을 이해하기는 매우 힘든 상황이다. 그렇다면, 어휘는 더욱 효율적으로 학습할 수 있는 방법은 무엇이 있을까? 기본적인 어휘를 알고 있다면, 의미 유추로 어휘를 학습해 보면 좋다. 즉, 90% 이상의 단어를 알고 있다면 문장이나 문단 내에서 자신도 모르게 모르는 단어의 의미를 유추한다. 이것을 '의미 유추 어휘학습법'이라고 한다.

예) The _____ on the car is flat.

Whenever I take an _____, it never rains.

There is no elevator so you will have to climb the

_____.

위의 문장에서 flat, rains, elevator의 뜻을 알면 유추를 통해 tire, umbrella, stairs라고 생각해 볼 수 있다. 자주학을 활용한 영어학습법에서 현장 경험에 의하면 모르는 단어는 일곱 번에서 마흔두 번 정도의 접촉이 있어야 그 의미를 파악할 수 있다. 정리해 보면 자기 수준에 맞는 책을 많이 읽을수록 어휘력은 높아진다.

2) 구문 유추 어휘학습법

구문 유추 어휘 코칭법은 단어의 유추를 통해 어휘를 학습하는 것을 말한다. 우리말은 동사가 항상 문장의 마지막에 온다. 그러나 한글은 영어처럼 단어의 위치에 따라 문장의 오류가 생기지는 않는다. 영어는 단어가 놓이는 위치에 따라 문장 안에서 뜻이 달라질 수 있기 때문에 '굴절어'라고도 한다.

예) 'My mother fed her cat.'는 말이 되지만, My mother와 cat을 바

꾸어 보면 어떨까? 'Her cat fed my mother.' 이것의 뜻은 말이 안 되지만, 자리가 바뀌면서 my mother이 her가 되는 것이다.

단어가 어떻게, 어떤 위치에 있는가에 따라, 또 그 형태의 변화에 따라 단어의 뜻을 배워야 한다. 이것 또한 다독을 통한 어휘습득이 가능하다. 책을 많이 읽어야 단어의 위치나 변형을 알 수 있기 때문이다.

예) She cannot _____ the smartphone. (동사)

My _____ were still at the desk. (명사)

Try to walk _____ so as not to bother her. (부사)

위 문장에서 빈칸에 들어갈 단어가 fix, pens, quietly 등으로 알 수 있는 것은 문법의 동사, 명사, 부사의 정의를 알고 있기 때문일 것이다. 즉, 문법의 지식이 어휘형태를 쉽게 유추할 수 있다.

3) 구조분석 어휘학습

영어중급자들은 기본적인 단어를 알고 있기 때문에 단어 확장이 가능하다. 영어는 어근이 되는 기본단어에 접두사, 접미사 등을 붙이면 품사가 달라지는 경우가 많다. 예를 들어 recalled 같은 단어도 동사 call에 접두사 re와 접미사 ed가 붙어 의미와 품사가 달리지는 경우다. 그러므로 기본적인 단어능력이 있는 학습자들에게는 어근, 접두사, 접미사를 활용하여 어휘를 학습하도록 코칭해야 한다.

4) 문맥상의 단서를 활용한 어휘학습

'문맥상의 단서'라는 말은 언어학자 바이갓스키(Vygotsky)의 독창적인 학습법이다. 『언어와 사고』에서 그는 한 단어가 다른 단어를 만나면 서로 영향을 끼친다고 말했다. 다시 말해서 언어란 모자이크처럼 서로의 형태를 간직하면서 옆에서 공존하는 것이 아니고 물이 흐르는 것처럼 의미가 바로 옆 단어나 문장, 심지어는 문맥에까지 영향을 준다는 것이다.

> 예) If you ① course through this ② course, I will buy you the full ③ course you wanted, of ④ course at your favorite ⑤ course.

·위 예문을 문맥상 단서를 활용하여 단어의 의미를 유추해 보자.

① _____

② _____

③ _____

④ _____

⑤ _____

〈정답〉

① 가로질러 가다(course through)   ② 과목   ③ 메뉴   ④ 물론(of course)

⑤ 장소

　　영어를 잘하기 위해서는 어휘력이 매우 중요하다. 새로운 단어를 나의 것으로 만들기 위해서는 평균적으로 적게는 7회, 많게는 40번까지 문장이나 문맥 속에서 접촉해야 한다. 그러하기에 어휘를 암기하는 것은 반복과 지속적인 노력이 중요할 것이다. 단어학습 초기에는 기본적인 어휘를 따로 암기하는 것이 좋으나, 가장 효율적인 방법은 문장이나 문맥을 활용해 학습하는 것이 가장 좋다.

3. 연어 코칭

초등학교 영어 어휘학습에서 말뭉치(chunk)를 통해 어휘 덩어리를 학습한 후, 기초문장을 완성한다. 예를 들면, 'This is an umbrella.'라는 문장을 처음부터 암기하는 것이 아니라 'This is'라는 말뭉치와 'an umbrella'라는 말뭉치를 결합하여 'This is + an umbrella.'를 완성하는 방법이다. 이것을 영어로 'Lexical Approach', 우리말로는 '어휘중심교수법'이라고 한다. 이 이론의 기본개념은 인간이 언어정보를 말뭉치, 즉 어휘 덩어리(lexical chunks)로 뇌 속에 저장하는 것이다. 실질적으로 어휘학습은 국어학습에서도 많이 쓰이고 있는 방법으로 책이라는 가방을 검정가방, 하양가방, 초록가방 형태로 암기하면 오래 기억할 수 있다. 이것을 영어로 하면 white bag, blue bag, red bag인데 관사를 포함시키면 a white bag, a green bag, a brown bag 등으로 암기한다. 말뭉치를 잘 활용하면 연어(collocation) 학습에 큰 단서가 되므로 초등학교 때 말뭉치를 많이 외우는 것은 중학 영어 어휘학습에 큰 도움이 된다.

1) 연어에 대하여

일반적으로 단어의 자연스러운 결합현상을 언어학용어로 '연어(collocation)'라고 한다. 우리말의 경우로 예를 들어보면 '모자를 입다, 넥타이를 입다'라고 말하면 말이 이상하다. '옷을 입다, 가면을 쓰다,

말을 신다, 신을 신다, 시계를 차다, 장갑을 끼다, 반지를 끼다, 넥타이를 매다' 등이 어울리는 표현이다. 악기의 예를 들면, '피아노를 치다, 기타를 치다, 북을 치다' 등이 일상적으로 표현되는 연어들이다. 이렇게 어울리는 단어의 결합으로 영어를 학습하는 것이 영어 어휘 실력 향상을 위해 가장 효율적이다.

〈표 3-1〉 연어의 다양한 정의

사전적 정의 (Longman, 2002)	단어들이 함께 놓일 때 제한하거나 또는 결합하는 방식
퍼스(Firth, 1957)	연어란 문장 속의 습관적인 병치 또는 조합
씽크레어 (Sinclair, 1991)	연어란 두 개 이상의 단어가 지문 속에서 서로 짧은 공간적 관계를 갖는 경우
루이스 (Lewis, 1997)	연어란 임의적인 결합보다 자주 발생하는 단어의 결합

2) 연어 스타일

연어에 대한 의견은 다르나 기본적으로 우리말에서는 말뭉치, 덩어리 또는 청크(chunk)라고 할 수 있다. 연어를 학습하는 방법은 여러 가지가 있으나 가장 많이 활용되는 분류가 BBI에서 만든 어휘적 연어(lexical collocation)와 문법적 연어(grammatical collocation)가 있다.

<표 3-2> 어휘적 연어

어휘적 연어의 유형	예
1. 동사+명사/대명사/전치사	reach a verdict, set a record
2. 동사+명사	reject an appeal
3. 형용사+명사	strong tea, strong boy, weak girl
4. 명사+동사	bees buzz/string/swarm
5. 명사+of+명사	flock of sheep, pack of dog
6. 부사+형용사	deeply absorbed
7. 동사+형용사	affect deeply

※ Benson, Benson & Ilson, 1997.

어휘적 연어는 문장에서 의미를 주로 전달하는 형태의 결합이다. 문장 속에서 연어를 찾아 익히는 방법도 좋고, 체계적인 연어학습교재를 활용해서 암기하는 것도 효과적이다. 어휘적 연어는 '내용어'들의 결합이라고 생각하면 쉬울 것이다(초등학생들도 기본단어를 학습한 학생들이 활용해도 좋다). 어휘적 연어는 문법을 잘 익히지 않아도 암기할 수 있는 아주 쉬운 연어학습방법이다. 그러나 문법을 학습한 학생들은 문법과 연어를 동시에 학습하는 방법이 효과적이다. 이것을 '문법적 연어'라고 한다.

어휘적 연어를 학습하고 잘 정리하며 암기하기 위해서는 첫째, 문장이나 글을 읽으면서 문법은 정확히 모르더라도 자주 사용되는 연어에 밑줄을 긋는다. 일반적인 연어의 70%는 2~3개의 단어로 구성되어 있기 때문에 자주 사용되는 2~3개 단어로 된 말뭉치는 쉽게 찾을 수 있다.

둘째, 품사를 학습한 학생들은 어휘 종류를 분류해서 암기하면 좋다. 기본적인 품사 용어 '동사, 명사, 대명사, 전치사, 형용사, 부사' 등을 익히면 효과적이다.

〈표 3-3〉 문법적 연어(grammatical collocation)

문법적 연어 유형	예
1. 명사+전치사	blockade against, apathy toward
2. to부정사+to부정사	to pleasure to do something
3. 명사+that절	an agreement that
4. 전치사+명사	by accident
5. 형용사+전치사	(to) be afraid of
6. 형용사+to부정사	(to) be ready to do something
7. 형용사+that절	be important that

문법적 연어학습은 문법을 학습할 때 문법문장에 나오는 연어를 정리해서 암기하는 것이다. 자신이 학습하는 문법문장을 7가지로 나누어서 암기하는 방법이 제일 좋은 방법이다. 하지만 시간이 급하거나 문법적 연어학습이 필요한 학생들은 자투리 시간이나 방학을 이용하여 어휘와 함께 암기해야 중학교 서술형 평가는 물론 각종 영작시험에서 강한 힘을 얻을 수 있다.

문법적 연어를 학습하기 위해서는 품사와 기본적인 문법 개념을 이해해야 한다. 기본적인 문법용어 '명사, 전치사, 형용사, 동사의 유형' 등을 알고, 문법의 기본개념인 'to 부정사, that 절' 등을 알고 있으면 쉽게 학습할 수 있다.

문법적 연어를 학습하는 방법은 영문법을 학습하면서 자주 등장하는 문법적 연어에 밑줄을 긋고 노트에 정리해서 암기하는 방법이 제일 좋으며, 시간이 부족하거나 문법적 연어의 실력을 향상하고 싶은 학생들은 '연어도서'를 구입해서 자투리 시간, 자습 시간, 방학 중에 집중적으로 학습하면 효율적이다. 일반적으로 학생들은 단어만 암기하지만 연어를 많이 암기하는 것이 독해속도 증가와 서술형 평가에 강력한 힘을 발휘할 수 있으니 영어학습 코칭전문가는 학생들이 어휘와 더불어 연어를 함께 암기할 수 있도록 도와주어야 한다. 최근에 연어를 정립한 학자인 루이스(Lewis, 1997)는 연어의 장점을 7가지로 설명했다.

첫째, 연어는 언어학적이다. 예를 들어, 'drink some coffee'를 영국에서는 'have a coffee'라고 표현한다.

둘째, 연어는 임의적이다. 예를 들어, 'high building과 tall building'은 같이 쓰이지만 'high girl'이라고 표현하지 않는다.

셋째, 연어는 글감에 따라 다르게 활용된다. 즉, 글의 장르에 따라 다르게 암기해야 한다.

넷째, 연어는 인간관계와 비슷하다. 친한 친구들은 자주 만나는 경향이 있지만 그렇지 않은 친구들은 종종 만나거나 만나지 않는 경우가 있다는 것이다.

다섯째, 연어는 비상호의존적이다. 즉, 'non-alcoholic drink'에서 'non-alcoholic' 다음 'drink'라는 단어는 자주 같이 사용되지만 'drink'라는 단어는 'non-alcoholic'이 아니더라도 다른 단어들과도 결합될 수 있다.

여섯째, 자주 사용되는 단어이고, 사용되지 않는 단어는 연어가 될 수 없다.

일곱 번째, 강한 결합의 연어와 사용빈도의 불일치가 있다. 반드시 제일 많이 사용되는 것은 아니다.

중학교는 물론 고등학교 학생들이 연어를 학습해야 하는 이유는 연어의 약 70%는 2~5개로 이루어진 예측 가능한 연어로 이루어져 있어서 어휘학습은 물론 문장학습에서 필수적으로 암기해야 한다.

⟨표 3-4⟩ Lewis의 연어유형

연어유형	예
1 형용사+명사	a difficult decision
2. 동사+명사	submit a report
3. 명사+명사	bus station
4. 동사+부사	examine thoroughly
5. 부사+형용사	extremely inconvenient
6. 동사+형용사+명사	revise the original plan
7. 명사+동사	the fog close in
8. 담화표지	to put it another way
9. 다단어 전치사 구	a long times ago
10. 형용사+전치사	turn in
11. 형용사+전치사	aware of
12. 복합명사	fire escape
13. 두 개인 단어결합	backwards and forwards
14. 세 개의 단어결합	hook, line and sinker
15. 고정 구	on the other hand
16. 불완전한 고정 구	a sort of
17. 고정된 표현	not half
18. 반 고정 표현	see you later/next time
19. 속담의 일부분	too many cooks
20. 인용의 일부분	to be or not to be

※ Lewis, 2000: 133.

4. 어원(etymology) 코칭

영어 어휘학습에서 가장 과학적인 방법은 어원을 활용한 방법이다. 중학 영어의 기본능력을 습득한 학생들에게 어원을 활용해서 어휘를 암기하는 방법은 어휘능력 확장이나 고등학교영어준비에 큰 도움이 되며, 영어를 더 많이 암기할 수 있는 능력을 키울 수 있다.

① 접두사(Prefix)를 활용한 어휘학습
어원(etymology) ── ② 어근(root)을 활용한 어휘학습
③ 접미사(Suffix)를 활용한 어휘학습

1) 접두사(Prefix)를 활용한 어휘학습 코칭

영어의 접두사의 기원에서 접두사보다 라틴어나 희랍어 그리고 프랑스에서 차용한 접두사가 더 많다. 희랍어, 라틴어, 프랑스어가 영어에 접목된 배경은 약 6세기경 고대 시대 기독교 전파로 인해 종교언어에 도입된 것, 중세 시대에 프랑스어의 차용으로 15, 16세기 문예부흥 당시에 학문과 문화용어로 도입된 것으로 본다. 기본어휘 암기가 끝난 학생들에게는 어원을 통한 어휘학습을 권장하는 것이 중학생들의 어휘능력 향상에 큰 도움이 될 것이다.

<표 3-5> 고대 영어 접두사

접두사	의미	어휘
a-	in a state of, non	abroad, awash, afar
be-	around, make	belittle, behind
for-	away, intensively	forbear, forget, forlorn
fore-	before	forcast, forbear, forearm
mis-	badly, wrongly, astray	misgrowth, misconduct
off-	from, away	offhand, offload, offshoot
on-	on	onset, onlooker
un-	not, the opposite of	untruth, unhappy
under-	below, too little	undercut, underact
with-	against	withdraw, withhold

<표 3-6> 라틴어 접두사

접두사	의미	어휘
ante-	before	antedate, antenoon
bene-	good	benevolent, benefaction
bi-	two	bilingual, bimetal, biscuit
circum-	around	circumstance, circumscribe
non-	not	non-conformist, non-drip
per-	through	perform, permagnatic
post-	after	postscript, postpone
pre-	before	precontact, prejudge
preter-	beyond, past	pretermit, preternatural
pro-	forth, in favor of	propose, procommunist
re-	against	retrospect, retrogress
retro-	back, behind	retrograde, retrospect
semi-	half	semicircle, semidiameter
sub-	under, below	submit, subhuman
super-	above, beyond	superman, supernatural
supra-	over, above[위의, 위에; 앞에]	supranational, supramolecular (초분자의)
trans-	across, beyond, to the other side of	transplant, transatlantic, trans-African

ultra-	beyond	ultraviolet ultramodern
uni-	one	unicorn, uniform, unify

〈표 3-7〉 그리스어 접두사

접두사	의미	어휘
kilo-	thousand	kilogram, kilometer
meta-	change, after	metabolic([생물]물질(신진)대사의, [동물]변태의)
mono-	one	monopoly(독점, 전매), monogamy(일부일처제) monochromatic(단색의, 단색성의)
auto-	self	automatic(자동의), automatic door(자동문),
dia-	through	diameter(지름), diagonal(대각선의)
epi-	upon, beside	epidemic(유행성, 유행병), epicenter(진원지)
eu-	good, well	eulogize(격식; 칭송하다), euporia(행복감, 희열)
anti-	against	antibiotic(항생제), antidote(해독제), anti-war

　　접두사를 활용한 어휘 암기법은 매우 다양하기 때문에, 어휘실력 향상을 원하는 학생들에게는 어원을 활용한 어휘책을 구입해서 학습시키는 것이 효율적이다. 서점에 가서 학생들의 수준에 맞는 어휘학습도서를 구입할 수 있다. 단, 50% 정도의 어휘를 모르면 나에게 맞지 않으니 너무 무리하게 도전하는 것은 빠른 시일에 포기하게 되는 지름길이므로 학습량이 적거나 쉬운 것부터 천천히 학습하는 것이 좋다.

2) 어근을 활용한 어휘학습 코칭

　　프라이스(Fries, 1945)는 '어휘(words and vocabulary)'란 '사용에 의해서 얻어진 경험을 전달하는 소리 결합체'라고 정의했다. 어휘는 의미의 최소 단위 역할을 한다. 초·중·고등어휘를 정해 놓고 암기하는 것은 좋으나, 학습자의 실력과 학습유형에 맞게 어휘를 암기하는 것이 바로 어휘학습 코칭의 묘미다. 어원론 두 번째는 어근(root)을 활용한 어휘 암기법이다. '어근'은 파생 형태론과 굴절 형태론 어느 것으로도 더 이상 분석할수 없는 형태, 단어에서 접사를 떼고 남은 부분이다. 영어 어휘에서 '어근'이란 한 단어 속에서 핵의 의미(the core meaning)를 포함하고 있으나독자적으로 쓰이기가 힘들다. 학생들에게 설명할 때는 어근은 '의미영역'을 접두사와 접미사는 '형태와 품사'를 결정하는 역할을 하며, 우리가 알고 있는 '파생어'란 어근에 접두어와 접미어를 붙여서 만들어진 단어라고말하면 된다.

예를 들어, 어근 press는 press, repress, impress, compress, depress, express 등 뜻이 달라지는 파생어의 핵심어근이 되고, 명사를만들기 위해서는 pressure, repression, impression, compression, depression, expression 등의 명사형 접미사를 첨가하면 쉽게 만들어진다. 학생들이 어휘를 어려워하는 이유는 다음과 같다.

"어휘가 외우기 어려워요."
"외워도 금방 잊어버려요."
"혼동되거나 비슷한 단어들이 많아요."

이러한 것들은 노력과 시간을 들였음에도 불구하고 효과를 얻지 못하는 것이 문제일 것이다. 어근을 활용한 암기법은 중학교 상위권 학생들과 고등학교 학생들 대상으로 코칭을 하면 효과적이므로 어휘의 기본이 안 된 학생들에게 권장하는 것은 무리일 수 있다. 단, 수업시간에 쉬운 내용을 설명하는 것은 어휘의 이해에 도움이 될 수 있다.

〈표 3-8〉 어근을 활용한 어휘학습 코칭

어근	뜻	어휘(파생어)
claim, clam: 라틴어 clamare에서 유래	cry, shout	acclaim (ac(to)+claim(cry out)) disclaim (dis(not)+claim) proclaim (pro(forth)+claim)
apt (ept, att): 라틴어 aptus에서 유래, 변형-ept, att	fit	adapt (ad(to)+apt(fit)) adept (ad(to)+ept) inept (in(not)+ept)
ced, cess(ceed, ceas): 라틴어 cedere,cessus에서 유래	go	access (ac(to, near)+cess(go)) accede (ac+ced) concede (con(with)+ced) precedent (pre(before)_ced(go)) recede (re(back)+ced(go)) intercede (inter(between)+ced(go)) succesive (suc(under)+cess)
dic, dict: 라틴어 dicare, dictus에서 유래	say, declare	abdicate (ab(off)+dic(say)+ate(make)) edict (e(out)+dict) vindicate (vin(force)_dic(say)+ate) malediction (mal(bad)+dic+tion) indicative (in(in)+dic+ive)
fer: 라틴어 ferere 에서 유래	carry, bear	confer (con(with)+fer) deference (de(down)+fer+ence(명사)) infer (in(in)+fer) preferment (pre(before)+fer+ment) proffer (pro(forward)+fer) fertile (fer(carry, produce)) indifference (in(not)+di(away)+fer+ence)

※Merriam-Webster's Collegate Dictionary, 11th Edition

3) 접미사를 활용한 어휘학습 코칭

　단어 앞에 붙는 접두사 외에 단어 뒤에 오는 접미사를 활용한 어휘학습법이다. 접두사와 접미사를 통틀어 '접사'라고 하는데, 일반적으로 접미사 중에 형용사나 명사로 만들어 주는 접미사가 있다. 이것을 형용사접미사, 명사접미사라고 한다. 실질적으로 접미사의 활용에는 크게 품사를 바꿔 주는 경우가 많기 때문에 단어가 나올 때마다 학습시켜 주면 좋다. (『기적의 영단어공부법』, 이경주, 어학세계사, 2012)

(1) 명사형접미사
·age
-marry(결혼하다)+age(행동) = marriage(결혼)
-store(저장하다)+age(장소) = storage(저장, 저장고)
-leak(세다)+age(양) = leakage(새어 나감, 유출량)
-mile(마일)+age(거리) = mileage(주행거리, 연비)
-post(우편)+age(요금) = postage(우편요금)

(2) 형용사형접미사
·some
-fear(두려움)+some(가져오는) = fearsome(무시무시한)
-quarrel(싸움)+some(좋아하는) = quarrelsome(싸우기 좋아하는)
-awesome(굉장한, 무시무시한)

-handsome(잘생긴)

-tiresome(귀찮은, 지루한)

-winsome(마음을 끄는, 매력적인)

(3) 동사형접미사

·en

-sharp(날카로운)+en(만들다) = sharpen(날카롭게 만들다)

-weak(약한)+en = weaken(약하게 만들다)

-strength(강한)+en =strengthen(강하게 만들다)

5. 어휘 암기 코칭

〈표 3-9〉 암기전략 체크리스트(나만의 암기전략을 체크해 보세요)

번호	암기전략	체크
1	단어 반복해서 쓰기	
2	영어단어장에 정리하며 외우기	
3	영어단어를 소리 내어 반복해서 읽기	
4	영어만 보이게 하고 우리말 뜻을 외우거나, 우리말 뜻을 보이게 하고 영어를 발음하기	
5	사전을 찾아 의미를 확인하며 외우기	
6	단어의 반의어, 동의어와 연결하여 외우기	
7	스스로 테스트하기	
8	쉬운 단어만 골라 외우기	
9	수업 중 노트에 써가며 외우기	
10	단어를 자신의 경험과 연결하기	
11	핵심어 기법 사용하기	
12	어근, 접사 이용하기	
13	영어단어와 관계없이 순서대로 우리말 뜻 외우기	
14	친구나 주변사람들에게 테스트해 달라 하기	
15	단어를 넣어 문장을 만들어 보기	
16	문맥 이용하기	
17	프래시카드나 사진, 그림 이용하기	

일반적으로 학생들의 어휘 암기방법을 보면 〈표 3-9〉와 같다. 어휘 암기방법은 여러 다양성이 있지만, 여전히 학생들은 단어를 소리 내어 읽으면서 외우는 '깜지 형태'로 암기하는 것을 선호한다. 하지만 진정한 어휘 암기는 자신의 수준과 성향을 고려해서 암기하는 것이 좋다. 예를 들어 '외향형' 학생들은 자신의 이야기로 어휘를 암기하거나, 소리 내어 반

복해서 읽기, 타인에게 테스트받는 것이 효과적이다. '내향형' 학생들은 스스로 테스트하며 학습하는 것도 좋을 것이다.

어휘력 수준이 낮은 학생들은 영어단어장에 정리하며 외우기, 쉬운 단어부터 외우기 등이 효과적이다. 어휘 수준이 상급자인 학생들은 반의어, 동의어를 활용한 어휘학습, 어근과 접사를 활용한 어휘 암기, 문맥을 활용한 어휘 암기하기 등이 효과적이다. 지금 하고 있는 어휘 암기법이 효과가 없으면, 당장 효과적인 어휘 암기법으로 바꿔야 한다.

학생들은 생각보다 자신의 방법을 고집하는 경우가 많다. 교사가 아무리 좋은 방법을 알려줘도 자신이 편하고 쉬운 방법으로 학습하는 경우가 있다. 이것은 습관의 문제다. 일례로 책상에 비스듬히 누워서 공부하는 학생들 보자. 분명 그의 학습자세는 올바르지 못하고, 나중에는 척추에 문제가 되어 허리가 휘는 경우가 생긴다. 거북목처럼 얼굴을 책상이나 노트북에 가까이 대고 공부하는 학생을 보면, 분명 자세가 변형될 것이라는 생각을 하게 될 것이다.

영어학습 코칭전문가는 학생들이 좋아하는 것만이 가장 효과적인 학습법이라는 생각에서 벗어나야 한다. 올바른 학습법을 알려 주고 훈련시켜 주는 것이 코칭의 역할이다. 그러기 위해서는 적절한 질문, 목표설정, 대안 제시, 관찰 등을 통해 피드백을 해 주어야 한다. 야구선수 이승엽 씨는 홈런왕이 되기 위해 자신의 타격자세를 끊임없이 교정했고, 피겨여왕 김연아 선수도 자신의 자세를 교정하기 위해 하루에 1천 번씩 넘어지면서 훈련을 했다. 즉, 자신이 선호하는 영어학습방법이 꼭 올바른 어휘학습방법이 아니라는 것이며, 어쩌면 학생들에게 더 어울리는 어휘학습방법이 있을 것이라는 확신을 가지고 학습 코칭에 임해야 할 것이다. 이것이 영어 자주학에서 말하는 '동기 코칭, 인지 코칭, 행동 코칭'의 3가지가 어우러지는 것이다.

6. 교과서 어휘 코칭

단어를 암기하기 위해서 단어장을 활용하는 방법도 좋다. 하지만 자신이 스스로 단어장을 만들어서 암기하면 얼마나 효과적인가? 영어학습에는 시간이 필요하다. 현직교사들이 알려 주는 영어단어암기법은 무엇이 있는지 살펴보자.

① 암기할 단어를 처음부터 끝까지 눈으로 한 번 훑어본다. CD를 활용해서 전체적으로 단어를 따라서 말해 보거나, 스스로 단어를 소리 내어 읽어 본다.

② 암기할 영어단어를 하나씩 되도록 정확한 발음으로 소리 내어 읽어 본다. 사람이 가장 먼저 듣는 것은 자신의 소리다. 소리 내어 읽어 보면 자신의 귀가 자신의 단어를 듣기 때문에 시각과 청각을 동시에 활용하여 암기하는 방법이다. 단, 소리 내어 읽을 때 우리말 뜻도 함께 생각하고 읽는다.

③ 영어단어만 보고 우리말을 말하거나, 우리말을 보고 영어로 말해 본다.

④ 단어를 소리 내어 반복해서 쓰기를 한다. 일명 '깜지'라고 하는데, 기본적인 어휘를 암기하기에는 좋은 방법 중 하나다. 일반적으로 어휘를 암기하는 방법은 '보고 쓰기, 따라 쓰기, 덮어 쓰기'의 초기 단계를 거쳐, 철자 받아쓰기(스펠링을 말하면서 암기하기) 그리고 파닉스 학습을 통해 발음을 말하면서 암기하는 것이 좋다. 단어의 뜻을 잘 모르면 영어사전을 찾아 정확한 발음을 숙지하는 것이 좋다.

⑤ 스스로 테스트하고 단어시험지를 만든다.

예) MS워드나 엑셀을 활용하여 자신만의 단어시험지를 만든다.

뜻(우리말)	영어	뜻(우리말)	영어
야채	vegetable	연어	salmon
두려움	fearsome	–	–
사라지다	disappear	–	–
불가능한	impossible	–	–
유행병	epidemic	–	–

⑥ 스스로 단어시험지를 만든 후, 출력해서 빈칸을 채워 본다.

⑦ 틀린 단어를 확인하고, 틀린 원인을 파악한다.

⑧ 틀린 단어를 다시 암기한 후, 다시 출력하여 시험을 본다.

단어시험지의 경우는 학생들이 스스로 만들 수 없는 경우에는 기존에 만들어진 자료를 활용해도 좋은 방법이다. (교사 도움)

7. 영문법 코칭

    문법이란 문장의 법이고, 어법은 문법이 문장 속에서 어떻게 활용되는 가에 대한 법이다. 문법을 학습하는 방법은 다양하지만 기본적인 전략은,

    문장구조 파악 → 문법 개념 이해 → 문법 개념 설명하기 → 문법 문제풀이

    → 오답노트 만들기 → 기억과 암기전략

등이 있다. 문법에 대한 개념이 없는 학생들의 근본적인 문제는 문장구 조를 파악하지 못하기 때문이다. 어느 정도의 단어는 알고 있어도 '문장 에서 주어(Subject)와 동사(verb)를 찾을 수 없다'는 것이다. 초급문법 학습자들에게는 문장구조를 파악하는 훈련이 우선시되어야 한다. 쉽게 말하면 문장의 5형식을 모르는 학생들이다.

코칭 1) 문장의 5형식을 설명한다

문장의 형식	구성	해석
1형식	주어(S)+동사(V)	주어는 동사하다
2형식	주어(S)+동사(V)+보어(C)	1) 주어는 보어이다〈상태〉 2) 주어는 보어가 되다〈상태 변화〉
3형식	주어(S)+동사(V)+목적어(O)	주어는 목적어를 동사하다
4형식	주어(S)+동사(V)+간접목적어(I.O)+직접목적어(D.O)	주어는 I.O(간접목적어)에게 D.O(직접목적어)를 동사하다.
5형식	주어(S)+동사(V)+목적어(O)+복적보어(C)	1) 주어는 목적어를 보어[라고] 동사하다.〈보어: 형용사, 명사〉 2) 주어는 목적어가 보어하는 것을[하도록] 동사하다.

코칭 2) 1형식_문장구조 파악하기

A. 다음 문장을 해석하고 문장 성분을 밑줄 치시오.

1. The wind blows heavily.

→ _____

2. Some students run on the street.

→ _____

3. My sister cries loudly.

→ _____

4. They worked at the bank.

→ _____

B. 다음 문장을 1형식에 맞게 배열하시오.

1. walks / he / to / school /.

→ _____

2. I / to / the / hospital / went /.

→ _____

3. My / sings / sister / in / her / classroom /.

→ _____

4. My / came / mother / at / five / .

→ _____

코칭 3) 2형식_문장구조 파악하기

A. 다음 문장을 번역(Translation)하고 문장 성분을 쓰시오.

1. He is an English teacher.

→ _____

2. She became a computer programmer.

→ _____

3. You look very happy.

→ _____

4. It smells good.

→ _____

B. 다음 문장을 2형식에 맞게 다시 배열하시오.

1. son / my / a / doctor / became / .

→ _____

2. She / very / looks / tired / .

→ _____

3. He / hungry / feels / .

→ _____

C. 다음 문장에서 틀린 부분을 찾아 고치시오.

1. They feel happily.

→ _____

2. My daughter looks beautifully.

→ _____

3. Today's lunch tasted deliciously.

→ _____

코칭 4) 3형식_문장구조 파악하기

A. 다음 문장을 번역(Translation)하고 문장 성분을 쓰시오.

1. My sister cleaned her room.

→ _____

2. My younger brother helped me.

→ _____

3. I don't like her very much.

→ _____

B. 다음 문장에서 틀린 부분을 수정하시오.

1. I entered to my room at 7 o'clock.

→ _____

2. We attended at the meeting yesterday.

→ _____

3. Tom answered to the question.

→ _____

C. 다음 문장을 3형식에 맞게 다시 배열하시오.

1. I / five / ate / apples / .

→ _____

2. everybody / you / needs /.

→ _____

3. people / some / hungry / want / bread /.

→ _____

코칭 5) 4형식_문장구조 파악하기

A. 다음 문장을 번역(Translation)하고 문장 성분을 쓰시오.

1. They gave me baseball gloves.

→ _____

2. Fred showed her an album.

→ _____

3. We called her an angel.

→ _____

B. 다음 괄호 안에서 알맞은 전치사를 고르시오.

1. My grandmother made a mitten (of / to / for) me.

→ _____

2. Mom, please give a backpack (to / for / of) me.

→ _____

3. May I ask a favor (of / for / to) you?

→ _____

C. 문장의 4형식을 3형식으로 바꾸시오.

1. My mother bought me a nice shirt.

→ _____

2. Mr. Kim teaches me English.

→ _____

3. Can you give me some water?

→ _____

D. 다음 문장에서 어색한 것을 고르시오. (실전 문제풀이)

① Tom showed his picture to me.

→ ⎯⎯⎯⎯⎯⎯⎯⎯⎯⎯⎯⎯⎯⎯⎯⎯⎯⎯⎯⎯⎯⎯

② Jane sent me an used book.

→ ⎯⎯⎯⎯⎯⎯⎯⎯⎯⎯⎯⎯⎯⎯⎯⎯⎯⎯⎯⎯⎯⎯

③ Please show me other pants.

→ ⎯⎯⎯⎯⎯⎯⎯⎯⎯⎯⎯⎯⎯⎯⎯⎯⎯⎯⎯⎯⎯⎯

④ I asked her what to do next?

→ ⎯⎯⎯⎯⎯⎯⎯⎯⎯⎯⎯⎯⎯⎯⎯⎯⎯⎯⎯⎯⎯⎯

⑤ The work cost his life to him.

→ ⎯⎯⎯⎯⎯⎯⎯⎯⎯⎯⎯⎯⎯⎯⎯⎯⎯⎯⎯⎯⎯⎯

코칭 6) 5형식_문장구조 파악하기

A. 다음 문장을 번역(Translation)하고 문장 성분을 쓰시오.

1. Mike saw the leaves falling.

→ ⎯⎯⎯⎯⎯⎯⎯⎯⎯⎯⎯⎯⎯⎯⎯⎯⎯⎯⎯⎯⎯⎯

2. We felt the house shake.

→ ⎯⎯⎯⎯⎯⎯⎯⎯⎯⎯⎯⎯⎯⎯⎯⎯⎯⎯⎯⎯⎯⎯

3. The family picture makes me miss my grandma.

→ _____

B. 다음 문장에서 잘못 쓰인 부분을 바르게 고쳐 쓰시오.

1. I saw her to cross the street. (나는 그녀가 길을 건너는 것을 보았다)

→ _____

2. Who made you doing the work? (누가 너에게 그 일을 하게 했니?)

→ _____

3. She wants me move right now. (그녀는 내가 당장 이사하기를 원한다)

→ _____

4. I must have my radio repair now. (나는 지금 내 라디오를 수리해야 한다)

→ _____

C. 밑줄 친 부분의 쓰임이 어색한 것은? (실전 문제풀이)

① He saw her <u>buying</u> some chocolates.

② I watched her <u>to cross</u> the street.

③ I heard the rain <u>falling</u> on the roof.

④ I felt someone <u>moving</u> in the dark.

⑤ We watched you <u>work</u> at bank.

 문장의 5형식 코칭법은 학습지나 문법책을 통해 학습할 수 있다. 그러나 제일 좋은 방법은 실제 자신이 공부하는 교과서에 문장구조를 표시하는 것이다. 시험에 나오는 것이 당연히 교과서이기 때문에 학습지와 문법책을 통해 공부한 학생들은 교과서에 직접 문장구조를 표시해 본다.

·표시방법: 주어(S), 동사(V1, V2), 목적어(O, IO, DO), 목적보어(OC)
·주부술부: 주부는 단어 밑이나 옆에 S를 표시, 술부는 밑줄을 긋고 P라고 표시.

8. 듣기 코칭법

학생들이 영어듣기평가를 어려워하는 이유는 무엇일까? 쉽게 말하면 듣기훈련을 하지 않았기 때문이다. 문제는 오래 들었음에도 불구하고 듣기평가 점수가 잘 나오지 않는 이유가 무엇일까? 그것은 듣기가 어려운 부분을 잘 찾는 훈련이 없어서일 것이다. Brown(2002)은 영어듣기에서 장애물이 있다고 말했다. 듣기는 구어언어로 들리기 때문에 구어에 대한 훈련이 필요하다는 것이다. 듣기평가를 잘하기 위해서는 평소에 실용영어(영화, 영어뉴스, 오디오북, 드라마 등)를 많이 보는 훈련이 필요하지만, 우리나라 중학생들이 바쁜 시간에 실용영어를 공부하는 경우는 쉽지가 않다. 제일 좋은 듣기평가교재는 '듣기평가기출문제집, 영어교과서, 영어학습지' 등을 활용해서 훈련하는 것이 좋다.

1) 청취습관 8가지 코칭법

(1) 덩어리로 암기하라

구어체는 절(clause)단위로 들리는 것보다 구(phrases)단위를 잘 기억하는 성향이 있기 때문이다. 쉽게 말하면 말뭉치로 들린다는 것이다. 평소에 연어(collocation)를 많이 암기해 놓는 것이 효율적이다.

(2) 습관적인 말에 활용하라

영어말하기평가를 하는 위원들이 가장 힘들어 하는 부분이라고 한다.

우리말로 '어', '아', '저' 등의 습관적이고 반복적인 말들이다. 'I mean', 'you know' 등이 해당된다. 하지만, 이러한 습관적인 말이 듣기시간을 벌어 도움을 주는 경향이 많다.

(3) 축약형을 학습하라

다양한 축약형(I will → I'll / Did you eat yet? → Djeetyet?) 등이 듣기를 어렵게 만드는 경우가 많다. 평소에 축약형에 연습과 발음연습이 필요하다.

(4) 말의 핵심을 찾아라

대중연설이나 강연회를 제외하고 개인적인 대화에서 말하는 중간에 머뭇거리거나 말을 수정하거나 대화의 주제를 바꾸는 경우 평소에 말을 잘 가려듣는 연습이 필요하다.

(5) 속도에 민감하라

영어는 매체마다 속도의 차이가 있다. 듣기 속도 훈련이 되지 않으면 화자의 말을 따라가지 못하는 경우가 있으니, 평소에 영어뉴스 청취, 연설, 영화, 오디오북 등 다양한 듣기를 통해 속도에 민감해져야 한다.

(6) 구어체를 학습하라

원어민들이 쓰는 관용적인 용법이나 속어, 인접음동화현상이 어렵게 들릴 수 있다. 평소에 다양한 원어민의 발음을 듣는 훈련이 좋다.

(7) 강세, 억양, 리듬을 훈련하라

영어는 강세, 리듬, 억양에 따라 의미가 달라지는 경우가 많다. 평소에 발음기호를 보고, 듣고 훈련해야 한다.

(8) 역할놀이를 많이 하라

상호 활동에 민감해져야 한다. 평소에 역할연습이 좋다.

2) 듣기훈련 5회 코칭법

(1) 1회 듣기

눈을 감고 소리의 흐름을 인식하고 듣는다. 영어가 가지고 있는 독특한 억양, 강세, 리듬을 느끼는 단계이다. 전체 의미를 알지 못하더라도 음악을 듣는 것처럼 원어민 발음을 들어 본다.

(2) 2회 듣기

들리는 단어에 집중해서 듣는다. 원어민 음원을 두 번 들으면 들리는 단어가 있을 것이다. 들리는 단어를 노트에 적어라. 가장 효과적인 단어인 명사, 동사, 형용사, 부사, 의문사, 지시대명사 등을 먼저 적어 보는 것이 효과적이다.

(3) 3회 듣기

어구(chunk)와 관용표현 중심으로 듣는다. 원어민 음원을 세 번 들으면 단어의 말뭉치가 들릴 것이다. 즉, 연어(collocation)와 관용표현을 받아 적어라.

(4) 4회 듣기

절이나 문장을 채우면서 듣는다. 원어민 음원을 네 번 들으면 문장이 들리기 시작할 것이다. 한 문장씩 문장을 완성하면서 들어보아라. (예: 친구들과 같이 할 경우에는 서로 문장을 완성해 가면서 팀 활동을 하는 것도 효과적이며, 팀플로 듣기를 할 경우에는 전지를 활용해서 상호 경쟁 심리를 유발해도 좋다.)

(5) 5회 듣기

말을 해 보는 단계다. 자신이 받아 쓴 문장을 말을 해 본다. 이 단계가 되면 내용을 대부분 이해하고, 이해 못하는 단어가 있어도 전체적인 의미를 파악해서 말할 수 있게 된다.

(6) 마지막

원문과 비교해라. 영어듣기평가 대본과 비교하여 오답을 확인하고 문장을 철저히 분석한 후, 다시 원문을 들어보라.

9. 영어시험 코칭

중학 영어시험에서 만점을 받기 위해서는 영어시험 구성을 철저히 알아야 한다. 중학교 영어교과서는 검정교과서로서 학교마다 선택하는 교과서가 다르다. 학생들의 영어실력이 갈수록 좋아지기 때문에 문법에 대한 중요성이 더욱 강조되고 있다. 학생들이 중학 영어시험 만점을 받기 위해서는 첫째, 무조건 교과서 본문을 암기시켜야 한다. 둘째, 각 시험 요소별 전략이 있어야 한다. 중학 영어시험은 일반적으로 중간고사, 기말고사는 선택형문항평가, 듣기평가, 서술형·논술형평가, 말하기평가로 구성된다. 여기에 수업참여도도 점수에 반영된다. 100점을 구성하는 비중이 학교마다 다르지만 일반적으로 서술형·논술형평가 40%(최근에는 60~100% 출제되는 학교도 있음), 말하기 수행평가 10%, 선택형 지필평가 30%, 듣기평가 20% 정도다.

〈표 3-10〉 각 시험요소의 개념

선택형문항평가	주로 5지선다형으로 5개의 문항에서 답을 찾는 평가다.
듣기평가	한 한기에 한 번 시행하며, 영어듣기훈련을 잘한 학생들은 좋은 성적을 얻는다. (영어듣기훈련 5회 권장)
서술형·논술형평가	제시된 문제에 대한 자신의 의견이나 이유를 쓰는 것이다. 특히, 서술형 평가는 "제시된 문법을 활용한 영작"이다.
말하기평가	생활영어 본문의 철저한 암기를 기반으로 '그림 보고 상황 묘사하기', '앞뒤에 이어질 말하기' 등의 다양한 방법으로 평가한다.

영어학습 코칭을 하기 위해서는 학생들이 어떤 부분에서 점수가 나오는지 철저히 분석해야 한다. 선택형 문항에서는 어떤 문제를 틀리는지, 듣기평가에서는 무엇이 틀리는지, 서술형·논술형평가의 약점은 무엇인지, 말하기평가는 잘 준비되었는지 확인해야 한다. 최근에는 교과서를 암기한 학생들이 5지선다형에서 모두 맞고 서술형평가를 제대로 쓰지 못해, 형편없는 점수를 받은 경우가 많다. 하위권 학생들에게 필요한 코칭법은 교과서를 암기, 기출문제풀이, 노트활용이 좋고, 중위권 학생들에게 필요한 코칭법은 수업시간에 집중해서 듣고, 개념노트를 잘 활용하고, 자신의 것으로 구조화시키는 연습이 필요하다. 상위권 학생들은 철저한 오답노트를 활용해서 100점에 도전해야 하며, 서술형평가를 완벽하게 작성하기 위해 평소에 '문법을 활용한 영작연습'을 많이 해야 한다.

10. 서술형평가 코칭

〈중학교 2학년 영어 서술형평가 예시〉

[서술형 1] 다음 우리말과 같은 뜻이 되도록 동명사와 주어진 표현을 이용하여 한 문장으로 완성하시오. (필요시 형태를 바꿀 것)(5점)

> A: Oh, it's really hot, isn't it?
>
> B: Yes, i'm hot and thirsty.
>
> I need something ———————————.
>
> (나는 마실 것이 필요해)

[서술형 2] 주어진 낱말을 이용하여 다음 대화에 알맞은 질문을 5단어로 완성하시오. (4점) 〈유의사항: 자전거 앞에 관사 a를 쓸 것〉

> ride bike how a to
>
> A: Do you know ———————————
>
> B: Yes, it's easy. First, get on a bike. Next, you have to pedal to move.

[서술형 3] 다음 문장을 주어진 어휘를 활용하고 관계대명사를 이용하여 한 문장으로 완성하시오. (6점)

I like

(be not late for school)

[서술형 4] 아래 상황을 읽고 주어진 단어를 활용하여 주인공 동생의 상황을 설명하는 문장을 5단어로 완성하시오. (4점)

I went to the amusement park with my brother last year. My brother was 150cm. He could not take rides because he was short.

His brother was ————————————————

(short / too / take)

고등·수능
영어학습 코칭의
답을 찾아라

1. 어휘학습 코칭

어휘학습법이라는 것이 정해진 것이 없지만 중요한 것은 어휘의 난이도에 따라 학습법이 달라진 것이 없다. 그동안 초등 어휘학습법, 중등 어휘학습법에 대해 알아보았다. 고등 영어의 핵심은 수능을 준비하는 것이다. 수능 어휘가 1만 단어라 하지만, 어휘 암기는 많이 하면 할수록 좋다. 어려운 난이도 암기에 대해 알아보자.

1) 어근을 통해 학습하라

중학 어휘학습법에서 어근에 대해 설명하였다. 고등·수능 영어 어휘학습법의 핵심도 어근을 활용해 학습하는 것이다.

〈어근암기효과 1〉 하나의 기본 어휘로 많은 파생어를 암기할 수 있다.

예1) rupt(=break)

　　→ eruption(폭발)

　　→ disrupt(분열시키다)

　　→ corrupt(타락한)

　　→ bankrupt(파산)

　　→ abruptly(갑자기)

예2) 접미사 pose(=put, place)

　　→ appose [타동사] (두 물건을) 나란히 놓다, 덧붙이다(중3~고2)

　　→ compose [동사] 구성하다, 시를 짓다, 작곡하다

　　→ depose [동사] (통치자를) 물러나게 하다, 퇴위시키다, 증언하다

　　→ dispose [동사] (특정한 방식·위치에) 물건이나 사람을 배치하다
　　　(고2)

　　→ expose [동사] 드러내다, 폭로하다(고2)

　　→ impose [동사] (새로운 법률·세금 등을) 도입하다, 부과하다, 강
　　　요하다

　　→ interpose [동사] (대화중에 질문·발언을) 덧붙이다, 끼어들다,
　　　중재하다

　　→ propose [동사] (계획·생각 등을) 제안하다, 제의하다, 계획하다

　　→ oppose [동사] (계획·정책 등에) 반대하다, 대항하다, 막다(맞서다)

→ purpose [동사] ~하려고 생각하다, [명사] (이루고자 하는) 목표, 목적

예3) 접두사 press(누르다, 압박하다)

→ compress [동사] 압축하다, 요약하다 → com=together 의미

→ depress [동사] 낙담시키다, 우울하게하다, 하락시키다

→ express [동사] 표현하다 [형용사] 명백한, 급행의 [명사] 급행

→ impress [동사] 인상을 주다, 감명을 주다, (도장을) 찍다

→ oppress [동사] 억압하다, 압박하다, 학대하다

→ repress [동사] (욕망 등을) 억제하다, 억누르다, 진압하다

→ suppress [동사] 억압하다, 진압하다, ~을 참다, 금지하다

이렇듯, 어근을 활용해 접두사, 접미사를 활용하여 암기하면, 어휘의 암기 폭이 넓어지고 깊이가 깊어질 뿐만 아니라, 추후 공인 영어시험에서도 좋은 성적으로 얻을 수 있다.

2) 연상법을 활용해라

해마학습법은 쉬운 초등 어휘부터 어려운 고등 및 수능 어휘까지 학습할 수 있는 좋은 어휘학습법이다. 어휘 암기가 잘 안 되는 이유 중 하나는 자신만의 암기법이 아니라 단순한 방법으로 암기하기 때문일 것이다. '이미지 연상법'이라고 들어 보았을 것이다. '해마학습법'이란 '해마'

를 자극하여 기억력과 판단력을 높이는 학습법이다. 학습자가 받아들인 정보를 오감 및 연상과 행동을 통해 공감각적인 정보로 만들고 그 정보를 감정을 활용하여 '스토리텔링(story telling)' 형식으로 만들어 장기기억에 저장할 수 있도록 돕는 어휘연상학습법이다.[1]

① 먼저 아래의 어휘들을 기존의 일반적인 암기법으로 암기해 봅시다.

accuse   v. 비난하다, 고발하다

deserve   v. ~할 만한 가치가 있다

adjourn   v. 휴회하다, 연기하다

nude   a. 벗은

rude   a. 무례한

intrude   v. 침입하다

② 발음을 활용해 의미를 연상하면서 암기해 보자. 의미를 기억하는데 효과적이다.

〈accuse → ac(to)+cuse(=cause): ~에 원인이 있다고 하다〉

①단어	②의미	③발음
accuse	비난하다, 고소하다	엌! 유즈!
④스토리	홍길동은 "엌!!(ac) 낸 돈을 몰래 사용(use)했자나!"라고 말했다.	

※ 스토리 코칭법은 먼저 단어, 의미, 발음, 스토리를 소리 내어 말하고, 그대로 노트에 쓰면서 암기시킨다.

〈deserve를 암기해라!〉

①단어	②의미	③발음
deserve	~할 가치가 있다	디져브
④스토리	[디져브] → 디져볼: 뒤져볼 가치가 있는 누나의 서랍 (누나의 서랍을 뒤져보면 가끔은 일기장이나 연애편지가 뒤져볼 가치가 있을 듯)	

〈adjourn을 암기해라〉

①단어	②의미	③발음
adjourn	연기하다, 휴회하다	어드전
④스토리	[어드전] → 어디 좋은: 회의도 연기(휴회)했는데 잠시 쉴 만한 어디 좋은(adjourn) 데가 없을까?	

〈nude → rude → intrude를 암기해라〉

①단어	②의미	③발음
– nude – rude – intrude	– 벗은 – 무례한 – 침입하다	
④스토리	– 친구가 집에 놀러 와서 옷을 벗고 있으면 무례한 것이다. – 집 안으로(in) 들어와서 무례하게(rude) 행동하는 것은 침입하는(intrude) 것 이다.	

※ 기존에 알고 있는 어휘를 한 단어의 하나의 형태소로 생각하고, 접사의 의미와 연결하여 상
  황설정을 하여 연상하여 암기한다.

3) 관용어와 문장을 함께 암기하라

(a) about to~(~하려던 중)

　　ex) I was about to leave.

(b) behind one's back(뒤에서, ~몰래)

　　ex) He will do something else behind your back.

(c) catch up with(~을 따라잡다)

　　ex) He is here to help me catch up with my work.

(d) do you mind? (신경이 쓰이세요?)

　　ex) Do you mind if I smoke here?

(e) eat out(외식하다)

　　ex) How about eating out tonight?

(f) figure out(알아내다, 계산해 내다)

　　ex) Can you figure it out?

(g) get used to(익숙해지다)

　　ex) I got used to cooking.

(h) hand out(나누어 주다)

ex) Can you hand this out for me?

고등학교 국어사전에 의하면, 관용어란 습관적으로 쓰는 말이나 둘 이상의 낱말이 결합하여 제3의 새로운 뜻을 나타내는 의미 단위를 가리킨다. 관용어는 결합 형식이 고정성을 지닌다. 예컨대 '미역국을 먹었다' 라는 말은 '시험에 떨어지다'라는 뜻을 지닌 관용어이다. 영어학습에서 관용어를 암기하는 것은 매우 중요하다. 왜냐하면 관용어는 새로운 의미를 만들기 때문에 하나의 호흡으로 암기하는 것이 중요하다. 또한 문장과 함께 암기해 두면 영어학습에 큰 도움이 된다.

4) 영어속담을 학습하라

대학수능뿐만 아니라 각종 영어공인시험을 준비하려면, 영어속담을 암기하도록 해야 한다. 영어속담을 익혀두면 영어회화에도 유용하게 활용할 수 있으며, 듣기평가 향상에 큰 도움이 되니, 시간을 내서 속담공부를 할 수 있도록 코칭하는 것이 도움이 된다. 또한 어휘의 다양한 활용도 익힐 수 있으니 상급자들에게 속담을 꼭 암기시키기 바란다.

속담을 학습하기 위해서는 기본적인 배경지식이 필요하다. '와신상담(臥薪嘗膽)'이라는 말을 들어 보았는가? 이 말은 거북한 섶에 누워 자고 쓴 쓸개를 맛본다는 뜻으로, 원수(怨讐)를 갚으려고 온갖 괴로움을 참는다는 말이다. 부차는 자신의 땔나무 잠자리가 불편하다고 불평하지 않았다. 자신이 선택한 행동이었기 때문이다. 이런 맥락에서 '침대가 아무리 불편하더라도 그것이 자신이 만든 것이라면 다른 누구를 탓하지 않는다'라는 의미이다. 다시 말하면, '아무리 싫어도 자신의 행동의 결과는 스스로 책임져야 한다'는 것을 말한다.

예) You must be held responsible for the consequences of your
　　actions, however unpleasant they may be.
　　　　→ As you saw, so(shall) you reap. 뿌린 대로 거둔다.
　　　　→ As you make your bed, so you must lie upon it.

〈수능 속담 예시〉

1. A bad workman always blames his tools.
　　→ 서툰 장인이 연장 나무란다. 명필은 붓을 탓하지 않는다.
2. A big fish in a little pond.
　　→ 우물 안 개구리.
3. A bird in the hand is worth two in the bush.
　　→ 내 수중의 새 한 마리가 수풀 속의 새 두 마리보다 낫다.
4. A drop in the ocean.
　　→ 대양의 물 한 방울. (새 발의 피)
5. A drowning man will catch at a straw.
　　→ 물에 빠진 사람은 지푸라기라도 잡는다.
6. A fool and his money are soon parted.

→ 어리석은 사람에게는 돈이 모이지 않는다.

7. A friend in need is friend indeed.

→ 어려울 때 친구가 진짜 친구.

8. A good medicine tastes bitter.

→ 몸에 좋은 약은 입에 쓰다.

9. A little knowledge is a dangerous thing.

→ 얇은 지식이 위험하다. 선무당이 사람 잡는다.

10. A new broom sweep clean, but the old brush knows all the corners.

→ 구관이 명관

5) 다의어를 학습하라

최근에는 코퍼스언어학²⁾의 발전으로 엄청난 어휘들을 데이터베이스화할 수 있는 장점이 있다. 이제는 다양한 어휘들을 활용 분야에 맞게 분류하고 통계화한 것들을 쉽게 얻을 수 있다. 그중에서 동의어, 반의어, 다의어는 어휘학습 코칭에서 매우 필수적인 요소이다. 특히, 같은 어휘의 반복을 싫어하는 영어의 특성상 동의어, 반의어, 다의어 학습은 필수적으로 익혀두는 것이 좋다.

영어단어를 관찰해 보면, 일상생활에서 많이 사용되는 어휘일수록 다의어가 많다. Webster사전에 의하면, 영어 어휘의 40%가 한 가지 이상의 의미를 갖고 있는 다의어이거나 동철동음이의어에 속한다. 다의어는 문맥에 따라 의미가 달라질 수 있기 때문에 다의어(Multi-vocal words)학습은 문맥과 함께 학습하는 것이 유리하다.[3]

여러분들이 알고 있는 'address'는 어떤 뜻을 가지고 있는지 적어 보자. 영어실력이 저조한 학생들은 '주소'라고 말할 것이며, 영어실력이 중위권은 '연설하다, 말하다'라고 말할 것이다. 하지만, 두 개의 의미만 알고 있다면, 코끼리 다리를 잡고 코끼리라고 말하는 것과 동일하다. (정리 스킬도 알아두자.)

〈address〉

① 말을 걸다, 부르다, 호칭하다

One of the visitors boldly addressed Cheol-hong.

→ 초대받는 사람 중 한 명이 대담하게 철홍에게 말을 걸었다.

② 연설하다, 성명을 발표하다

Mr. Kim addressed an assembly.

→ 김 선생님이 집회에서 연설했다.

③ 토의하다

G11 leaders gathered to address the issue of air pollution.

→ G11 정상들이 공해문제를 토의하기 위해 모였다.

④ 시작하다, 착수하다

Sun-yeoung addressed herself to task of doing her homework.

→ 선영이는 열심히 그녀의 숙제를 시작했다.

⑤ 주소

We had difficulty in reading the address on the letter.

→ 우리는 그 편지에서 주소를 읽기가 힘들었다.

⑥ 연설, 강연(=speech, esp. one that has been prepared formally)

She gave the opening address at the conference.

→ 그녀는 그 회의에서 개회사를 연설했다.

〈air〉

① 공기, 대기

The air is stale and sultry in the classroom.

→ 교실 공기가 신선하지 않고 후덥지근하다.

② 하늘, 공중

Mail goes quicker by air than by bus.

→ 항공우편은 버스우편보다 빠르다.

③ 분위기

There was an air of excitement at the festival.

→ 그 축제는 흥분의 분위기가 감돌았다.

④ 외견, 모양, 풍채, 태도

There was an air of suspicion about the boss.

→ 그 사장에게는 어딘지 수상한 데가 있었다.

⑤ 방송하다(broadcast)

The program is aired by MBC once a day.

→ 그 프로그램은 하루에 한 번씩 MBC에서 방송된다.

⑥ 뽐내다(cause other to know)

My friend likes to air his/her knowledge.

→ 내 친구는 자기 지식을 뽐내는 것을 좋아한다.

2. 독해학습 코칭

언어의 4가지 기능에서 제일 중요한 기능이 무엇일까? 사람들은 듣기 기능이 중요하다고 말한다. 그러나 실질적으로 가장 중요한 기능은 읽기 능력이다. 왜냐하면 모든 정보는 읽기를 통해 접하게 되고, 우리나라의 많은 시험에서 읽기 능력이 가장 근본적인 능력으로 요구되고 있기 때문이다. 읽기는 상호적 과정이다. 글을 읽을 때 지문의 정보뿐만 아니라 자신의 배경지식을 활용한다는 측면에서 상호적이라는 뜻이다. 스미스(Smith, 1978)는 "읽기는 목적이 있는 행위"라고 말했다. 읽기는 글에 나타난 모든 정보에 포인트를 두기보다는 독자가 필요로 하는 정보만을 추출하는 행위라고 생각하는 것이다.

1) 스키마 이론

독해학습에서 가장 많이 거론되는 이론이 '스키마 개념'이다. 이 개념은 Bartlett의 저서 『기억하는 것(remembering)』에 소개된 개념으로 추후 학습과 기억에 대한 인지이론으로 정립되었다. 스키마는 친숙한 상황, 행동 또는 일련의 사건 등과 같이 독자들의 기억 속에 저장되어 있는 일반적인 개념을 나타내는 지식구조를 말한다. 스키마 이론을 쉽게 설명하면, 머릿속에 존재하는 선험지식(스키마)이 새로운 내용을 이해하고 학습하는 네 도움이 된다는 것이다. 선험지식의 개념은 철학자 칸트(Kant)에서 비롯되었다. 그는 '새로운 정보는 그것을 받아들이는 사람의 머릿속에 이미 들어 있는 내용과 연결될 때 의미를 갖는다'라고 주장했다.

언어학자 존슨(Johnson, 1981)은 새로운 언어를 배울 때도 어휘나 문법보다 내용에 대한 선험적 지식이 그 글을 이해하는데도 큰 도움이 된다는 연구결과를 발표한 적도 있다. 물론 선험지식이 100% 독해에 도움이 된다고 할 수는 없지만, 분명한 것은 독해에서 가장 중요한 것은 평소에 쌓아 둔 독서습관이 독해에 지대한 영향을 준다는 것을 입증하는 것이다.

(1) 내용 스키마(Contents Schema)

영어독해를 하는 방법을 자세히 관찰해 보면, 학생들의 수준에 따라 다르게 나타난다. 하위권 학생들은 기본적인 어휘능력과 배경지식이 없기 때문에 독해에 어려움을 겪게 되고, 중위권 학생들은 기본적인 어휘는 되어 있으나 배경지식 부족으로 전체적인 내용을 이해하기 어렵고, 상위권 학생들은 어휘능력과 배경지식이 풍부하기 때문에 좋은 성적은 나오나 때로는 쉬운 문제를 틀리거나 문법 문제를 어려워하는 경향이 있다.

'내용 스키마'는 학습자의 두뇌 속에 저장되어 있는 장기기억을 말하며 경험 전체에 대한 개념을 의미한다. 학생들의 배경지식은 글에 나타난 정보를 저자가 의도한 의미에 근접하게 해석하도록 도와주며, 독해와 정보의 기억을 향상시켜 줄 것이다(Lee, 1992). 배경지식이 뛰어난 학습자는 '추론능력이나 정교화'에 도움이 될 수 있다. 쉽게 말하면, 학생들이 주제에 대한 충분한 배경지식을 가지고 있는 것이 독해에 도움이 된다는 의견이다.

다음 글을 보면, 내용 스키마가 약한 학생들을 알아볼 수 있다.

The procedure is actually quite simple. First you arrange things into different groups. Of course, one pile may be enough depending on how much there is to do. If you have to do it something else due to lack of facilities, that is the next step, otherwise you are really to begin. It is important not to overdo things. That is, it's better to do too few things at once than too many. This may not seem important, but problem can easily arise. At first the whole procedure will become just another part of everyday life. It is important to foresee any end to the need for this task in the immediate future, but then you can never tell. After the procedure is completed, you arrange the materials into different groups again and put them into their appropriate places. Eventually the materials will be used agin and the whole cycle will have to be replaced. However, this is part of life(Branford & Johnson, 1973: 400).

독해를 위해서는 글의 내용이 무엇을 다루는지 알아야 한다. 많은 학생들은 글의 내용을 이해하기 전에 모르는 어휘와 문법을 활용하여 분석하려고 한다. 하지만 위 글의 단서를 찾는 것이 매우 중요한다. 이 글이 '세탁'에 관한 글이라면 글을 이해하기가 매우 쉬울뿐더러 단어의 뜻을 문맥을 통해 쉽게 유추할 수 있다. 주제가 세탁기이라는 것을 이해하면 당연히 'procedure은 세탁과정, things는 세탁물, pile은 빨래더미, facilities는 세탁기' 정도로 이해할 수 있을 것이다. 영어독해를 잘하기 위해서는 평소에 관련된 글을 많이 접하는 것이 중요하다.

(2) 형식 스키마(Formal Schema)

글은 다양한 형식에 따라 다른 구조를 가지고 있다. 예를 들어, 논설문, 설명문, 일기, 편지, 동화, 생활문, 기사 등의 다양한 글감은 자신만의 글의 구조를 가지고 있다. 예를 들어 신문기사는 육하원칙(六何原則)에 따라 글의 구조가 전개되어 있고, 논설문은 자신의 주장에 대한 근거를 바탕으로 글을 구성하고 있고, 설명문은 다양한 정보와 사실을 바탕으로 주제를 설명하고 있다. 메이어 & 프리들(Mayer & Freedle, 1984)은 저자가 독자에게 메시지를 전달하기 위해 글 속에 나타난 생각을 서로 관련짓는 방법을 글의 구조라고 말했다. 그러므로 글의 구조를 잘 이해하는 것은 독해력 증가에 큰 도움을 줄 수 있는 것이다. 그러므로 형식 스키마를 활용한 독서 코칭은 글감 및 글의 구조를 정확하게 이해하는 것이 매우 중요하다.

수능 독해를 준비하는 학습자는 수능 유형을 정확하게 파악하는 것이 중요하다. 어떤 유형이 나오는 것이냐에 따라 학습법이 달라질 수 있다. 어쩌면 수능 독해는 내용 스키마와 형식 스키마의 결합이라고 볼 수 있다. 수능 독해는 '올바른 배경지식을 바탕으로 다양한 글감의 구조를 정확하기 파악해서 정답을 찾아내는 일련이 행위'이기 때문이다.

예1) S출판사 영어기본독해편 목차

1. 대의파악

    - 목적 찾기 / 주장 찾기 / 주제 찾기 / 요지 찾기 / 제목 찾기 / 심경 찾기

2. 문법·어휘

    - 문법성판단 / 어휘 추론 / 지칭 추론

3. 세부사항 파악

    - 실용문·도표의 이해 / 내용 일치·불일치

4. 빈칸 추론

    - 빈칸완성/연결사(빈칸이 앞에 있는 경우, 빈칸이 가운데에 있는 경우, 빈칸이 끝에 있는 경우, 빈칸이 두 개인 경우)

5. 간접 쓰기

    - 무관한 문장 찾기 / 글의 순서 정하기 / 주어진 문장 넣기 / 요약문 완성하기

6. 장문의 이해

    - 1지문 2문항 / 1지문 3문항

(3) 독해력 구성요소

독해를 잘하기 위해서는 독해력이 중요하다. 많은 학자들이 독해력에 대해 강조해 왔으며 이를 정리하면 다음과 같다(임병빈, 1998).

Harris	풍부한 어휘습득/사고단위 이해/ 주제 파악/ 특정질문에 대한 해답 찾기/ 사건의 연속성 파악/ 필자의 의도 및 이해 파악/ 내용에 대한 평가 및 비판/ 이해도 정도
Lamberg &Lamb	낱말 사이의 관계 이해/ 참고자료의 활용/ 중요내용의 이해/ 주제 및 구조 파악/ 추론하기/ 평가적 읽기
Jekinson	의미와 유관한 통사 기능 숙시/ 의미파악/ 화제문장 파악/ 단락구문 파악/ 주제파악/ 사고의 전개순서 추적 및 예측/ 글 구조의 이해/ 문맥에 의한 의미 파악/ 내용요약/ 추론
Marksheffel	단어의미 이해/ 읽는 내용 이해/ 읽기 목적 설정/ 도표 및 참고 자료 활용/ 참고자료 활용

학습자들의 독해 코칭을 시행할 때 추가로 확인해야 할 사항은 다음과 같다.

- 글의 속도 코칭(reading speed)
- 훑어보기와 정보탐색 코칭(skimming & scanning)
- 논리적 구조화 코칭(logical organization)
- 통사적 구조와 문장 감각 코칭(syntactic structure & sentence sence)
- 어휘(vocabulary)중심 코칭

즉, 독해를 잘하기 위해서는 '풍부한 어휘를 가지고 글의 논리적 구조와 문장 감각을 가지고 적절한 속도로 정보를 탐색하는 능력'을 키우는 것이 필요하다.

(4) 담화구조의 이해

독해력은 어휘력, 문법, 배경지식이 기본적인 요소인 것은 분명하다. 그러나 아무리 많은 어휘와 문법 능력을 알고 있어도 글의 구조를 제대로 파악하지 못하면 문제풀이 속도에서 큰 차이가 날 것이다. 영어독해의 난이도는 일반적으로 글의 길이가 길어짐을 의미한다. 영어를 잘하는 학생들이 많아지면서, 매년 수능의 수준은 높아지고 있다. 그러므로 단기간에 영어성적을 올릴 수는 없지만, 독해력을 코칭하기 위해서는 글의 구조를 정확하게 파악하는 스킬을 주는 것이 좋다.

카렐(Carrel, 1974)은 담화의 유형을 4가지로 구분했는데 기술집합유형, 인과유형, 문제·해결유형, 비교유형으로 구분했다. 독해 초기에 활용하면 좋은 코칭기술이다.

① 기술집합유형(collection of description)

주제 ⇒ 예시1 → 예시2→ 예시3

하나의 주제를 놓고 이를 순서에 신경 쓰지 않고 나열하거나 사건을 설명, 묘사하는 글을 파악하는 스킬이다.

② 인과유형(causation)

주제 ⇒ (관점1 → 관점2) ⇒ 반대의견

사건의 원인과 결과를 찾는 독해 스킬이다.

③ 문제해결유형(problem-solving)

주제 ⇒ (원인1 → 원인2 → 원인3) ⇒ 결론

하나의 문제를 해결하기 위해 여러 가지 방식들이 나열된 방법을 찾는 스킬이다.

④ 비교유형(comparison)

주제 ⇒ 문제 ⇒ (해결책1 → 해결책2 → 해결책3)

둘 또는 그 이상의 지문에서 공통점과 차이점을 서술하는 지문을 독해하는 방식을 말한다.

(5) 독해구조 코칭

글이란 필자가 자신의 주장과 의견을 독자들에게 응집성과 일관성을 가지고 짜임새를 가지고 전개해 가는 것이다. 일반적으로 단락 내에서 문장은 중요성에 따라 3가지 스타일로 구분된다. T-R-I 구조이론을 들어 보았는가? 쉽게 말해, 지문에서 가장 중요한 문장을 'Topic'이라고 말하고, 두 번째 중요한 문장은 'Restriction'이라 말하고, 그 외에 중요한 문장은 R의 세부사항이거나 예시를 말하므로 'Illustration'이라고 한다. 담화구조를 잘 훈련하면 '주제 찾기, 요지 파악, 요약하기, 일관성, 내용 예측' 등을 잘 찾을 수 있다. 주제와 주제문장을 입증하기 위해서는 다음 10가지 방법이 있다.

주제 or 주제문장

⇑

① 실례(Example)를 통해 주장하기

② 구체적 정보(Specific Information)인 정보를 통해 주장하기

③ 일화(Anecdotes)를 통해 주장하기

④ 비유(Analogy)를 통해 주장하기

⑤ 비교와 대조(Comparison & Contrast)를 통해 주장하기

⑥ 사실이나 통계(Fact or Statistics)를 통해 주장하기

⑦ 원인과 결과(Cause & Effect)를 통해 주장하기

⑧ 묘사(Description)를 통해 주장하기

⑨ 분류(Classification)를 통해 주장하기

⑩ 다른 사람의 의견(Other's opinion)을 통해 주장하기

주제를 잘 찾기 위해서는 주제(주제문장)를 어떻게 설명하고 입증하는지를 알아야 한다. 실질적으로 주제를 잘 찾더라도 세부 내용 파악에 오류를 범하는 경우는 평소에 주장하는 방식에 대한 훈련이 잘 되어 있지 않다. 입증방식을 잘 읽고 어떻게 입증하는지를 학습하게 되면, 학습자들이 가장 어려워하는 '빈칸추론' 문제를 잘 해결할 수 있는 능력을 얻게 된다. 즉, 답을 찾았더라도 주장하는 방식을 꼭 물어보기 바란다.

예) 다음 글의 주제로 알맞은 것을 고르시오. (현대영어사 고1 자습서, 57쪽)

The hand scan works well in the cafeteria. Before the machine was used,

students entered the cafeteria using cards similar to credit cards. The problem was that students often lost or forgot to bring their cards. With the hand scanning machine, the problem was solved. "The machine works really well," says Manuela Lopez, a Food Services coordinator. "Students never forget their hands when they come to the cafeteria!"

① card missing problems   ② how to use credit cards

③ problems of the hand scan   ④ problems with credit card

⑤ efficacy of the hand scan

〈독해전략〉

글쓴이는 자신의 주장을 입증하기 위해 공통적인 특징이나 차이점을 밝히는 경우가 있다. 분류의 개념을 활용해 글을 읽을 때는 분류의 기준, 범주 사이의 차이점, 그리고 각 범주의 특징이 무엇인지 생각해야 한다.

Topic	efficacy of the hand scan

Before the machine was used	With the hands scanning machine
▸ using similar card to credit card ▸ often lost or forgot to bring~ ▸ "The machine works really well,"	▸ the problem was solved

(6) 스키밍(SKIMMING) 기술

독해 훈련기술 중에 훑어 읽기라는 것이 있다. 이것은 아주 빠른 속도로 읽는 기술을 말한다. 독해기술에서 가장 난이도가 높은 기술로서 학습 능력이 뛰어난 학생들이 많이 활용하는 독해전략이다.

스키밍전략의 핵심은 '각 단락의 첫 문장을 읽거나 중심어를 사용한 방법'이다. 지문에서 의미상 중요한 단어와 중요하지 않는 단어가 있을 것이다. 일반적으로 '명사, 동사'가 제일 중요한 의미를 가질 것이다. 영어독해를 어려워하는 학생들은 핵심키워드를 잘 찾지 못하는 경우가 많다. 핵심키워드 중심으로 읽는 것이 스키밍의 전략이다. 또한 중요하지 않는 어휘들의 품사는 일반적으로 '관사, 대명사, 전치사, 접속사, 부사,

be동사와 조동사' 등이 있을 것이다. 빠르게 읽기 위해서는 중요하지 않는 어휘들은 무시하고 읽는 훈련이다.

〈스키밍 스킬〉

① 우선 책 제목부터 먼저 읽게 한다.

② 서론을 읽어야 한다. 서론이 길 경우라도 처음 문장은 반드시 읽어야 한다. 또 다른 문단에도 첫 문장은 반드시 읽도록 한다. 독해에서 실패하는 경우가 첫 문장 읽기 실패라고 할 정도로 첫 문장을 빠르게 읽고 이해하는 훈련이 매우 중요하다.

③ 제목, 소제목도 반드시 읽어야 한다. 제목 자체가 그 글의 요점을 말하는 것이기 때문이다. 평소에 제목을 읽고 글을 읽은 학생들은 제목이 없는 글을 읽을 때도 자연스럽게 제목이 떠오르게 마련이다. 이 훈련은 주제, 요지, 제목 찾기에 매우 좋은 훈련이다.

④ 사진, 도표, 그래프 등이 나와 있으면, 반드시 읽을뿐더러 이것에 연결된 설명, 내용 등도 자세히 읽어야 한다. 일반적으로 사진, 도표, 그래프는 주제를 강조하기 위해 삽입한 것이다. 즉, 평소에 사진, 도표, 그래프를 빠른 속도로 해독하는 훈련이 스키밍 훈련에 도움이 된다.

⑤ 교과서에는 다른 글자체, 다른 색깔로 된 용어나 문장이 있다. 이것은 스키밍과는 반대로 아주 자세히 읽어야 한다.

⑥ 제일 마지막 문단, 문장 등을 반드시 읽어야 한다. 이것은 글의 결론이므로 매우 중요하다.

(7) 독해전략 코칭

독해를 하는 사람들은 독해문제에 대한 용어를 정확히 이해하지 못하는 경우가 많다. 학생들에게 요지가 무엇인지를 물어보면 정확한 개념을 말하는 경우가 부족하다. 영어독해를 잘하기 위해서 가장 기본적으로 훈련해야 할 6가지 전략을 소개한다.

〈제1코칭 – 주제 찾기(Finding Topic)〉

1. 주제가 무엇인지 알고 있는 내용을 적어 보시오.

2. 다음을 읽어 보시오.

Finding Topic is the first step in "processing a text." You must recognize the topic - what text is about - before you can decide what an author's point about the topic is. A title of a table passage may be a topic. A word that is being defined may be a topic. The title of a table or chart is the topic of whatever is included in the table or chart. To find the topic of piece of writing, ask "What or who is the passage(table or chart) about?" The answer is topic.

3. 주제 찾기 코칭전략

① 독해지문에서 일반적인(보편적인) 개념이나 생각은 무엇인가?

② 어휘나 구에서 표현된 것은 무엇인가요? (문장 말고)

③ 텍스트에서 글쓴이가 설명하거나 주장하는 일반적인 생각은 무엇인가?

〈제2코칭 – 주제문 찾기(Finding Topic sentence) 코칭법〉

1. 주제문이 무엇인지 알고 있는 내용을 적어 보시오.

2. 다음을 읽어 보시오.

Finding a topic is the first step in reading. But knowing the topic is not enough. You must also know what is being said about the topic. English writers organize their writing around topic sentence, with each paragraph focusing on one issue. Thus, if you know how to find a topic sentence in each paragraph, you will be never left in the dark.

3. 주제문 찾기전략

·아래 질문을 스스로에게 던지며 정답을 찾아보시오.

① "지문에서 중심생각을 가장 잘 설명한 문장을 고른다면 어떤 것인가?"

② "내가 중심생각이라고 이해했던 것과 가장 가까운 문장은 어떤 것인가?"

③ 학습자가 옳다고 생각하는 문장에 밑줄 친다. 만약 그 문장이 세부사항을 도와주지 못한다면, 올바른 주제문을 찾지 못한 것이다.

〈제3코칭－요지 찾기(Identifying the author's point) 코칭법〉

1. 요지가 무엇인지 알고 있는 내용을 적어 보시오.

2. 다음을 읽어 보시오.

An author's point is the main point he or she wants you to remember about what you have read. The author's point is the reason, the purpose, why the authors has written that paragraph or text. It is not the general topic; it is the specific topic or the specific point about the general topic. The author's point may be found at the beginning, the middle, or end of passage. It may also be unstated, in which case the reader must infer it from the reading itself.

3. 요지 찾기전략

① "이 글에서 글쓴이가 말하고자 하는 것이 무엇일까?"

② "이 글에서 글쓴이는 내가 무엇을 기억했으면 하는가?"

③ 글쓴이가 이 글을 쓴 목적은 무엇인지 생각하고, 주제를 생각할 것.

〈제4코칭–일관성 찾기(Identifying coherence)〉

1. 일관성이 무엇인지 알고 있는 내용을 적어 보시오.

2. 일관성의 정의를 읽어 보세요.

Coherence means that all the sentence logically follow one another in the paragraph. The purpose of coherence is to read relocate all the ideas to each other logically so as to develop the topic from one sentence to the next. Thus, all coherent paragraphs have sentences that expand, describe, and explain the topic in a logical manners. Each sentence relates to the sentence that precedes it and the sentence that follows it.

3. 일관성 찾기전략

① "지문에서 주제를 도와주지 않는 문장은 무엇일까? 필요 없는 문장은 무엇인가?"
② "이 글에서 반복되는 핵심단어와 핵심어구는 무엇일까?"
③ "대명사와 접속사가 어떻게 사용되고 있을까?"

〈제5코칭-연결어 찾기(Finding discourse marker)〉

1. 연결어가 무엇인지 알고 있는 내용을 적어 보시오.

2. 대표적인 연결어는 무엇이 있을까?

연결어	관계
futhermore, and, in addition to, also, then, too, beside, as well	add another idea
nevertheless, yet, nonetheless	change viewpoint
similar, similarly, in a similar way, equally, like, likewise	compare
however, in spite of, but, although, on the contrary, on the other hand	contrast
consequently, as a result, therefore, in short, in conclusion	conclusion
first, second, last, finally	list events
for example, for instance	illustrate

3. 연결어 찾기전략

① 생각과 사실에서의 관계는 무엇인지 생각할 것.

② 지문에서 논리적이고 자연스러운 흐름은 무엇인가를 생각할 것.

③ 지문에서 생각들이 어떻게 연관되어 있는지를 생각할 것.

〈제6코칭-추론하기(Inferring)〉

1. 추론이 무엇인지 알고 있는 내용을 적어 보시오.

2. 추론하기 개념을 읽어 보자.

An inference is an educated guess based on given evidence. Writers do not always explain everything that happen is a story. Sometimes the reader is expected to make logical guess or inference, based on the information that is given. The ability to infer is sometimes called "reading between the lines." But what does this means? If you look at a page, you will see nothing between the lines. To infer or to read between the lines means to conclude something that hasn't actually been stated, but has been arrived at indirectly.

3. 추론하기 전략

① 논리적이고 이성적 과정을 기반으로 무엇인가의 결론을 내린다.

② 사실(facts) 또는 예시(example) 등의 단서를 사용하여 결론을 내린다.

③ 왜 그러한 일이 발생했는가? 원인 - 결과의 관계를 추론하라.

④ 논리적 추측을 이끄는 간접적인 문장을 찾아라.

〈독해력 자기진단테스트〉

1. 나는 지문의 모든 문장들을 같은 속도와 깊이로 읽는다. (나는 지문의 어느 부분을 어떤 속도와 어떤 깊이로 읽어야 하는지 찾아내지 못한다.) (예/아니오)

2. 나는 독해 지문을 읽으면 위에서 아래로 차례대로 읽는다. (독해 중 언제라도 지문의 요지를 확인하며 위 아래로 활동적으로 읽지 못한다.) (예/아니오)

3. 나는 지문의 모든 문장을 꼼꼼히 읽기보다는 빠르게 대충 읽으려고 하는 편이다. (예/아니오)

4. 나는 지문의 모든 문장을 주어, 동사를 찾아가면서 꼼꼼하게 읽는 편이다. (예/아니오)

5. 나는 지문의 각 문장들을 읽고 해석을 잘하는 편이지만, 지문의 요지를 파악하지 못한다. (예/아니오)

6. 나는 지문의 첫 문장을 읽고 일정시간(10~30초) 반드시 멈추어 지문의 내용을 예측하려는 훈련이 되어 있지 않다. (예/아니오)

7. 나는 단락별로 분리해서 지문을 읽지 않고, 지문을 볼 때마다 먼저 단락을 체크하는 습관이 되어 있지 않다. (예/아니오)

8. 나는 독해 지문의 내용을 이해하는 것에 비해 독해 문제를 잘 틀리는 편이다. (예/아니오)

9. 나는 독해 문제를 풀 때 2개의 오답은 확실히 제기하지만, 남은 3개

의 보기를 고민하다가 항상 답이 틀린다. (예/아니오)

10. 나는 독해문제를 잘못 이해해서 답이 틀리는 경우가 있다. (예/아니오)

11. 나는 독해문제의 보기를 잘 못 이해해서 답이 틀리는 경우가 있다.
    (예/아니오)

12. 나는 시험이나 모의고사를 볼 때 시간이 부족하여 1~2개 또는 그
    이상을 문제를 풀지 못하는 경우가 있다. (예/아니오)

13. 나는 시험장에서 답을 잘못 표기하거나 밀려 써 본적이 있다.
    (예/아니오)

14. 나는 확실하지 않은 보기를 찍어서 답을 맞히는 경우가 거의 없다.
    (예/아니오)

15. 나는 조금 더 생각하면 풀 수 있는 것 같은 문제를 만나면 시간에 쫓
    기면서 다음 문제로 넘어가지 못하고 계속 매달리는 경향이 있다.
    (예/아니오)

16. 나는 독해 지문을 볼 때 중요한 부분임을 나타내는 특정 신호어들
    을 찾지 못한다. (예/아니오)

17. 나는 지문을 볼 때 중요한 신호어들을 찾아낼 수는 있지만, 독해를
    하거나 문제를 풀 때 효율적으로 이용하지 못한다. (예/아니오)

18. 나는 지문을 읽으면 지문의 구성 틀을 쉽게 찾아내지 못한다(원인-
    결과, 과거-현재 대조, some-others 대조). (예/아니오)

19. 나는 유난히 주제나 제목 문제를 많이 틀린다. (혹은 오답을 확인한
    후에도 정답을 이해할 수 없는 경우가 종종 있다.) (예/아니오)

20. 나는 추론 문제에 자신이 없다. (예/아니오)

21. 나는 문장이나 단락을 배열하는 문제가 어렵거나, 시간을 많이 소비한다. (예/아니오)

22. 나는 지문에서 밑줄 친 문장의 의미파악 문제를 자주 틀린다. (예/아니오)

23. 나는 지문의 내용을 이해했음에도 불구하고 저자의 태도나 글의 목적을 묻는 문제를 자주 틀린다. (예/아니오)

24. 나는 독해 지문에서 빈칸 채우기 문제가 어렵게 느껴진다. (예/아니오)

25. 나는 이 글의 앞, 또는 뒤에 오는 단락을 찾는 문제를 틀려 본 적이 있다. (예/아니오)

26. 나는 시사 상식을 늘리기 위해서 가능하면 영자신문이나 영어잡지를 많이 읽는다. (예/아니오)

27. 나는 지문 내용에 집중한 나머지 독해전략을 잊고 독해를 하다가 막상 문제를 풀 때 당황한 적이 있다. (예/아니오)

28. 나는 정답을 써 놓고도 답을 고쳐서 틀려 본 적이 있다. (예/아니오)

29. 나는 내리번역(직독직해)을 할 때, 지문을 이해하는 것이 어렵다. (예/아니오)

30. 나는 내가 어떤 부분이 부족한지 모르겠다. (혹은 독해공부를 하려고 할 때 어떤 부분을 어떻게 공부해야 할지 모르겠다.) (예/아니오)

〈독해력 자기진단테스트 결과〉

예(1~4개): 본인은 이미 충분한 영어실력을 갖추고 있기 때문에 독해전략을 공부하면서 자신에게 부족한 전략만을 보완해 나가도록 할 것.

예(5~15개): 본인의 결과를 전략과 비교해보았을 때 독해전략이나 문제풀이전략 중에서 조금 더 부족한 부분이 있다면, 그 전략을 먼저 익히도록 할 것.

예(15~24개): 본인에게 부족한 부분을 먼저 찾기보다는 독해전략을 먼저 공부한 후, 문제풀이전략을 완벽하게 내재화시킬 수 있도록 공부할 것.

예(25개 이상): 본인은 독해전략과 더불어 영어의 기본적인 공부(어휘, 문법, 구문해석 등)가 반드시 병행되어야 할 것.

...

1~7번, 9번: 독해전략 관련 내용을 먼저 학습한다.

8번, 14번, 20번, 21번: 문제풀이전략 관련을 내용을 학습한다.

10번, 11번, 13번, 28번: 시험장에서의 실수는 시간과 집중력이 부족할수록 긴장감이 커질수록 더 자주 발생한다. 시험을 보는 동안 지문을 읽는 시간을 좀 더 줄여서 문제를 풀 수 있는 시간을 최대한 확보하고, 긴장되는 그 시간을 최대의 집중력이 발휘되는 시간을 바뀌도록 훈련해야 한다.

12번, 15번: 시험장에서 누구나 시간적 여유가 부족하고, 풀기 어려운 문제가 나오기 마련이다. 그렇다면 본인이 확보할 수 있는 시간과 점수를 최대한 확보하기 위해서는 과감하게 넘어간 후 남은 시간을 다시 풀 수 있는 시험요령. 즉, 시간배분요령을 터득해야 한다.

16번~18번: 독해전략을 한 번 보는 것으로는 부족하다. 다독을 통해 스스로가 분석하는 과정이 필요하다.

19번, 22번, 23번, 25번: 지문을 단순하게 읽어서는 답이 나오지 않기 때문에 항상 저자가 말하고자 하는 내용을 중점으로 글의 흐름을 파악하고, 각 문장들마다의 논리적 연결성을 생각하며 글을 읽어야 한다. 문제풀이전략에 더욱 힘쓴다.

24번: 빈칸추론은 문맥상 어울리는 보기를 답으로 선택하는 것이 아니라, 반드시 앞뒤 문장의 논리적 연관성을 통해 답을 찾는 연습이 필요하다.

26번: 영자신문이나 잡지를 보는 것은 좋다. 하지만 본인은 시험공부를 하고 있는 것이고, 지금 본인에게 필요한 것은 독해전략과 문제집이라는 것을 기억해야 한다. 그래도 여유가 생긴다면 그때 볼 것을 권한다.

27번: 지문이 어려울수록 이런 상황은 비일비재하다. 아무리 어려운 문제가 나오더라도 반드시 사용할 수 있는 전략은 있다. 이러한 경우가 아니라면 독해전략이 완벽하게 내재화되지 않았다는 뜻이다.

29번: 영어는 우리말과 다르기 때문에 반드시 내리번역(직독직해)으로 이해하는 연습을 해야 한다. 아직 그것이 어렵다면 글을 끊어 읽는 연습부터 시작하는 것이 좋다.

30번: 자신의 실력이 '中' 이상이년 분제풀이전략책부터 시작하고 점수가 '下'라면 독해전략책부터 시작한다.

(8) 읽기 기술

영어시험을 잘 보려면 절대적으로 필요한 능력이 읽기 능력이다. 글을 읽고 이해하는 것은 글자와 저자의 메시지를 해독하는 능력을 말한다. 영어독해를 잘하기 위해서는 보이는 것과 보이지 않는 것(글의 배경, 작가의 의도)을 모두 이해하는 능력이 필요하다. 앞에서 언급했듯이 스키마 이론을 다시 정리하면 아래와 같다.

기억 속의 체계적, 조직적으로 저장되어 있는 지식의 구조를 의미하여 언어를 단순히 지식만으로 이해하는 것이 아니라 학습자가 경험을 통해 이해하고 경험적, 문화적 요소인 스키마를 활용하여 학습자 스스로 새로운 의미를 형성하는 것이다.

쿡(Cook, 1989)이라는 학자는 학습자의 인지적 행동에 근거해서 두 가지 유형으로 독자를 구분했다. 즉, 읽기 능력이 떨어지는 학습자와 읽기 능력이 좋은 학습자이다. 현장에서 독해 코칭을 하다 보면 학습자의 수준을 세분화시키는 것도 중요하지만 초기에 두 가지 유형을 구분하여 접근하는 것도 좋은 방법이다.

〈표 3-11〉 읽기 능력에 따른 학생들의 특징

	읽기 능력이 좋은 학생들의 특징	읽기 능력이 떨어지는 학생들의 특징
읽기 전 활동	① 기존 지식을 활용하는 능력이 있다. ② 글을 읽는 이유를 알고 있다. ③ 읽기전략을 생각하고 있다.	① 준비 없이 읽기를 시작한다. ② 목적 없이 읽는다. ③ 읽기전략이 없다.
읽기 중 활동	① 주의 집중력이 매우 높다. ② 문맥을 통해 어휘를 이해한다. ③ 글의 구조를 이해하고 있다. ④ 새로운 정보를 조직화하고 통합할 수 있다. ⑤ 추론능력이 뛰어나다.	① 주의 집중력이 부족하다. ② 이해를 하지 못한다. ③ 핵심 키워드를 찾지 못한다. ④ 글의 구조를 모른다. ⑤ 읽는 자체에 만족한다.
읽기 후 활동	① 무엇을 읽었는지 생각한다. ② 핵심내용을 요약한다 → 요약 능력이 뛰어나다. ③ 성공은 노력이라는 생각을 늘 가진다.	① 읽기와 생각을 정지한다. ② 성공은 운이라고 생각하는 경향이 있다.

독해능력이 뛰어난 학생들은 '스키마' 활용이 높다고 볼 수 있다. 특히 그들은 독해 전에 독해를 하는 분명한 이유와 읽기전략이 뛰어남을 알 수 있다. 독해능력이 부족한 학생들에게 영어학습 코칭을 시행할 때 적용해 보면 좋다. 즉, 질문을 적절히 활용해 보는 것이다. 다음의 내용들처럼 '적절한 질문의 기술'이 영어학습 코칭전문가들이 훈련해야 할 사항이다.

"네가 글을 읽는 이유는 무엇이니?"

"이 글을 어떻게 읽어야 한다고 생각하니?"

"이 글의 구조를 설명할 수 있겠니"

"글을 읽고 요약해 볼까?"

읽기에서 가장 필수적인 3가지 습관이 있다.

첫째는, 읽기 전(Before Reading) 습관이다. 학습자가 읽기를 하기 전에 글에 대한 사전 지식이 있어야 하고, 글을 읽는 목적을 분명히 한다. 시험문제풀이냐, 정보습득이냐, 지식습득이냐 등에 따라 구분할 수 있다. 시험문제풀이가 목적이라면 문제유형을 분석하는 것이 좋고, 정보습득이라면 새로운 정보를 찾는 것에 몰입해야 하고, 지식습득이라면 인터넷, 백과사전을 활용한 학습이 좋다. 이때 스키마(이미 습득한 사전지식)를 활용하면 글을 정확하고 빠르게 이해할 수 있는 단서를 얻을 수 있다.

둘째는, 읽는 중(During Reading) 습관이다. 책을 읽는 중에 새로운 어휘에 집중하면 글의 문맥을 이해하기가 어렵다. 그러므로 글을 읽는 중에는 다음 문장, 다음 단락에 어떤 내용이 나오는지 생각하는 습관을 가져야 한다. 일정기간 글의 문맥과 의미를 파악하는 훈련을 하면, 읽는 속도와 이해속도를 동시에 향상시킬 수 있다. 특히, 시험을 보는 학생들은 '서론-본론-결론'만 빠르게 찾아도 영어시험에서 좋은 성적으로 얻을 수 있다. 더불어 글의 구조를 정확하게 이해한 후 키워드(key-words)를 찾는 훈련을 하면 좋다.

셋째는, 읽은 후(After Reading) 습관이다. 글을 읽은 후 핵심내용을 요약하는 훈련을 하면 시험에 강해진다. 또한 학생들이 스스로 문제를 만들고 해답을 찾는 훈련과정인 'Self Q&A'를 갖는 것도 스키마 향상과 문제 출제자의 의도를 파악하는 데 큰 도움이 된다.

3. 영어 오답노트

100점을 받지 못하는 학생들의 문제점은 틀린 문제를 지속적으로 틀린다는 것이다. 90점 이상의 상위권 학생들은 지속적으로 영어 오답노트를 만들어 틀린 문제를 다시 틀리지 않게 하는 노력이 필요하다.

1) 영어 오답노트의 효과

영어 오답노트의 효과는 다음과 같이 정리할 수 있다.

첫째, 복습의 효과이다. 문제풀이를 한 후에 자신이 학습한 지문을 다시 확인해 볼 수 있는 복습효과를 보면서 해당문제를 틀리지 않게 하는 확실한 효과를 볼 수 있다.

둘째, 자신의 약점을 파악할 수 있다. 공부라는 것은 자신의 실력보다 약 20% 어려운 문제에 도전하는 것이 매우 효과적이다. 영어 오답노트를 만들면 자신이 지속적으로 틀리는 취약한 문제를 알고, 그 유형에 따른 문제풀이전략을 배울 수 있다. 영어학습 중, 시험 후 전략에서 오답노트 전략은 매우 중요한 전략이다.

셋째, 정확한 독해의 지름길이다. 시험이란 정답만 맞추는 것이 최선이 아니다. 아무리 정답을 맞았다고 해도, 같은 독해지문을 다르게 출제하면 틀리는 경우가 많다. 영어시험에서 속도가 매우 중요하기 때문에 모르고 지나가는 시문이 분명히 있다. 오답노트를 만들면서 자신이 그냥 지나쳤던 지문을 다시 해석하며 정리해 둔다면, 문제를 다르게 출제한다고 해도 정답을 맞을 확률이 매우 높아지는 것이다.

2) 영어 오답노트 작성스킬

(1) 이해를 못해서 틀리는 경우

영어 오답노트 작성이 기본은 이해를 못해서 틀리는 경우다. 문제를 이해 못했는지, 지문을 이해 못했는지, 선택지문을 이해 못했는지 등으로 나누어 정리하면 좋다.

(2) 암기를 못해서 틀리는 경우

독해가 잘 안 되는 학생들의 근본적인 문제는 어휘학습의 문제일 것이다. 오답노트 작성 시 어휘, 관용어 등을 다시 정리하여 암기하도록 한다.

(3) 실수로 틀리는 경우

실수의 원인은 다양하다. 문법 이해 부족인지, 글의 문맥을 파악하지 못했는지, 문제유형을 제대로 파악하지 못했는지, 시험 불안으로 틀렸는지 등 다양한 실수에 대한 철저한 분석이 필요하다.

영어학습 코칭전문가들은 코칭의 기본인 질문을 통해 학생들에게 자신의 문제점이 무엇인지를 확인하고 도움을 주는 것이 필요하다.

〈영어 오답노트〉

과목	시험종류	틀린 이유	문제유형 및 난이도
영어		☐ 문제이해부족	
		☐ 개념이해부족	
		☐ 단어, 숙어이해부족	
		☐ 문법, 구문이해부족	
		☐ 문법, 구문암기부족	
		☐ 어휘, 숙어암기부족	
		☐ 실수원인	
		☐ 기타원인 (예: 시간부족, 시험불안 등)	

지문	해석 및 풀이

단어, 숙어

※ 오답노트는 정해진 양식은 없다. 영어학습 코치들이 만들기 나름이다.

note

제1부

1) 명현주, 「소프트웨어 특성화 수업이 프로그램 및 창의적 문제 해결에 미치는 영향」, 한양대학교 석사논문, 2014.
2) 김승재·임인재, 『예비 영어교사의 학습스타일과 과업선호도』, 한국응용언어학회저널, 2010. 3.

제2부

1) 하정속, 「픽토리오 타이오그라피를 활용한 파닉스 수업이 취학 전 유아의 초기 읽기 능력에 미치는 영향」, 성균관대학교 번역토셀대학원, 2014.
2) 한소현, 「초등 영어문해력 향상을 위한 파닉스교수법과 총체적언어교수법 비교」, 한국교육대학교 대학원, 2014.
3) 한정화, 「파닉스와 일견 어휘 sight words지도를 통한 초등 영어읽기 능력 향상비교연구」, 한국교원대학교 석사논문, 2012.
4) 5% 이내에서 가감을 의미함.
5) 김유미, 『두뇌를 알고 가르치자』, 학지사, 272쪽.
6) 이창희, 「입력중심 활동과 출력중심 활동이 초등 영어학습자의 영어문법항목 습득에 미치는 영향」, 한국교원대학교 석사논문, 2014. 2.
7) '피진화'란 목표어의 간단한 단어나 형태만 사용하는 언어.
8) 정인해, 「초등학생의 영어일기 쓰기가 영어쓰기 능력향상에 미치는 영향」, 숙명여자대학교, 2014.

제3부

1) 메가스터디 어휘학습법인용
2) 코퍼스란 언어연구에 사용되는 텍스트의 수집물로서 그것이 단어이든, 텍스트전체이든 컴퓨터에 저장된 방대한 수집물이다(Hunston, 1995).
3) 윤유경, 「중학교 영어 다의어 교수·학습을 위한 멀티미디어 자료 연구개발」, 한국교원대학교, 2007. 2.